集人文社科之思 刊 专业学术之声

集 刊 名：非洲研究
主办单位：浙江师范大学非洲研究院
主　　编：刘鸿武　李鹏涛

AFRICAN STUDIES

编辑部

地　　址：浙江师范大学非洲研究院
邮　　编：321004
电　　话：0579-82287076
传　　真：0579-82286091
E-mail：fzyjbjb2016@126.com

2020年第1卷（总第16卷）

集刊序列号：PIJ-2018-294
中国集刊网：www.jikan.com.cn
集刊投约稿平台：www.iedol.cn

中国学术期刊综合评价数据库（CNKI）来源集刊

2020 年第 1 卷
（总第 16 卷）

非洲研究

AFRICAN
S T U D I E S

浙江师范大学非洲研究院 ｜ 主 办

刘鸿武 李鹏涛 ｜ 主 编

社会科学文献出版社
SOCIAL SCIENCES ACADEMIC PRESS (CHINA)

目　录

社会文化与教育

书 评

特　稿

非洲研究　2020 年第 1 卷（总第 16 卷）

第 3 - 15 页

SSAP © , 2020

在合作抗疫中构建更加紧密的中非命运共同体

——"抗击新冠疫情与中非合作"国际视频会议综述

刘鸿武　徐　薇　张利萍 等*

【内容提要】2020 年初新冠肺炎疫情暴发以来，中非相互支持，紧密合作，体现了患难与共的情谊。中非智库合作举办"抗击新冠疫情与中非合作"国际视频会议，会聚了中非 15 国 28 家智库 60 位学者、智库领袖和媒体代表开展研讨，为中非合作抗疫建言献策，形成五大共识，为共克时艰、进一步提升疫情治理能力、打造更加紧密的中非命运共同体提供了智力支持。

【关键词】合作抗疫；智库；中非命运共同体；疫情治理能力

【作者简介】刘鸿武，教育部长江学者特聘教授，浙江师范大学非洲研究院院长，博导；徐薇，浙江师范大学非洲研究院副院长，博士，副研究员；张利萍，浙江师范大学非洲研究院博士生。（浙江金华，321004）

2020 年 4 月 17 日，由浙江师范大学非洲研究院、南非非洲研究院、尼日利亚国家政策与战略研究所、尼日利亚中国研究中心联合主办的"抗击新冠疫情与中非合作"国际视频会议暨六种语言的《中非紧密团结抗击新冠疫情联合倡议书》发布会举行。来自中国和南非、尼日利亚、埃及、肯尼亚、马里、坦桑尼亚、索马里、布基纳法索、马达加斯加、

---

* 执笔：刘鸿武、徐薇、张利萍、杨文佳、王珩、单敏、赖丽华。

埃塞俄比亚、南苏丹、赞比亚、喀麦隆、突尼斯等 14 个非洲国家的近 30 家学术机构的 60 位中非知名学者、智库领袖和媒体代表出席了视频会议。

开幕式由浙江师范大学非洲研究院院长刘鸿武教授和南非非洲研究院院长谢丽尔·亨德里克斯共同主持。刘鸿武教授在致辞中首先回忆起自己三十年前到尼日利亚拉各斯大学留学时感染疟疾的经历，他感谢非洲医生的精心治疗和非洲朋友的悉心照顾，使他得以很快康复并顺利完成在非洲的学业。他指出，非洲是历史上不断经历各种疫情的大陆，非洲各民族的历史文化就是在不断战胜疫情中发展成长起来的，非洲人民在这方面有很多智慧。在过去几十年，中国派出了大量医疗队到非洲各国，与当地医院和医生合作，治病救人，中非医疗合作有漫长的历史和坚实的基础。刘鸿武强调，今天中非又处在共同抗击疫情的历史阶段上、关键节点上，中非之间可以也应当更加紧密地团结起来，合作共同抗疫。中国和非洲的大学机构和智库学者有责任、有义务为抗疫贡献智慧与力量，这也是我们主办此次会议的主旨。

谢丽尔院长在致辞中强调，此次会议十分重要而及时，"非洲大陆长期面临诸多挑战，比如社会动荡、埃博拉病毒、粮食安全、水资源和经济发展问题等。此次疫情，给非洲的经济、教育和社会等带来了挑战，显然非洲大陆非常需要进行国内的、非洲大陆内的和国际间的协商。非洲大陆青年人口数量较大，很多青年人感染了结核病、艾滋病和疟疾等，对人口结构造成了巨大影响。面对此次疫情，首先非盟国家要团结一致、携手抗疫；其次，中非关系在抗击疫情中扮演着重要角色。中国较早地受到了疫情的冲击，也较早地取得了抗疫胜利，中国可以向非洲国家分享抗疫经验，并提供一定的人道主义援助和经济支持"。她指出，非洲国家不能单独抗击疫情，而是要把非洲大陆作为一个整体，共同应对疫情。她希望与会专家积极分享经验、建议，共同探索应对疫情的方法。

开幕式上，浙江师范大学非洲研究院高级研究员、南非国际关系与合作部欧美司原代理副总司长格特·格罗布勒大使，代表会议主办方对此次会议的一项重要成果，即由中非学者共同起草的中、英、法、阿拉伯、斯瓦希里、豪萨六种语言的《中非紧密团结抗击新冠疫情联合倡议书》的起草过程和内容作了简要介绍。他指出："中国始终坚持自己是与非洲国家和世界其他国家患难与共的真朋友。在这场抗击新冠肺炎疫情的斗争中，中国形成了独特的领导地位，并最终可能改变国际权力关系。

中国向我们诠释了乌班图精神的真正含义，'每个人都因他人的存在而存在'，中国不仅维护了本国公民的需求，还向世界展现了一个负责任的全球领导者形象。世界不会忘记中国在紧急关头所提供的援助。"

会议以"提升疫情治理力，打造中非命运共同体"为主题，分为上下两个半场，分别由刘鸿武院长和谢丽尔院长主持，通过视频连线，近40位非洲和中国学者在线做了精彩的发言和对话，为中非合作战胜疫情建言献策。现将各方观点综合归纳为以下五个方面。

第一，疫情是人类共同的敌人，是中非人民的共同威胁，战胜疫情是中非人民的共同目标与共同利益，目前非洲疫情形势日趋严峻，一方面暴露出非洲公共卫生体系与相关基础设施的脆弱性，及非洲国家治理能力低下与政府管理有效性不足的普遍挑战；另一方面也表明国际社会结构的极度不合理性及非洲实现可持续发展的艰巨性与长期性。非洲国家战胜疫情必须综合施策，系统治理，必须有国内国际的统一协作，这将会是一场持久战、攻坚战，中非双方都要对非洲抗击疫情的艰巨性复杂性有充分的预估与准备。

尼日利亚国际问题研究所高级研究员伊费姆·恩卡姆·乌比认为新型冠状病毒的出现对国际社会产生了巨大影响，非洲的政治、经济和社会领域都受到了严峻考验。统计数据显示，非洲经济疲弱，仅占全球GDP 的3%，GDP 增长率为 3.7%。非洲国家主要面临六方面的挑战：（1）没有实现自给自足，依赖其他国家；（2）深陷"商品陷阱"危机；（3）农业技术依然落后；（4）失业率高；（5）卫生系统薄弱；（6）政府治理能力差。

浙江师范大学非洲研究院东非区域研究中心执行主任和丹博士指出，当前非洲大陆正面临历史上最大的挑战之一，这次挑战甚至比几十年来非洲大陆遭遇的内战、自然灾害、疾病和饥荒等更具破坏性。与其他正在努力抗击疫情的发达国家相比，非洲的医疗水平相当落后，前景堪忧。疫情出现在非洲推进《2063 议程》的关键时期，给非洲大陆的经济、社会发展带来了严峻考验。首先，尽管目前非洲国家公布的病毒感染人数相对较少，但事实上，非洲大陆的检测水平依然很差，比如索马里，只能对出现症状的人进行检测；其次，非洲大多数是 30 岁以下的年轻人，很多无症状感染者依然像往常一样生活和工作，加速了疫情蔓延；最后，如果非洲疫情失控，世界也将面临极大威胁。世界比任何时候都更加需要加强国际合作。

埃及苏伊士运河大学孔子学院院长、语言系主任哈桑·拉格布·哈桑教授指出，新冠病毒仍在非洲传播，世界卫生组织表示，"目前非洲大陆发现的感染病例可能与实际情况不符，因为非洲还没有进行全面的大规模检测"，数据上的"少"并不是真正的少。病毒是全人类面临的挑战。中国密切关注非洲疫情，积极向非盟和非洲国家提供防疫物资援助，组织专家视频会议交流经验；中国企业和民间机构也向非洲国家伸出援手。非洲赞赏中国在抗疫方面取得的成就，赞赏中国为维护全球公共卫生安全做出的贡献。

上海对外经贸大学国际发展合作研究院院长黄梅波教授着重分析了疫情对非洲经济的影响。新冠肺炎疫情对全球经济的影响是前所未有的，最初疫情主要在发达国家和新兴国家传播，随着时间推移，病毒开始在发展中国家和低收入国家蔓延。全球经济受到严重影响，尤其是撒哈拉以南非洲国家。非洲大陆将面临 25 年来最大的经济衰退，失业危机和粮食危机等可能引发动乱和其他前所未有的危机，最终可能引发社会危机和灾难。面对这些挑战，非洲国家必须和国际社会加强合作，寻求安全高效的办法，采取一系列政策和措施来应对，统一行动，守好防线，应对疫情带来的经济危机。她建议在国际层面，国际金融机构如国际货币基金组织、世界银行和非洲发展银行等能够采取相关行动来帮助撒哈拉以南非洲国家快速应对疫情，如提供援助资金等；国际金融组织要提供资金帮助非洲国家快速应对疫情。区域经济组织也可以采取一些行动，非盟扮演着重要的角色，非盟要加强与世卫组织的信息交流与沟通。中非合作应对疫情，建议促进中非贸易特别是与疫情相关的物资出口；采取措施稳定当地的投资项目，和当地员工一起渡过难关。

索马里国家经济委员会执行主任、霍恩经济和社会政策研究院常务院长阿里·伊萨·阿布迪分析了新冠肺炎疫情对非洲之角国家的影响。由于非洲国家公共卫生系统欠发达、贫困率高、医疗资源缺乏，新冠肺炎疫情给非洲国家造成极大的威胁。对大多数非洲之角国家而言，最主要的问题是粮食危机与缺乏有效的社会安全网，亚洲与西方国家采取的很多防疫措施在非洲并不适用。疫情将导致非洲之角经济发展长期停滞，进一步加剧国家财政收支问题。当前最紧要的措施就是防控疫情，遏制其对健康和经济的进一步影响，时刻保持对人民健康与福祉的洞察力。

尼日利亚乔斯大学政治学系教授、非洲人类发展研究中心主任瓦利苏·艾利指出，新冠肺炎疫情暴露了非洲社会基础设施的脆弱和不足，特别是在医疗保健和社会福利方面。中国通过中非合作论坛框架在与非洲进行基础设施合作方面取得了很大进步，而新冠肺炎疫情凸显了公共卫生与健康的中心地位及对这些关键部门的需求。疫情为进一步巩固中非合作提供了新的机会。

浙江师范大学非洲研究院尼日利亚研究中心研究人员阿德昆勒·奥西迪普博士指出，非洲新冠肺炎确诊病例持续增加，死亡率也处于上升趋势。疫情对非洲大陆的社会、经济和教育也带来了巨大影响。非洲和中国患难与共，疫情为双方巩固已有成果、制定疫情应对措施及进一步加强中非可持续合作提供了机遇。

第二，当下中国和非洲处在疫情演化的不同阶段上，面对的挑战与困难有同有异，但中非在医疗卫生领域有丰富的合作经验与交往传统，有良好的政治互信与经贸合作作为支撑。中国疫情暴发初期，非洲国家给予了坚定的支持，随着疫情在非洲的蔓延，中国又加大了援助非洲的力度，提供了大量抗疫物资与技术，与非洲共享知识。目前中非双方需要充分发挥好各自优势，进一步加强协同沟通，拓展合作渠道，建立全方位的政府、民间、企业的有效的合作关系，共同努力，携手合作，就一定能打赢这场合作抗疫战争。

中非如何携手合作共抗疫情，是此次会议上讨论得最为热烈的话题。

南非全球对话研究所执行所长菲拉内·姆特姆布教授就中国和非洲在抗击疫情方面的合作提出建议：一是发挥抗疫中非洲组织的作用，发挥非洲次区域组织作用，借鉴非洲以往抗击埃博拉等传染病的经验，应对新冠肺炎疫情；二是加强全球合作，中国和非洲已经向世界展示了合作的意义，此次疫情将重构全球秩序，全球合作具有重要意义；三是加强卫生健康领域的合作，在抗击埃博拉病毒的斗争中，中国对非洲给予了巨大支持，完善了非洲国家公共健康领域的软硬件设施；四是促进经济发展，通过中非合作论坛和"一带一路"倡议促进经济发展，建议支持非洲国家的一些倡议，比如非洲大陆自由贸易区等。

中国政府前非洲事务特别代表、中国驻南非前大使刘贵今分享了两个要点：（1）中非要加强疫情防控经验交流。在过去三个多月，中国基本控制住了新冠肺炎疫情。中国抗疫经验值得向世界分享。目前，中国已经通过视频会议、线上专家交流等分享中国抗疫经验。然而，中非在整体环境、基础设施等方面是不同的，非洲国家不能完全照搬中国经验，要考虑非洲国家现实情况。（2）智库、专家和学者要在国际合作中发挥作用。新冠病毒是全人类共同的敌人，然而目前的国际合作并不理想。国际社会需要合作，不要分裂。要共同努力寻求解决办法，而不是寻找替罪羊。中非合作有历史根基，为南南合作树立了典范。加强中非合作，增进互信，营造良好环境，我们才能从中获益，为世界抗疫做出更大贡献。

中国人民大学重阳研究院执行院长王文认为：经过三个多月的努力，疫情在中国已经得到了基本控制，但在中国街头，人们依然戴着口罩，非常小心。第一波疫情主要集中在中国和韩国，第二波疫情集中在欧美国家，第三波疫情或将在南亚和非洲。所以，非洲朋友要注意防护。美国是世界第一大国，但没有帮助任何国家，也没有解决好自己的问题，甚至不断发出批评的声音，责备世界卫生组织，责备中国、日本等国家，其行为让人失望。美国应该停止批评，关注人类健康。世界经济受到了严重影响，经济下滑很快，甚至可能演变成为近年来最大的经济危机。建议中非团结应对疫情，团结应对批评声音，分享经验，相互支持；关注未来，携手构建人类命运共同体。

尼日利亚中国研究中心主任查尔斯·奥克楚克乌·奥努奈朱指出，新型冠状病毒的大暴发，唤起了全球人民对命运共同体的关注。中非在此次疫情中扮演了重要角色。新冠病毒暴露了世界卫生健康体系存在的短板，需要采取措施，加强政府治理能力。习近平主席将疫情防控称为"人民战"，中国政府组织医疗队前往武汉支援，这让我们看到了中国政府的治理能力。非洲国家要提高应对危机的治理能力，此次疫情并不是最后的危机，要对未来的挑战做好准备。疫情让我们知道构建人类命运共同体的紧迫性，国际社会要加强经验交流，应对共同的敌人。中非相互合作，共同应对了很多非传统领域的挑战，中国自 20 世纪 60 年代以来就向非洲派遣医疗队，中非在卫生领域的合作是极具现实意义的。后疫情时代面临恢复经济的挑战，要采取一系列措施来加强合作，所有国家应该参与到人类命运共同体的建设当中。非洲在此次疫情中处于弱势地位，需要付出更多的努力。疫情给我们的最大启示是，国际社会要加强沟通，分享经验。

中国社会科学院西亚非洲研究所研究员贺文萍指出，新冠肺炎疫情发展分为两个阶段。第一阶段，中国武汉疫情最为严重。在中国人民抗击疫情的关键时刻，非洲朋友给予了中方有力支持。非盟和非洲国家的领导人都向中国表达慰问和支持，所有中国人都非常感谢非洲朋友们对中国给予的支持。第二阶段，中国取得了抗击疫情的阶段性胜利。现在疫情开始在非洲国家蔓延，中国政府和人民也立刻施以援手，向非洲提供了抗疫物资援助以及帮助培训和分享防控防治措施与经验。为了赢得抗击疫情的胜利，我们要考虑两方面的问题：（1）如何控制疫情蔓延；（2）如何为病人提供救治。中非要相互支持，未来要更加重视医疗卫生合作、人文交流等，构建中非命运共同体。

南苏丹基础教育指导部次长、朱巴大学助理教授库尤克·阿波尔·库尤克认为，2020年初新冠肺炎疫情的大流行在全球范围内造成了毁灭性破坏。截至目前，全球共有200多万例新冠肺炎确诊病例，14万人死亡。大多数非洲国家都受到了疫情的影响，缺乏应对能力。中非合作为解决这一全球性问题提供了机会。首先，鉴于世界银行和国际货币基金组织（IMF）等西方金融机构不愿意向非洲国家提供有利的金融贷款，建议中国政府为非洲国家制订一项激励计划。其次，中非要加强医学和卫生方面的合作，这是抗击疾病的核心。再次，疫情导致大部分学校关闭。在撒哈拉以南，相当一部分学生失去了学习的机会。为了缓解这种情况，联合国教科文组织建议采用远程和在线教育方法，希望中国的大学能够支持非洲的线上教育。最后，疫情引发了针对中国人和非洲人的排外现象，这种排外是无知造成的，对中非良好关系构成了威胁，中非专家要联合打击。病毒的大流行表明，世界各国息息相关，必须齐心协力应对疫情。

中央党校国际战略研究院罗建波教授提出中非联合抗疫的"三个必要"和"两个平衡"：（1）中国和非洲一直以来患难与共、守望相助；（2）只有非洲战胜疫情了，世界才能战胜疫情；（3）帮助非洲就是帮助中国自己。应对疫情的过程中，要保持疫情的防控和人民的生活之间的平衡，以及公共卫生设施和公共卫生管理经验交流之间的平衡。

成都市新都区中医医院马里籍特聘专家迪亚拉·布巴卡博士从自身专业领域出发，指出中非合作从20世纪60年代就开始了，如今中非合作进入新的领域。中国在此次疫情中取得胜利有两个原因：一是中国政府的领导，二是中医发挥了不可忽视的作用。非洲可以向中国学习中医，加强中医方面的合作。

香港大公文汇传媒集团首席外交记者、中国非洲人民友好协会理事李理建议：首先，建立中国医院。中国向非洲派遣医疗队已经有半个多世纪的历史，对于中国而言，要改革援非医疗体制，把派驻援非医疗队向建立"中国医院"转型。其次，加强中医的合作。在公共卫生领域中，加强非洲和中国都应用广泛的传统草药领域的合作。中非合作是发展中国家间的合作，要守望相助。

第三，抗击疫情是一场人民战争，是疫情战，也是舆情战，只有中非双方的人民都动员起来、联合起来，形成中非抗疫的合力，既打赢疫情战，也打赢舆情战，才能赢得这场战争。在此方面，中非双方民意的良好沟通、舆情的健康维护、媒体的有效互动都事关重大。为此，中非双方的智库、学者、媒体，都应该紧急行动起来，在合作抗疫中发挥特殊的作用，通过积极有效的话语建构与公共外交，做好疏通民情民意、引领舆情舆论、配合双方共同行动的复杂工作。

中国外文局当代中国与世界研究院科研管理与国际合作部副主任邢玉堂认为：中非智库应更加积极地参与疫情防控，为中非合作抗疫提供智力支持。中非智库应围绕中非领导人提出的倡议主张和中非合作抗疫等热点话题，加强研究，积极发声，更好地凝聚中非双方合作抗疫的共识。中非智库应秉持科学精神、求实态度，以专业能力和责任担当发出客观理性的声音。灾难面前，比病毒更可怕的是谣言，比新冠病毒更毒的是"政治病毒"。在全球面临共同威胁时，智库应该发出客观、理性、科学的声音，呼吁各国摒弃歧见，凝聚共识，加强合作，守望相助；呼吁为医疗卫生体系较为薄弱、医护物资缺乏、防疫形势严峻的非洲国家积极发声，加强对非洲抗疫的支持；呼吁坚持多边主义、以人民为中心的原则，促进全球公共卫生治理；反对污名化、将抗疫国际合作和国际援助政治化，或者将疫情作为政治攻击、政治算计和谋求个人私利的工具；反对散布虚假信息、制造恐慌情绪、转嫁矛盾、无端指责等不具有建设性的做法。中非智库应主动就抗疫等事关中非切身利益的议题开展合作研究，加强对话交流和知识分享。面对百年未有之大变局，社会发展进步日新月异，智库研究也不断面临新的课题，应利用自身优势，就"完善公共卫生安全体系""疫情对国家治理的冲击""中非扶贫减贫合作"等议题开展合作研究，相互借鉴，汇聚智慧，推出高质量的研究成果，为国家决策提供政策参考。通过分享经验，交流研讨，共同抗疫，中非智库合作将更加紧密，友谊将不断升华，也将为"构建更加紧密的中非命运共同体"做出贡献。同时，要携手打造全球智库交流合作和成果共享平台，更好协调交流合作、传播经验成果及相关知识经验，让成果更好更多更广泛地惠及各国人民。

人民日报社国际部副主任吴绮敏认为，我们应反思如何加强中国人和非洲人之间的和谐与友好。目前，在武汉的非洲人总体上是安全的，湖北的 3000 多名非洲学生中，只有一人感染了病毒且很快就被治愈了。在病毒大流行期间，每个人都有可能感染病毒，携手应对疫情是我们唯一的选择。因此，加强国际合作尤为重要。习近平主席在 20 国集团峰会上提出要"坚定信心、齐心协力、团结应对"，20 国集团成员国一致同意帮助发展中国家和疫情最严重国家。中非友好合作让我们战胜了很多挑战。比如 2014 年埃博拉病毒暴发，以及过去半个多世纪，2 万多名中国医疗队队员治愈了 3 亿多名非洲人。中国会继续加强与非洲在卫生方面的合作。中非友谊历经考验，中非合作会引领我们战胜疫情，共享美好未来。

中地海外市场开发部经理陈立博士提出，一要因地制宜，建立自己的公共卫生基础设施，提升公共卫生社区治理能力，充分发挥传统医药的优势；二要急人所需，提供符合当地实际需求的援助物资；三是科研机构与智库之间要分享经验，加强学者之间的交流合作。南非约翰内斯堡大学孔子学院院长戴维·孟耶教授认为，中非在反对种族主义和殖民主义的斗争中做出了巨大努力，接下来更加应该团结一致，对于和人民密切相关的问题发出一致的声音，希望在国际和非洲媒体上听到更多中国学者的声音。刘贵今大使也呼吁智库学者在世界舞台发出自己的声音。

第四，中非合作抗疫，既必须立足当下，又应该着眼长远，从构建中非命运共同体的战略高度，借助本次合作抗疫的特殊努力而标本兼治，进一步强化、拓展、提升中非双方的全方位合作，尤其应该更加重视中非双方在科技、教育、医疗、环境、生物、民生、健康等领域的实质性合作，更加重视中非双方在国际卫生组织、全球环境安全、植物动物保护等方面的深度合作，同时要大力推进中非民间往来，创新人文交流模式，扩大中非知识共享，从而在后疫情时代推进中非合作进入一个新的阶段。

戴维·孟耶教授提出一系列值得深思的问题并提出了他的看法：我们正在进入一个怎样的世界？疫情之后，国际社会将发生什么变化？我们会面临怎样的挑战？中国和非洲如何应对挑战？一个新的世界正在出现，新的国际秩序正在形成。疫情带来诸多挑战。首先是西方世界和全球北方国家削弱了治理能力，新冠病毒导致全球机构陷入混乱。同时，中美贸易战对世界上其他国家产生了影响。在对抗疫情的过程中科技发挥了重要作用。后疫情时代，一要中非加强科技合作。科技对于非洲国家特别重要，尤其是医疗卫生相关的科技合作。二要加强中非人文交流。我们注意到中美之间的紧张局势，尤其是媒体领域，网络平台充斥着谣言、假消息和责备的声音。

针对与病毒同样可怕的谣言和虚假信息，CGTN 英语频道记者沈诗伟强调了社交媒体中甚嚣尘上的谣言对抗击新冠肺炎疫情的不利影响，目前非洲民众中有一些不科学、不理性的谣言，比如只有上层富人才会感染病毒等。媒体要向公众分享正确的信息，学者智库要提醒政府、社区，共同寻求解决办法，给出合理建议。

中国传媒大学龙小农教授指出中非之间要加强交流互鉴，共建中非联合应对公共卫生事件机制，要形成政府、社会组织、媒体、个人层面的合作机制。政府要起关键领导作用，推动社会组织参与，共同应对公共卫生危机。和丹博士建议重新审视和建构中国对非援助模式：一是关注软件和高科技方面的合作；二是提高非洲政府的管理能力；三是提高非洲国家的自主生产能力。

马里巴马科人文大学社会科学学院资深院长莫迪博·巴赫·科内教授指出，中非合作对抗新冠肺炎疫情是"一带一路"哲学的最好印证。全球化浪潮中，国际贸易保护主义国家与单边主义国家常常表现得自私自利。但中非合作从未停止捍卫自由贸易和多边主义的价值观。中国通过"一带一路"倡议，与各国紧密交流，加强基础设施建设，寻求共同发展。随着新冠肺炎大流行，中国已经展示出对这一新的全球挑战进行实时管理的能力以及为受灾国提供帮助的能力。中国领导人的理念和智慧可以为基于共同命运的全球战略伙伴关系的新合作范式铺平道路，这是"一带一路"倡议的新举措。

浙江师范大学外国语学院院长胡美馨教授用"多元、对话、互鉴"来概括疫情之下的中非交流。全球新冠肺炎疫情防控工作凸显了各国文化传统、社会体制之间存在的巨大差异，在一定程度上影响了全球疫情防控，再次提出了不同文化、不同国家之间对话、互鉴、合作的话题。她以浙师大为例阐述了中非政府、学界、民间都有很好的实践与研究，来探索中非如何在深入了解对方、尊重文化多样性的前提下，开展对话，打破边界，互鉴互学。菲拉内·姆特姆布教授也建议加强人文交流，促进中非人民间的沟通和理解。

"面对病毒，人类要团结一致共同应对，所谓分裂导致脆弱、团结带来力量！"浙师大非洲研究院非洲影视中心秘书长大灵·罗德里格博士掷地有声地说，中非团结可激励国际社会取得战"疫"胜利。人类要团结一致，共同应对新冠肺炎疫情。中非合作共同建设"人类命运共同体"，为世界树立楷模。

会议最后，浙江师范大学非洲研究院非洲法语国家研究中心主任约罗·迪亚洛饱含深情地回忆起儿时母亲病重，是中国派驻马里的医疗队医生把他母亲治好了，后来母亲再次患病，但当时中国医疗队已回国，母亲很失望，三个月后病逝……约罗强调抗击新冠肺炎疫情给我们重新审视国际合作的机会，一些西方领导者借着疫情大做文章，攻击中国，制造恐慌。中国以务实的态度应对挑战，中非合作让中非双方都更强大。面对新冠疫情以及时代的挑战，中非要更加重视双方之间的医疗卫生合作，加强双方的相互理解，巩固中非合作的社会根基，通过实际行动构建人类命运共同体。

第五，本次"抗击新冠疫情与中非合作"国际视频会议的召开正逢其时、意义重大，会上发布的中非学者共同起草的《中非紧密合作抗击新冠疫情的倡议书》代表了中非智库学者的共同声音，目前已经有多家非洲媒体、智库、网络平台发布了多语种的会议信息及倡议书，对中非合作抗击疫情营造了积极的舆论环境与民意引导空间。与会学者高度评价浙江师范大学非洲研究院多年来在搭建中非学术合作平台、推进中非学术交流方面所做的努力，认为本次会议的成功召开正是非洲研究院多年来坚持"五位一体"建设理念的一个成功案例。众多与会非洲智库和专家学者表达了推进与中方合作的意愿，并提出许多建设性建议。

新冠肺炎疫情在非洲蔓延以来，在一些别有用心、刻意抹黑的不正确观点和言论诱导下，引发了一系列不良舆情。在此形势下，浙江师范大学非洲研究院组织召开此次国际视频会议，十分必要、恰逢其时、意义重大，向国际社会传递了积极正面的信号，展示了中非合作抗疫的决心。会议筹备时间短、任务重，但得到中非学者大力支持和拥护，办得很成功。会议联合中国和非洲 14 国近 30 家智库的 60 位学者发布了中、英、法、阿拉伯、斯瓦希里、豪萨六种语言的《中非紧密团结抗击新冠疫情联合倡议书》，号召中非人民团结起来，共同应对与解决疫情蔓延给人类带来的生存与发展危机，极大地鼓舞了中非人民的抗疫信心和士气。

倡议书一经发布，国内《光明日报》客户端即予以全文刊发，中非多家媒体用多语种转发或报道，现已在中国、南非、马里、尼日利亚、塞内加尔、布基纳法索等国家广泛传播，有效传递了正能量。在浙江师范大学非洲研究院在非学者格特、约罗、和丹、迈克、罗德里格、刘钊轶和该院在非洲的合作智库学者哈桑、乌比等多位专家学者的推动下，倡议书还在非洲各国继续传播推广，影响日趋扩大，已有中外多位学者要求加入联合倡议。马里巴马科人文大学社会科学学院资深院长莫迪博·巴赫·科内、埃及本哈大学前校长阿里·沙姆斯·艾尔·丁、尼日利亚国际问题研究所高级研究员伊费姆·恩卡姆·乌比等非洲学者在会后专门来函祝贺会议取得圆满成功，并对主办方浙江师范大学非洲研究院精心的组织工作表示赞赏，希望日后加强交流与合作。

在媒体报道方面，此次会议以中文、英语、法语、阿拉伯语四大语言在国内外主流媒体报道，呈现出立体交互的国际语言传播模式。在非洲，布基纳法索 Tinganews 连续报道会议和延伸讨论 10 余次、塞内加尔 Seneweb 法语媒体关注报道会议 4 次、尼日利亚 News Investigators 英语报道 1 次；在国内，央视《新闻联播》播出与会非洲代表发言画面 3 次，央视新闻频道、CGTN 法语频道专题报道各 1 次，人民日报要闻版、人民网、光明网、环球网、中国日报网、中国社会科学网、文汇快讯等国内主流媒体实时报道会议近 20 次，腾讯、新浪、凤凰网、搜狐等门户网站广泛在首页头条转载；同时，国内媒体英语播报 4 次，法语 1 次，阿拉伯语 1 次。中非合作论坛网、非洲司官微"直通非洲"关注、转发本次会议报道 8 次。中国驻南苏丹使馆、驻埃塞俄比亚使馆、驻马里使馆等前方大使馆通过脸书、推特、朋友圈等各种方式快速转发了会议信息，直接向非洲、向世界传递信息，进一步扩大了影响。

会议在引导国际舆论、助力公共外交、传递正能量方面发挥了积极作用，产生了多方面影响，达到了预期目标。事实上，从新冠肺炎疫情暴发之初起，刘鸿武院长就带领浙江师范大学非洲研究院团队积极发挥智库作用，迅速组织中非学者开展专题研究，向相关部门提交政策咨询报告 20 余篇，多篇次被中办信息、新华社参考清样、教育部人文交流专报、《咨询研究》《公共政策参考》等平台采纳，得到副省级领导批示 4 次。刘鸿武院长多次在线上做指导讲座，助力复工复产，促进中非合作，仅"非洲经贸投资的机遇与风险管理"就有 13 万人收听，社会影响广泛。团队在媒体、会议和活动中积极发声，格特大使在南非、约罗参赞在马里多个会议上力挺中国抗疫工作。王珩、和丹、迈克、罗德里格、刘钊轶等中非学者在《中国日报》《光明日报》等媒体发表《从爱国精神到博爱情怀：中国战"疫"为世界提供典范》《中非团结才能战胜新冠肺炎》《在齐心抗疫中构建更加紧密的中非命运共同体》等 20 余篇文章，李坤等多次接受 CNN、CGTN 等国际国内媒体采访，讲述中国战疫故事，传播中国抗疫经验，反驳部分媒体对中国防控工作、中非合作的抹黑，引导国际社会舆论，呼吁中非加强疫情防控合作，产生较大反响和重要意义。中非硕士生、博士生爱德、培德、于桂章、王嵘婷等纷纷发表文章支持中非合作抗疫。中非师生齐发声、促团结，有成效、有意义，充分体现了浙江师范大学非洲研究院是一个"敢担当、能作为、有影响、可信赖"的高端智库。

志合者，不以山海为远。浙江师范大学非洲研究院将继续秉承"全球视野、非洲情怀、中国特色"的办学理念，建一流学科，创一流智库，为服务国家战略做出新的更大的贡献！

【责任编辑】王　珩

政治与国际关系

非洲研究　2020年第1卷（总第16卷）

第19－35页

SSAP ©，2020

南非的学生抗议运动（1968—2016年）[*]

——异议、分裂与去殖民化

〔南非〕黑克·贝克尔 著　张欢欢　许智寅译　王　建校

【内容提要】 本文研究了非洲大陆的学生及青年运动，这是人们在讨论"全球1968运动"时经常被忽略的内容。重点分析了20世纪60年代末70年代初南非学生抗击种族隔离的斗争，以及这些斗争在2015—2016年南非学生运动中的"再现"。

【关键词】 群众斗争；塞内加尔；学生运动；南非；1968年5月

【作者简介】 黑克·贝克尔（Heike Becker），南非西开普大学人类学教授，主要研究领域：南非和纳米比亚的政治学、文化学和美学的交叉研究。

【译校者简介】 张欢欢，北京信息职业技术学院思想政治教育部讲师；许智寅，中国人民公安大学本科生；王建，辽宁大学马克思主义学院副教授。

在学生抗议运动极大地震撼世界五十年后，无论是在西方世界还是东方世界，"全球1968运动"（Global 1968）已经成为描述一代又一代反抗运动的关键词。我们听到很多发生在西柏林、巴黎、伯克利、伦敦的反抗运动，"布拉格之春"，以及墨西哥城的1968运动有时也会被提及；相比之下，鲜有论述将发生在整个非洲大陆的事件摆在显要位置，尤其是发生

---

[*] 　原文刊于《国际社会主义者评论》2018年12月刊（总第111期），已获得授权。

在南非的事件。这引发了许多问题：非洲大陆上是否曾经发生过能够与其他地区的激进主义相匹及的"1968 运动"？如果确实发生过，那么正如我们在一篇概述文章中所展示的那样，[①] 非洲国家的学生是如何以他们自己的方式为全球起义作贡献的？而为什么这些贡献在全球范围的讨论中基本上被"遗忘"了呢？当我们在今天谈及学生和青年的抗议运动时，非洲学生的努力意味着什么？毕竟，非洲最近再次成为年轻人进行重大抗议运动的温床，他们都对民主和社会公正有着极强的渴望。从塞内加尔和布基纳法索到纳米比亚、津巴布韦和南非，成千上万的非洲年轻一代涌上街头。比如在南非，2015—2016 年就发生了大规模的大学生反抗运动。

　　本文着眼于 20 世纪 60 年代末和 70 年代初期的南非学生运动，兼议整个非洲大陆的相关活动，特别是 1968 年 5 月在塞内加尔举行的抗议活动，这是非洲 1968 年运动中唯一得到些许关注的事件，随后我们将焦点转移到南非 2015—2016 年的学生抗议活动，以此来探讨在种族隔离制度废止后已经日趋成熟的一代人，他们进行反抗运动的方式与过往的反抗运动在意识形态和激进实践层面有何关联。

一　1968 年的达喀尔

　　1968 年 5 月，法国学生主导的反抗运动几乎让政府下台；不只在法国，这也发生在塞内加尔。塞内加尔首都达喀尔的学生从 1968 年 3 月开始罢课，最初是因为抗议大学的条件；从 4 月开始，他们将罢课运动与更为广泛的社会议题联系起来，例如当地主食价格的高涨、生活水平的下降、毕业生的失业以及外国势力对国内工业的控制。[②] 5 月，塞内加尔工会采采纳了学生的口号，加入了反抗运动。研究非洲学生运动尤其是塞内加尔抗议运动的里奥·泽伊利格曾这样描述达喀尔的 1968 事件：

　　　在示威活动中，群众宣称："权利属于人民，赋予工会自由"，

---

① Heike Becker and David Seddon, "Africa's 1968: Protests and Uprisings across the Continent," *Review of African Political Economy*, May 31, 2018, http://roape.net/2018/05/31/africas – 1968 – protests-and-uprisings-across-the-continent/.

② Leo Zeilig, *Revolt and Protest: Student Politics and Activism in Sub-Saharan Africa*, London: I. B. Tauris, 2007, pp. 181 – 182.

"我们想要工作和大米"。在这场始于 5 月 31 日全国大罢工活动中，学生和工人阶级联盟的诉求达到顶点。6 月 1 日至 3 日，"我们的印象是政府空无一人……部长们被幽禁在行政大楼里……党和国家的领导人躲在他们的住宅里！"

　　政府通过命令军队进入大学校园来回应这场罢工运动，并指示他们进行射杀。在这些事件发生后的示威活动中，工人和学生决定奔赴受军队保护的总统府。法国军队公开干预，占领了城中的重要设施、机场、总统府，当然还有法国大使馆。大学被关闭，外国学生被送回家，成千上万的学生被捕。①

　　很多激进分子和分析家对达喀尔事件与巴黎事件之间的联系进行了深入的讨论。尽管达喀尔事件确乎是发生在法国大都市的风暴在不远处激起的涟漪，这看似很清楚，但像泽伊利格这样的作者坚持认为这确实是 1968 年全球青年反抗运动的一部分。

　　今天，1968 年在达喀尔发生的事件，在 60 年代全球抗议运动的讨论中常被忽视。但令人惊讶的是，对塞内加尔起义的野蛮镇压竟然波及欧洲。1968 年 9 月，数千人在法兰克福书展期间，针对授予塞内加尔总统莱奥波尔德·桑戈尔"德国出版商协会和平奖"一事展开游行示威。抗议活动将矛头指向桑戈尔所提出的黑人性（Négritude）概念，这个概念表面上促进了新殖民主义的发展，在当年早些时候也助长了对塞内加尔反对派运动的残酷镇压。②

　　然而，达喀尔的事件与 1968 年全球运动有关，尤其是与塞内加尔前宗主国的首都巴黎的运动有关，其方式比那些人声称的"法国事件……他们迅速找到了去到达喀尔的路"③ 要更复杂。塞内加尔运动开始得更早，牵涉当地的抗争史。1961 年 2 月，250 名学生走上达喀尔街头，抗议对刚果领导人帕特里斯·卢蒙巴的暗杀活动。分析人士表示，此时，塞

---

①　Leo Zeilig, *Revolt and Protest: Student Politics and Activism in Sub-Saharan Africa*, London: I. B. Tauris, 2007, p. 182.

②　Timothy Scott Brown, *West Germany and the Global Sixties: The Anti-authoritarian Revolt, 1962 - 1978*, Cambridge: Cambridge University Press, 2013, pp. 117 - 120.

③　Timothy Scott Brown, *West Germany and the Global Sixties: The Anti-authoritarian Revolt, 1962 - 1978*, Cambridge: Cambridge University Press, 2013, p. 118.

内加尔学生的意识形态从反殖民主义转向了反帝国主义。[①]

在非洲大陆掀起学生激进主义和反叛浪潮的背景下，1968 年的非洲起义也需要加以考虑。同样，刚果事件是其核心，因为暗杀卢蒙巴激化了学生政治活动，对当地，非洲乃至国际（北方世界）学生运动产生了影响。[②] 例如，在西德，早在法兰克福书展期间对桑戈尔的大规模抗议活动之前，学生们一直在西柏林游行，反对 1964 年 12 月刚果总理莫伊兹·冲伯（Moise Tschombé）的正式访问，据说他与谋杀卢蒙巴有牵连，并取而代之。

无论是在非洲大陆，还是其他地方，学生反抗运动采取不同的形式，以应对不同国家和地区的条件。20 世纪 60 年代后期，抗议活动横跨非洲大陆，遍布苏丹、刚果、埃塞俄比亚、坦桑尼亚以及北非各国。我们在最近的概述中讨论过的事件表明，非洲大陆的学生以与北美和西欧学生运动不同的方式，在不同的环境下进行反抗。[③] 1968 年非洲起义中的许多事件也体现了非洲大陆激进主义存在多种多样的形式。这些活动的开展过程中，众人团结一致，联合西方核心力量开展抗议活动等诸多事实突出表明：要在全球视角下，对 1968 运动有一个总体的认识，非洲的影响不应当被忽视。

二 1968 年的南非：黑人和白人的学生政治运动

南非也见证了 20 世纪 60 年代末到 70 年代初这段政治倒退期，这段时期抵抗运动的方式和意识形态被重塑，并与其他地区开展的 1968 运动相呼应。抵抗运动以各种方式打破原有规则，其中一些政见明确与种族隔离和种族资本主义相对立，其他的多间接支持 60 年代反主流文化精神。

关于南非的抵抗运动，从 20 世纪 60 年代中期到 70 年代中期这 10 年

① Pascal Bianchini, " Le mouvementétudiantsénégalais: Un essaid'interpretation," in *La sociétésénégalaise entre le local et le global*, ed. , Momar Coumba Diop, Paris: Karthala, 2002, pp. 359 – 396.

② Pedro A. G. Monaville, "Decolonizing the University: Postal Politics, the Student Movement, and Global 1968 in the Congo," PhD diss. , University of Michigan, 2013.

③ Heike Becker and David Seddon, "Africa's 1968: Protests and Uprisings across the Continent," Review of African Political Economy, May 31, 2018, http://roape. net/2018/05/31/africas – 1968 – protests-and-uprisings-across-the-continent/.

通常被视为大屠杀后的沉默期。紧接着 1960 年 3 月 21 日的沙佩维尔大屠杀、非洲人国民大会（ANC）政治运动和新兴的泛非主义运动被镇压，与相当残酷的镇压相伴随的是种族隔离主义在经济和政治上进入全盛时期。以沙佩维尔大屠杀后被迫转入地下的力量为基础，而开展武装斗争的尝试是短暂的。1964 年的里沃尼亚审判以纳尔逊·曼德拉和其他人被终身监禁的判决而告终。在公共讨论和占据主导地位的历史学术界中，长期的政治静止只能以 1976 年 6 月 16 日的索韦托起义结束。

　　然而，最近有一些人开始以相当不同的方式看待这段时期，提醒我们南非政治斗争正史中所忽视的政治空间和激进主义。雷蒙德·苏特纳（Raymond Suttner）坚持认为，尽管在 20 世纪 60 年代早期遭受了残酷的镇压，非洲人国民大会地下组织仍然活跃在人群中且被铭记。他质疑关于地下组织“作为社会和政治活动的一种模式，影响了社会中的人际关系和行为方式，包括两性关系”的这段史料。[1] 他的作品大大强调了在公共领域之外对政治抵抗运动的保护。尽管苏特纳的叙述并未深入人心，但无论如何，随着学生组织和激进主义者与南非的 1968 运动串联起来，大众的抵抗运动最终促使种族隔离消亡。

　　然而，约翰内斯堡威特金山大学（University of The Witwatersrand）的历史学家、政治学家朱利安·布朗（Julian Brown）研究了索韦托起义前的抵抗运动，他强调了学生政治对南非民众斗争的复兴及重塑的关键作用。他这样描述“索韦托之路”的重要性：

　　　　50 年前，学生是南非政治的核心，新的组织对种族隔离的社会秩序提出了强烈的批评。他们以抗议活动表达政治观点，这些活动经常是自发、无组织的，有时缺乏远见，因此几乎不可持续。短短几年内，他们重塑了南非的政治格局。在这些抗议活动中，出现了以前难以想象的想法，并形成了新政治组织的基础。新的阶级和抗议分子的类别变得清晰可见——不仅是学生，还有工人。新的身份成为可能，新的联盟——包括不同种族和背景的学生之间，以及学生、工人和其他人之间——都成为可能。[2]

---

[1]　Raymond Suttner, *The ANC Underground in South Africa to* 1976: *A Social and Historical Study*, Johannesburg: Jacana, 2008, p. 15.

[2]　Julian Brown, *The Road to Soweto*: *Resistance and the Uprising of* 16 *June* 1976, London: James Currey, 2016, p. vii.

　　布朗认为，索韦托起义前的 10 年，南非的抗争政治发生了重大变革，出现了新的不同意见和新的抗议形式。学生抗议活动呈现出新的形式；随后，罢工和公众集会也反映了这一点。通过一些尝试运动，学生变得激进；他们的抗议引起了工人和社会其他群体的共鸣。值得注意的是，其他社会群体开始采用学生首先尝试的方法和形式。新的联盟形成了，尽管它们往往显得很粗线条。布朗指出，新的反对派的出现并不是在 1976 年的单次抗议活动中发生的，"而是在长达 10 年的时间里，通过一系列没有计划的实验而发生的"。①

　　学生抗议有不同的形式，由不同的学生群体推动。从 1959 年起，当"大学教育法的扩充"——这份因为错误命名而臭名昭著的文件通过后，南非学生严格按照种族和民族界限被大学录取。学生抗议活动和组织形式必然受到这种教育种族隔离的极端形式的影响，这种隔离封闭了该国以前"开放"的大学中少数早期的跨种族交流空间。学生组织的状况反映出了这种隔离，甚至那些从事反抗政治的学生组织也不例外。尽管有这些限制，我下面讨论的几个例子表明，在不同的学生群体之间，以及学生与其他社会群体之间，仍然出现了尝试性的、复杂的联盟。

三　1968 年的开普敦

（一）开普敦大学"马法耶事件"

　　第一个例子来自南非历史最为悠久的大学——开普敦大学（UCT），它曾是南非为数不多的"开放"的大学之一。1968 年，阿尔奇·马法耶（Archie Mafeje）以优等成绩从开普敦大学毕业，当时他正在剑桥大学（University of Cambridge）攻读博士学位，开普敦大学聘请他担任社会人类学高级讲师。学校起初向他提供了这份工作，但在奉行种族隔离政策的政府压力下，收回了这份邀约。

　　这个问题在南非学生全国联盟（National Union of South African Students，NUSAS）的大会上被讨论，全国联盟在当时集结了开普敦大学的绝大多数学生。讨论中提出了在围绕学校的领地开展静坐抗议活动的

---

　　①　Julian Brown, *The Road to Soweto*: *Resistance and the Uprising of* 16 *June* 1976, London: James Currey, 2016, p. 4.

想法，进而在世界各地开展静坐抗议活动。参与其中的一些人还记得，欧洲的抗议活动在南非得到了广泛报道，学生们也饶有兴趣地跟进。[1]

因此，1968 年 8 月，当校方未能站出来对抗政府对学校招聘政策的干预时，一场群众大会在校内的大詹姆逊厅（grand Jameson Hall）召开，这里通常用来举办毕业典礼和其他学术活动。在学生领袖们激动人心的演讲之后，现场 1000 多名观众大都愤然而起，约有 600 名学生占领了学校的行政楼。静坐的学生和一些教员，仿照伯克利和西柏林的激进运动，下定决心"在行政楼内一直静坐直至大学委员会同意（1）任命马法耶大学职员，（2）发表声明，以确保未来的招聘政策不偏离学术理由"。[2]

最终，大约 90 名占领者放弃了，并在一个半星期后离开。一名白人人类学家代替了马法耶。作为高等教育领域的代表，南非最古老的大学在种族隔离政策的要求面前低头。

1968 年的马法耶事件被视为南非教育界施行种族隔离政策的代表。在以"白人大学"姿态面向大众的开普敦大学，黑人学生只有在极特殊情况下才能被录取，任何想要在开普敦大学学习的"非白人"申请者都必须向政府申请特殊许可。即使这项规定不适用于学术工作人员，但马法耶仍然未能够顺利入职。

然而，在 1968 年 8 月的那段短暂时间里，南非尝到了 1968 年反抗运动的滋味。其中一名占领者描述了一群南非白人学生的这一行动：

> 我们这 600 人决定投身占领运动，决心不离开，直到开普敦大学改变它的决定。我们坚持了十天，睡在地板上。食物是大家一起煮的——包括那些当时根本不懂做饭的人。人们喝了许多酒，吸食了大量的大麻，背离了最初的样子。但总的来说，这是一场有组织的抗议活动，其一个标志就是抗议过后垃圾被清除了，被占领的地区干净如初。巴黎和伦敦的学生纷纷发来支持的信息，国际媒体也进行了正面的报道。

---

[1] Martin Plaut, "How the 1968 Revolution Reached Cape Town," Martin Plaut Blog, September1, 2011, www. martinplaut. wordpress. com/2011/09/01/the - 1968 - revolution-reaches-cape-town/. Accessed 2018 - 1 - 5.

[2] BUZV UCT. Photograph and Clipping Collection, University of Cape Town Libraries, Special Collections, "Academic Freedom—1968: Sit-in Protest," www. mss_ buz_ acad_ freedom_ 1968_ sit_ in.

此次事件中，最重要的或许是知识的解放。可供选择的课程已经在筹备，我们也办了一份报纸，瞬间摆脱了精神上的枷锁。最终，我们不再是帝国孤立的种族主义前哨，而是国际学生运动的一部分。①

开普敦大学静坐抗议活动的诉求强调"学术自由"，仍然局限于反对种族隔离政权的自由主义派别。当时，相较于新兴的黑人学生运动以及少数学生运动人士正在讨论的更为激进的意识形态取向，静坐运动尚有不足。然而，开普敦大学学生的活动形式是相当激进的，在超过一周的时间内占领了学校；因此，试图对学术环境进行的挑战是极端保守的，仅仅在此前一年，开普敦大学才最终允许学生着休闲装上课。②

（二）西开普大学"领带事件"

同全球其他地方一样，1968 年反抗运动是一个社会和政治的时期，而不是严格按日历计算的时刻。西开普大学（University of The Western Cape，UWC）的领带事件发生在 1970 年，但它很好地说明南非 1968 年在新兴抵抗形式、新政治意识形态和 60 年代反主流文化之间建立了错综复杂的联系。

西开普大学位于开普平原周边，距开普敦大学 20 公里，坐落在壮丽的桌山（Table Mountain）。这是种族隔离政府为"有色人种"建立的一所大学。"有色人种"是种族隔离的一个类别，针对的是占开普敦大多数人口的混血儿。西开普大学成立于 1960 年，其直接后果是臭名昭著的种族隔离的有关法律将有色人种学生赶出了开普敦大学，而开普敦大学曾有少数有色人种知识分子就读。与 20 世纪 60 年代建立的其他"黑人"大学一样，西开普大学被规划为一个种族隔离机构，其任务是为"非白人"群体提供二流的学术培训。早期的讲师主要是白人，学术上也不怎么耀眼。这所大学是绝对专制的，创办的头十年里几乎没有什么骚动。1966 年，"种族隔离制度的建筑师"亨德里克·维沃尔德（Hendrik Ver-

---

① Martin Plaut, "How the 1968 Revolution Reached Cape Town," Martin Plaut Blog, September 1, 2011, www. martinplaut. wordpress. com/2011/09/01/the‒1968‒revolution-reaches-cape-town/, Accessed 2018‒1‒5.

② Cornelius Thomas, "Finding Voice, Vocabulary and Community: The UWC Student Movement 1972‒1976," *Journal for Contemporary History*, June 2014, 39 (1), p. 21.

woerd）被暗杀后，一些学生抵制了学校举办的追悼会。作家佐伊·威科姆（Zoe Wiccomb）在其作品中精彩地再现了西开普大学有史以来的首次学生抗议活动。她当时是大学的学生，在作品《灌木丛中的一片空地》（A Clearing in the Bush）中，她详细地描述了当时的大学是一个多么专制的、缺乏想象力的地方。①尽管在 20 世纪 60 年代中期，它是一个沉默且沉闷的机构，到了 80 年代，西开普大学作为南非"左派知识分子的家园"而声名鹊起。

四 黑人意识运动和南非学生组织的形成

南非 1968 年反抗运动不仅仅是 60 年代反主流文化下的校园反叛，几所大学发生的事件也是对种族隔离和教育机构内种族歧视的深刻反抗。学生抗议活动最重要的新组织出现在 1968 年的最后几天。南非学生组织（SASO）在一个会议期间成立，参会人员均为马里安希尔（Mariannhill）——这个会议的参会人员为来自德班西部天主教会所在地马里安希尔（Mariannhill）的圣弗朗西斯初中的黑人学生，这个中学男女同校，知名校友为史蒂夫尼·班图·比科（史蒂夫·比科）。1946 年出生的比科于 1969 年 7 月在北方大学（UNIN）的特弗洛普校区正式就任南非学生组织的首任主席。

南非学生组织诞生于对种族隔离和制度种族主义的深刻反抗的背景下，这种反抗从 20 世纪 60 年代中期开始在南非各大学蔓延。1968 年，在当时还相当独立的黑人高等教育机构福特海尔大学（Fort Hare），学生们联合抵制了新校长约翰尼斯·马蒂努斯·德·韦特（Johannes Marthinus de Wet）的就职，他是南非白人兄弟会——一个由白人男性民族主义者组成的成员。那年晚些时候，这所大学关闭了，23 名学生被禁止回家。其中包括巴尼·皮蒂亚纳（Barney Pityana），他可以说是比科最亲近的革命同志和朋友，他也很快继任其成为南非学生组织主席。

我们需要理解黑人学生与该国长期存在的全国学生组织南非学生全国联盟（NUSAS）之间的复杂关系中催生南非学生组织形成的诸多要素。

---

① Zoë Wiccomb, "A Clearing in the Bush," in *You Can't Get Lost in Cape Town*, New York: The Feminist Press at the City University of New York, 2000, pp. 37 – 61.

南非学生全国联盟成立于 1924 年，面向所有种族的学生开放。在 20 世纪
50 年代和 60 年代种族隔离早期，全国联盟在意识形态上强调南非向"多
种族主义"和"自由主义"转型，声称种族隔离与资本主义不相容。即
使在那时，也有少数马克思主义者和南非共产党党员是该组织成员。

在 20 世纪 60 年代初被作为种族隔离机构设立的"黑人"大学中，
少数学生加入了全国联盟，在一些大学中，为获准成立自治的学生代表
委员会（SRC）与加入全国联盟发生了激烈的争斗。然而，令人沮丧，
尽管成员来自多个种族，但是组织仍旧被白人学生主导与控制。

在当时，比科作为纳塔尔大学（the University of Natal）的一名"非
欧洲"医科生，在对"白人在文化知识上的优势使他们相信，在这个国
家，白人的领导地位是必不可少的，白人是上天任命的前进方向上的领
跑者"这样的观点表达异议时，已经对上述全国联盟的情况心知肚明。[①]
1968 年，他和其他一些人成立了南非学生组织，出于政治原因，该组织
向所有"黑人"学生提供成员资格，包括那些被划分为"非洲人"、"有
色人种"和"印度人"等种族隔离类别的学生。1971 年，南非政策宣言
提出了黑人意识主义。

在组织层面，南非学生组织的积极分子认为，为了避免白人"自由
主义者"的统治，黑人必须独立组织。1970 年，比科在组织时事通讯中
暗示性地写下"坦诚的交流"：

> 白人自由主义者在南非黑人历史中所扮演的角色令人好奇。很
> 少有黑人组织不是在白人的领导下。忠实于他们的形象，白人自由
> 主义者总是知道什么对黑人有利，并告诉他们……
> 自由主义意识形态的权势最为明显的表现莫过于他们坚持认为，
> 国家的问题只能通过一种黑人和白人共同参与的双边方式来解决。
> 总的来说，所有那些声称希望改变现状的人都十分认真地对待这一
> 点，认为这该是南非的做法。因此，多种族的政治组织和政党以及
> "非种族"的学生组织都坚持融合不仅是一个最终目标，而且是一种
> 手段。[②]

---

① Steve Biko, *I Write What I Like*: *Selected Writings by Steve Biko*, London: Heinemann, 1987,
p. 24.

② Steve Biko, *I Write What I like*: *Steve Biko*, *A Selection of His Writings*, 40th Anniversary Edi-
tion, Johannesburg: Picador Africa, 2017, p. 21.

　　自由主义的权势在当时展现得淋漓尽致，以至于只有通过黑人和白人的双边协商才能解决南非的问题。总的来说，就是让南非所有声称希望改变现状的人都体会到事态的严重性。因此，政治组织、政党以及"非种族"学生组织都坚持将融合作为最终目标，同时也是一种方法。

　　南非学生组织的意识形态受到了非裔美国人的黑人权力运动和其领导对弗朗兹·法农作品《黑皮肤白面具》的激进思想的解读的影响。南非学生组织最初的关注点是对黑人的心理激励；黑人意识运动的追随者认为黑人需要摆脱所有种族偏见，他们用"黑人是美丽的"这个口号表达了这一想法。他们意识到这不仅与学生有关。早在 1971 年，南非学生组织的领导阶层就讨论了摒弃学生至上的态度的建议，包括成立黑人工人理事会（后来改名为黑人工人项目），并发起了黑人人民大会（BPC）。这是一项新的政治运动，不久将与黑人工人大会并驾齐驱。实际上，一些积极分子组织了黑人社区项目（BCPs）。[①]

　　在全员黑人的南非学生组织存在的最初几年里，黑人大学给予其成员成长空间，部分原因是政府重视分离的黑人学生组织，并在很大程度上强调黑人组织以心理为导向的黑人意识运动能够与种族隔离意识形态兼容。他们很快就会意识到南非学生组织乃至比科推动的整个黑人意识运动对该政权构成了重大威胁。但是，当该组织开始更积极地参与政治活动之前，它已经建立了牢固的结构性根基，这使政府难以完全压制它。有一个早期的镇压例子，发生在 1972 年的学生抗议活动中。当时学生代表委员会（SRC）主席阿克因在大学的毕业典礼上发表反对教育的言论而被开除。1974 年成为了关键的一年：1 月，南非学生组织正式谴责了军队在纳米比亚的存在；该组织还重申了黑人意识运动的不合作立场，并谴责了班图斯坦自治区的领导人。同年 9 月，在行动遭到政府拒绝的情况下，莫桑比克仍在北方大学（UNIN）举行了一次支持民众的集会，以庆祝在亚美领导下的莫桑比克解放阵线掌权。

　　镇压紧随其后。80 名南非学生组织领导人因支持莫桑比克解放阵线集会，在未经审判的情形下被拘禁，并在比勒陀利亚最高法院受审；1976 年，他们被判在罗本岛监禁。1974 年，南非学生组织作为受影响组织之一，被列入当年《受影响组织法案》。该法案禁止其为实现目标而接

---

① Julian Brown, *The Road to Soweto: Resistance and the Uprising of* 16 *June* 1976, London: James Currey, 2016, p.115.

受外国资金。1975 年 7 月，南非学生组织在非常困难的条件下召开了年会。执行委员会中只有一名成员可以出席会议。其余的执行委员要么被禁止参加，要么被逮捕。最终在 1977 年 10 月，根据《国内安全法》，南非学生组织和其他黑人意识组织的日常活动被完全禁止。最残酷的镇压是 1977 年 9 月史蒂夫·比科在拘留期间被谋杀。

尽管全国学生联盟和南非学生组织在组织结构上存在分歧，但白人和黑人学生运动人士继续在具体的活动中合作。20 世纪 70 年代初，在南非金山大学（University of the Witwatersrand），激进的反种族隔离分子和越来越多的"新左翼"白人学生邀请演讲者重新发现反抗的历时，发现那段曾被 20 世纪 60 年代的压抑气氛所掩盖的历史。[1] 随后又发起了一场要求释放所有政治犯的运动，包括被拘禁在罗本岛的纳米比亚自由战士。[2] 学生们和工人们一起，发起针对学院内的劳工条件改善的运动，但不久后这一努力被学校废止。1971 年 7 月，在全国学生联盟会议上提议，根据德班纳塔尔大学发展的一种模式，在金山大学、开普敦大学、罗德斯大学（RhodesUniversity）和纳塔尔大学彼得马里茨堡分校（the University of Natal's section in Pietermaritzburg）发放工资，设立经济委员会。该提案呼吁全国上下共同努力，展示他们对劳工条件的研究，以支持校园内外的工人提出的改善劳工条件的要求。

五　德班时刻

随着南非学生政治运动变得更加激烈，最初仅限于大学的政治抗议活动吸引到越来越多其他群体的关注；特别是，他们为新的黑人工会的成立奠定了基础。激进的学者也参与了黑人工会围绕罢工的努力。学生、激进学者、工人和其他被边缘化的社会群体之间的联系，在人们所说的"德班时刻"（Durban moment）变得尤为密切，这可能是南非 1968 年反抗运动末期最重要的政治发展节点。

1973 年初，港口城市德班迎来了大规模的罢工潮。到 1973 年 3 月

---

① Glenn Moss, *The New Radicals：A Generational Memoir of the 1970s*, Johannesburg：Jacana Media, 2014, pp. 105 – 120.

② Glenn Moss, *The New Radicals：A Generational Memoir of the 1970s*, Johannesburg：Jacana Media, 2014, pp. 121 – 146.

底，近 10 万非洲工人，约占德班雇用的全部非洲工人的一半，集体罢
工。工人们以高歌和游行的方式表达诉求——这是自 20 世纪 50 年代激进
主义产生以来，发生的第一次公共集体行动。这既是政治行动，也是劳
工起义；工人们发动了以工厂为基础的集体行动的力量。看似自然的罢
工事件，其实源于一系列复杂的因素：低工资、来自法律和种族歧视的
羞辱、移民劳工的艰难处境、强制迁移，以及很重要的一点——剥夺黑
人工人成立组织的权利。[1] 罢工标志着不分种族的激进工会主义的发展，
以及国内反叛精神的复苏。

德班时刻预示着新一轮抵抗浪潮的开始，这一浪潮引发了索韦托起
义——一起 20 世纪 80 年代的大规模起义，并最终导致了种族隔离制度
的灭亡。工人运动的爆发和地下解放运动之间存在联系；马克思主义思
想的复兴在新一代人中间发挥作用。然而，最近出现的黑人意识运动的
思想也有决定性的影响，尽管这种影响有时被否认。[2] 特别重要的是活
跃的知识分子之间的联系，他们在 1968 年运动这段时期的作用以不同
形式呈现，他们以新的意识形态观点进行思考，并尝试了激进主义的新
方法。最重要的是史蒂夫·比科和纳塔尔大学政治哲学讲师瑞查德
（"瑞克"）·特纳之间特殊的政治对话、学术交流和个人友谊。这两位
才华横溢的年轻人不幸先后于 1977 年 9 月和 1978 年 1 月被种族隔离国
家政权暗杀。

70 年代早期，作为劳工问题研究人员，同时也是社区和劳工组织
成员的特纳，在德班成立第一个"工资委员会"时是核心小组成员。
特纳于 1941 年出生于开普敦，在促使学生激进化中发挥了重要作用。
1966 年，他从巴黎回到南非，在索邦大学（the Sorbonne）完成了一篇
关于让·保罗·萨特（Jean-Paul Sartre）的政治著作的博士学位论文。
与法国左翼知识分子的接触对这个南非年轻人产生了深远的影响，他先
是在开普敦与学生和朋友们分享了这段经历，1970 年起又在德班进行
分享。

特纳的思想借鉴了法国左翼知识分子的传统思想，萨特的思想占主
导，但特纳也吸收了马克思主义的观点；其中，他翻译阿尔都塞（Al-

[1] South African History Online, "1973 Durban Strikes," South African History Online, January 8, 2014, https://www. sahistory. org. za/article/1973 – durban-strikes, Accessed 2018 – 8 – 6.

[2] Baruch Hirson, *Year of Fire*, *Year of Ash*: *The Soweto Revolt*, London: Zed Books, 2016 (1979), p. 289.

thusser）的作品并进行讲授。特纳认为，尽管南非的"资本主义人类模式"已被深刻地被写入当地文化种族历史，[1] 但资本主义是南非社会不平等和冲突的根本原因。[2] 他将"南非未来的社会"构想成"参与式民主制度"。[3] 这不仅包括全民特许经营，还包括"以工人、农民所有制来取代原来的生产资料私有制"。[4]

特纳强调乌托邦思想的必要性，他认为乌托邦是南非另一个理想的社会模式。[5] 他还认为，那些为解放而战的人应该"预见未来，组织机构必须是参与式的，而不是专制的。在那时人们必须团结一致，学会在充满爱与和谐的环境中彼此合作"。[6]

特纳倡导的参与式民主涵盖对黑人意识运动的欣赏，尽管他谨慎地表示，作为反抗的方向，"仅仅强调黑人的尊严是不够的"。[7] 在与黑人意识运动势力进行友好讨论的同时，特纳以独特的思维呼吁南非白人培养一种批判的"白人意识"，进而将种族作为一种社会力量。特纳指责道，南非白人必须明白，南非的社会现状以及他们在其中的地位并非"白人文明胜利"的结果，而是"新技术诞生带来的腥风血雨"；他们应当关注这些事，关注"未来的希望而非过去所犯下的过错"。[8]

特纳挑战了种族隔离制度和南非白人自由主义；他还批评了马克思主义先锋队离开南非，特别是与苏东集团关系密切的共产党。同样，南非新左派中为数不多但声音响亮的活动家、学生和知识分子接受了黑人

---

① Richard Turner, *The Eye of the Needle*: *Towards Participatory Democracy in South Africa*, London, New York, Calcutta: Seagull Books, 2015（1972），p. 100.

② Richard Turner, *The Eye of the Needle*: *Towards Participatory Democracy in South Africa*, London, New York, Calcutta: Seagull Books, 2015（1972），p. 104.

③ Richard Turner, *The Eye of the Needle*: *Towards Participatory Democracy in South Africa*, London, New York, Calcutta: Seagull Books, 2015（1972），p. 110.

④ Richard Turner, *The Eye of the Needle*: *Towards Participatory Democracy in South Africa*, London, New York, Calcutta: Seagull Books, 2015（1972），p. 108.

⑤ Richard Turner, *The Eye of the Needle*: *Towards Participatory Democracy in South Africa*, London, New York, Calcutta: Seagull Books, 2015（1972），p. 10.

⑥ Richard Turner, *The Eye of the Needle*: *Towards Participatory Democracy in South Africa*, London, New York, Calcutta: Seagull Books, 2015（1972），p. 124.

⑦ Richard Turner, *The Eye of the Needle*: *Towards Participatory Democracy in South Africa*, London, New York, Calcutta: Seagull Books, 2015（1972），p. 119.

⑧ Richard Turner, *The Eye of the Needle*: *Towards Participatory Democracy in South Africa*, London, New York, Calcutta: Seagull Books, 2015（1972），pp. 122 – 123.

意识的挑战，并对迄今为止主导（白人）反对派的多种族自由政治提出了严厉的批评。他们评估了种族隔离社会中的"种族"与阶级的关系，探索了马克思主义和社会主义不同形式的批判性论述。①

这些新左派的做法与 20 世纪 80 年代占主导地位的反对派政治很好地融合在了一起，后者强调非种族主义。然而，20 世纪六七十年代学生和联盟政治的历史还剩下什么呢？下面的结论将理清南非 1968 年运动时期的意义，以便了解学生抗议的发展轨迹，特别是它对后种族隔离时代和近期学生运动的影响。

六　南非"法农式时刻"中的 1968 年遗产

2015 年 3 月，南非大学的学生在一场大规模起义中站了起来。他们在校园游行，用涂鸦涂画作为殖民遗产的圣牛，甚至有时使用其他更具争议的方式。他们的声音响彻校园，响彻街道，响彻开普敦的议会，响彻联邦大厦的草坪，响彻比勒陀利亚的中央政府。学生们推翻了殖民主义和剥削的标志，他们反对提高高等教育的学费，要求免费教育，他们呼吁结束种族主义和大学支持服务外包的新自由主义做法。学生们在多种层面上要求免费教育——一方面要求免除学费，另一方面要求教学的内容、方法和教师的选择上能够反映后种族隔离时代南非"自由"的状态。

学校、知识和思想的去殖民化一直是主导南非"法农式时刻"（Fanonian Moment）的新一代活动家的标签，"法农式时刻"是金山大学后殖民主义政治哲学家阿奇勒·姆贝（Achille Mbembe）创造的术语。2009 年他在开普敦的一次演讲中解释道，在一个国家独立大约 20 年后，新一代人进入社会舞台，对后殖民主义势力并未完全消除殖民化提出了新的问题。②

"去殖民化"是最新南非各地学生运动的口号。然而，仔细观察就会

---

① Glenn Moss, *The New Radicals: A Generational Memoir of the 1970s*, Johannesburg: Jacana Media, 2014, p. 150.

② Heike Becker, "South Africa's May 1968: Decolonising Institutions and Minds," Review of African Political Economy, February 17, 2016, http://roape. net/2016/02/17/south-africas-may-1968-decolonising-institutions-and-minds/.

发现，在这种新语境后，可能潜藏着黑人意识哲学的复兴。有人可能会问：半个世纪前，在种族隔离的全盛时期，比科和他的同事们发展出来的意识形态与"2015 年这一代"有什么关系？他们大都出生在 1994 年纳尔逊·曼德拉成为总统之前。今天许多学生的答案是，虽然南非的大学的学生群体中黑人占大多数（尽管不是在教职工中），但其校园文化、象征和课程仅仅发生了微小的变化。黑人学生经常以"被疏远"来形容他们的经历，他们注意到大学里的各项规定在继续迎合白人、中产阶级、健全的并倡导异性恋的男学生。[1]

在新的学生运动中，史蒂夫·比科和南非学生组织的理论遗产再次获得重视。21 世纪的青年学生认为，比科对黑人自主行动的诉求仍然适用于当代南非。对于那些坚持课程改革的学生来说，黑人意识哲学再次了体现重大意义。他们说，之前的课程传达了种族主义和殖民主义的知识形式，忽视甚至蔑视非洲的知识经验。呼吁黑人解放自己的思想，了解自身和相互之间的情况，共同努力，改变黑人学生的物质条件是新南非学生运动的指导原则，这些指导原则同时也贯穿于 20 世纪六七十年代那批人的抗争中。因此，比科的作品再次被年轻学生广泛阅读，他们认为比科对黑人自主行动的呼吁仍然与当代南非息息相关。

值得注意的是，新时代的年轻人也借鉴了法农的著作，尤其是他对种族主义的哲学批判，和他在实践中对黑人需要获得认可的坚持。正如前文所述，20 世纪 70 年代黑人觉醒的意识形态深受南非学生组织领导层对弗朗茨·法农的激进哲学作品《黑皮肤白面具》的解读以及"非裔美国黑人权力运动"的影响；在后种族隔离时代，一些最富思想的年轻知识分子无疑会以一种全新的视角与法农进行交流，年轻的激进主义知识分子强调黑人需要获得认可。此外，激进的批评家后来还采纳了法农关于种族隔离后那个阶段的危机在后殖民时期的南非适用问题的尖锐评论。法农被学生活动人士聘请，也是因为他对非暴力事件的规范性强制进行了激进的批评。

通过对法农和比科作品的重新解读，新一代对种族主义和后殖民状况进行了哲学批判。激进主义实践声称相互认可和去殖民化是实现真正

---

[1] Leigh-Ann Naidoo, "Contemporary Student Politics in South Africa," in *Students Must Rise: Youth Struggle in South Africa before and beyond Soweto '76*, Anne Heffernan and Noor Nieftagodien, eds., Johannesburg: Wits University Press, p. 181.

的人道主义的先决条件，他们的实践关注扰乱，不仅是扰乱大学内的空间，他们同时也坚持认为校园外的"一切照旧"的想法也阻止了 1994 年以后南非社会的去殖民化运动。

最近发生的学生抗议活动是在后种族隔离时代下南非社会经济不平等加剧的形式下爆发的。依托非洲国民大会（ANC）新自由主义结构改革的政策，与政府官员有联系的南非新兴富裕精英，表面上声称自己是非洲人。正如奈杰尔·吉布森（NigelGibson）所指出的，一种新自由主义黑人意识思想的说法如今在南非盛行。然而，这种排他性的意识形态与史蒂夫·比科的激进主义黑人意识哲学几乎没有共通之处。相反，在新的分配制度中，"以前对所有黑人的非人道和贬低的态度现在转向了黑人群体中的穷人"。①总之，这些事态发展引起城市青年对非洲人国民大会政府的不满。对许多年轻人来说，老一辈所珍重的奋斗基础已经不再适用。

相比 2015—2016 年的学生运动与 20 世纪六七十年代的运动，尽管斗争的技术手段不尽相同，比如数字社交媒体对前者有重要意义，但两者的意识形态轨迹——尤其是黑人自觉意识，以及对违法且破坏性质的抵抗形式的关注——似乎将两者联系起来。这一分析表明，1976 年索韦托起义之前的反抗，特别是学生抗议，在 1976 年之前的十年中已经存在，如爆发了多次破坏性的行动，如 1968 年在开普敦大学和 1970 年在西开普大学发生的。这些行动塑造了新的活动团体、新的抗议形式和新的政治愿景，最终摆脱了学生政治的局限，形成了学生、一些激进主义学者与工人和其他边缘化社会群体的联盟，尽管这种联盟往往令人不安。短暂但重要的德班时刻有力地证明了这一点。近期的抗议运动中，异议、创造力、想象力和团结的力量在最关键的时刻再次得以体现。

【责任编辑】雷　雯

① Nigel Gibson, *Fanonian Practices in South Africa*: *From Steve Biko to Abahlali Base Mjondolo*, Pietermaritzburg: University of KwaZulu-Natal Press, 2011, p.194.

非洲研究　2020 年第 1 卷（总第 16 卷）
第 36 - 55 页
SSAP ©，2020

1948—1963 年美国政府对南非的外交政策述评

汪津生

【内容提要】冷战开始后，美国杜鲁门和艾森豪威尔政府均出于政治上借助南非抗衡苏联的冷战思维，对于南非国民党政府推行的种族隔离制度采取了偏袒性的折中主义政策。1961 年，肯尼迪担任总统后面对第三世界国家觉醒、国内民权运动狂飙突进以及南非国内形势恶化等因素，基于现实主义和理想主义的双重考虑决定对南非政府执行包含实质性惩罚措施的有限制裁政策。该政策对于保护南非黑人和有色人种的人权，推动南非政治转型具有一定的积极作用，在美国对南非外交关系史上也具有重要意义。

【关键词】美国；南非；种族隔离；外交政策

【作者简介】汪津生，北方民族大学民族学学院副教授，博士，天津职业技术师范大学非盟研究中心特约研究员。（宁夏银川，750021）

1948 年南非国民党在大选中击败了史末资将军领导的统一党取得该党在历史上的重大胜利，由此拉开了国民党长期执政和大规模推行种族隔离制度的历史序幕。[①]对于南非种族隔离政权而言，美国的态度与政策至关重要。二战后初期的美国政府从杜鲁门到艾森豪威尔，均出于冷战需要在政治上借助南非之力抗击苏东集团，和经济上利用南非的考虑。面对南非政府倒行逆施的国内政策，杜鲁门和艾森豪威尔两届政府

---

① 〔法〕L. O. D. 约斯：《南非史》，商务印书馆，1973，第 319—321 页。

都表现出优柔寡断的态度，对南非仅仅采取口头声讨但无实际制裁内容的折中主义政策。但是，当 1961 年肯尼迪入主白宫后，肯尼迪政府基于国际形势急转和国内政治环境波动的双重因素考虑，在南非问题上，采取了与以往不同的"有限制裁"政策。该政策的实施标志着美国针对南非政府进行实质制裁的开始，并持续影响了冷战期间后续几届美国政府在这个问题上的立场，对最终粉碎南非种族隔离制度具有积极意义。①

一　杜鲁门和艾森豪威尔政府（1948—1961）针对南非的折中主义政策

（一）折中主义政策的基础：美国政府对南非在东西方冷战中的价值评估

美国政府针对南非的折中主义政策的形成既有历史因素也有现实的考量，是综合以上两因素的产物。历史上，无论在"一战"还是"二战"期间，南非都始终与英美集团站在一起，为战后新世界格局的形成做出了贡献。1948 年，美国国务院提出政策纲要，认为美国对南非的基本目标有三个：第一，出于战略和经济上的考虑，美国必须保持和发展两国的友好关系；第二，鼓励南非与西方国家发展外交关系，并加入联合国；

---

① 国外学术界关于美国对南非种族隔离制度的政策与影响的研究主要集中于美国学者，代表性著作如下：对于 1948—1994 年美国南非政策进行综合性研究的主要有本杰明·克兰《利润、原则和种族隔离，1948—1994：美国和南非关系中经济和道义问题的冲突》（1997）和 P. H. 卡普与 G. C. 奥利维尔编《美国和南非关系：过去、现在和未来》（开普敦，1987）；对于美国政府与南非关系进行阶段性研究的主要有托马斯·鲍斯特尔曼《种族隔离的不情愿的叔叔：冷战初期的美国和南部非洲》（1993），作者对杜鲁门和艾森豪威尔时期美国对南外交政策进行了研究；此外还有 A. M. 托马斯《美国的困境：种族隔离与美国的外交政策》（1997），克里斯托弗·柯克《美国与南非，1968—1985：建设性参与及其批评者》（1986），P. H. 贝克《美国和南非：里根时代》（1989），B. J. 赫希《美国、南非和非洲：宏伟的外交目标与谨慎的手段》（2001），分别对尼克松、福特、卡特、里根、布什和克林顿时期的美国与南非的外交关系进行了专题性研究。国内学术界关于美国对南非种族隔离制度的政策与影响的研究主要有：南开大学冯志伟的博士学位论文《美国外交的悲剧：美国对南非种族隔离制度的政策演变（1948—1991年）》（2009）对这一问题进行了专题研究，此外华东师范大学沐涛教授的《南非对外关系研究》（2003）则从南非的角度对 1948—1994 年美国与南非的外交关系以及双方围绕种族隔离制度的博弈进行了研究。总的来看，目前国内在这方面的研究成果尚不多。

第三，促进南非经济发展和对外贸易的增长。[①] 国务卿迪恩·艾奇逊
（Dean Acheson）认为美国必须根据外交政策而非国内立法来判断一个国
家，他批评那些希望美国只与"公正的民主国家合作的人"为"纯粹主
义者"。[②] 1949 年 1 月，中央情报局在一份关于南非政治形势的评估报告
中再次肯定了南非的价值，认为南非在政治上反共，在东西方冷战中坚
定站在美国一边，因此与南非建立友好关系对美国是有利的。报告指出：
南非是撒哈拉以南非洲大陆唯一的拥有实力和秩序稳定的国家；南非在
开普航线上的良港和海军设施可以为美国所利用；南非矿藏资源丰富、
储量惊人，出产美国所需的 23 种战略矿藏资源的 12 种；政治上，南非是
亲西方的。[③] 基于美国国务院和情报部门的各种政策分析和评估报告，冷
战早期美国政府关于对南的外交政策逐渐定型。简而言之，南非被美国
视为一个虽非必不可少但有用的盟友。

（二）折中主义政策的表现：军事经济领域的密切合作和人权问题上
的抽象"关切"与实际不作为

在 1948—1961 年杜鲁门和艾森豪威尔当政期间，鉴于历史和现实的
考虑，美国将南非视为冷战中的伙伴，与南非在军事和经济领域开展了
密切合作。尽管，美国也对 50 年代后南非国内日渐严重的种族问题感到
头疼和不安。但是总的来说，由于冷战前期东西方激烈对抗的态势，这
一时期双方关系主要还是以合作为主，美国不愿得罪南非白人政府。

1. 积极开展与南非的军事与经济合作

（1）军事领域的合作

第一，构建共同防御体系。冷战开始不久，东西方两大集团立即展
开激烈对抗，围绕德国问题和朝鲜问题先后爆发了第一次柏林危机和朝
鲜战争。在这两场冲突中，南非都响应美国要求派出了军事人员。在柏
林危机中，为了打破苏联对西柏林的封锁，南非空军先后执行了 1200 次

---

① FRUS, 1948, The Near East, South Asia, and Africa, Volume Ⅴ, Part 1 – Office of the Histo-rian, https://history. state. gov/historicaldocuments/frus1948v05p1/d413.

② Thomas J. Noer, *Cold War and Black Liberation: The United States and White Rule in Africa*, 1948 – 1968, Columbia: University of Missouri Press, 1985, p. 29.

③ CIA Document, http://www. faqs. org/cia/docs/130/0000258381/THE-POLITICAL-SITUATION-IN-THE-UNION-OF-SOUTH-AFRICA- (ORE – 1 – 49) . html.

飞行任务，为西柏林军民运送了 4000 吨补给物资。[①] 在朝鲜战争中，1950 年 11 月南非派出有"飞豹部队"之称的空军第 2 中队的 25 架飞机、157 人编入"联合国军"参战，执行对地面部队直接支援的任务。[②]

冷战初期，南非对协助西方在全球遏制共产主义扩张的信心十足。为此，马兰希望南非能融入西方的安全架构中成为北约的正式成员国。[③]当这一请求被北约婉拒后，南非又将自身定位为北约集团的辅助力量。[④]为做好撒哈拉沙漠以南即北约南翼的防务工作，南非政府甚至考虑建立一支包括一个装甲师和一个空军中队的远征军。此外，南非海军不仅要保卫开普的海路安全，还提出将其防御范围向北延伸以减轻北约海军的压力。为此，1949 年 8 月，南非国防部部长伊拉斯姆（Francis C. Erasmus）在出访美国时向美方提出购买现代化武器和人员培训的要求。[⑤] 1951 年美国国会修订了《共同防御援助法》，把南非纳入援助国行列。11 月，两国正式缔结协定，建立了共同安全防御的伙伴关系。[⑥] 当年 4 月 20 日，国务卿艾奇逊在和南非驻美大使朱斯特（G. P. Jooste）的会谈中承诺美国向南非提供包括预警雷达系统在内的先进的军事装备和训练条件。[⑦]

第二，战略矿产资源的合作利用与帮助南非进入世界"核俱乐部"。南非是铬、锰、铀等战略矿产资源的全球主要生产国之一。冷战开始后杜鲁门政府鉴于本国的铬、锰矿储备消耗殆尽，期望南非可以满足美国这方面的要求。[⑧] 于是两国在战略矿产资源的开采与利用上展开了一系列的合作。1946—1955 年，在美国政府授意下，美国进出口银行先后向南非提供了 1.5 亿美元的贷款用以改善南非的港口设施和道路条件，以提高

---

① South African Air Force（SAAF）Web site, http://www. af. mil. za/about_ us/history. html.

② 褚杨：《朝鲜战争中的"联合国军"》，《世界知识》2018 年第 4 期。

③ FRUS, 1950, The Near East, South Asia, and Africa, Volume V-Office of the Historian, https://history. state. gov/historicaldocuments/frus1950v05/d973.

④ James Barber, *South Africa's Foreign Policy*, 1945 – 1970, London: Oxford University Press, 1973, p. 83.

⑤ FRUS, 1950, The Near East, South Asia, and Africa, Volume V-Office of the Historian, https://history. state. gov/historicaldocuments/frus1950v05/d985.

⑥ Mutual Defense Assistance Agreement with the Union of South Africa, 9 November 1951, https://history. state. gov/historicaldocuments/frus1951v05/ch21subch2.

⑦ FRUS, 1951, The Near East and Africa, Volume V-Office of the Historian, https://history. state. gov/historicaldocuments/frus1951v05/d792.

⑧ 冯志伟：《美国外交的悲剧：美国对南非种族隔离制度的政策演变（1948—1991）》，南开大学硕士学位论文，2009，第 51 页。

矿产品的运输能力。①

　　冷战初期美国所需铀的 90% 来自比属刚果的欣科罗布韦矿，但该矿开采多年已接近枯竭。在这方面，南非的优势是不仅有专门的可供开采的铀矿资源（南非于 1922 年发现铀矿），而且在兰德的金矿开采中发现从废弃的尾矿堆里也可以提炼出铀。这一发现使南非迅速成为替代比属刚果，解决美国核工业急需铀矿资源供应的首选国家。英国对此也非常感兴趣，于是两国共同行动，为南非铀提炼和加工业的发展提供了大量的资助。来自美英的贷款为南非矿业公司及时"输血"，保证了其生产延续和丰厚利润的取得。② 此外，为保证生产环节的畅通，1952 年美国进出口银行还向南非电力供应委员会（ESCOM）提供了 1960 万美元贷款以保证铀提取工厂的电力供应。③

　　除合作利用铀矿资源外，美国政府对南非表达出的成为拥核国家的政治意图也给予支持。在艾森豪威尔时期，美国秘密向南非提供技术、培训和原材料，帮助南非发展自己的核项目。根据这项协议，美国帮助南非培养了大量核科学家。此外，在首都比勒陀利亚郊外美国还帮助南非建立了一座研究型反应堆。④

　　（2）经济领域的合作

　　与许多欧洲国家不同，由于远离战场南非的经济在二战中没有遭到破坏。战后，南非欣欣向荣的国内市场对美国企业产生了极大的吸引力。为了加强双边经贸往来，1952 年美国与南非签署了避免双重税收的协定。1954 年，美国又与南非续签民用航空协定，方便两国人员往来。1948—1960 年，许多美国著名的跨国公司如固特异轮胎、百事可乐、凯洛格食品、国际商业机器（IBM）、福特、通用、克莱斯勒等纷纷来南非投资办厂。据统计，在此期间来南非投资和经营的美国企业达到了 160 余家。⑤ 另外，美国商务部透露，整个 50 年代美南两国经济联系发展很快。根据

---

① Richard Hull, *American Enterprise in South Africa*, New York University Press, 1990, pp. 204，220.

② 沐涛：《南非对外关系研究》，华东师范大学出版社，2003，第 72、75 页。

③ FRUS, 1952 – 1954, Africa and South Asia, Volume Ⅺ, Part 1 – Office of the Historian, https://history. state. gov/historicaldocuments/frus1952 – 54v11p1/d524.

④ Zdenek Cervenka and Barbara Rogers, *The Nuclear Axis：Secret Collaboration between West Germany and South Africa*, London：Julian Friedmann, 1978, p. 110.

⑤ Richard Hull, *American Enterprise in South Africa*, New York University Press, pp. 210，220.

1950 年和 1960 年的指标进行对比，表明十年间美国私人资本对南非的投资额和对南非的出口额均翻了一番。[①]

2. 对南非人权状况表示抽象的"关切"，但又以各种借口为由进行袒护

1950 年五一劳动节期间，南非发生大规模骚乱，马兰政府采取铁腕手段将群众运动镇压下去。美国驻南非临时代办约瑟夫·康纳利（Joseph Connelly）认为南非国民党政府有堕落为"警察国家"的危险。[②] 次年，美国国务院在一份政策声明中重申：出于战略和经济考虑，同南非保持友好关系符合美国利益；但是南非国民党政权推行的种族隔离政策不定期地会在两国双边关系中产生紧张情绪，而且这种情况可能会继续下去。[③] 1949 年 1 月，中央情报局在一份报告中也认为未来十年内南非国内很可能会出现严重的种族冲突和暴力现象。[④]

随着时间的推移，南非实行的倒行逆施的种族隔离制度在国际社会逐渐引起了广泛关注，这就迫使美国不得不表明态度。早在 1946 年，印度代表团就以印度裔群众在南非遭到不公正对待为理由，在联合国大会上对南非政府提出控诉。[⑤] 1948 年南非国民党上台，种族隔离制度在南非全面建立，南非问题引起更多国家的关注。1952 年 9 月，13 个亚洲和阿拉伯国家提出了一项解决"南非种族问题"的决议。对此，美国政府的态度是：支持联合国大会通过的关于人权的若干决议，但又提出应该避免对南非政府进行任何特定的谴责。出席联大的美国代表团认为，在人权问题上单独挑选出一个会员国作为批评对象是错误的；反之，联合国所有成员都应该采取切实的行动以改善自己在这一领域的记录。1952 年 11 月，美国代表查尔斯·A. 斯普拉格（Charles A. Sprague）在联合国发言指出，美国一向珍视平等、生命、自由和追求幸福的理想，但是历史

---

① U. S. Department of Commerce, Bureau of Economic Analysis, *Survey of Current Business*, 1956, 36 （8）, pp. 19 and 23; and 1961, 41 （8）, pp. 22 – 23.

② FRUS, 1950, The Near East, South Asia, and Africa, Volume V-Office of the Historian, https://history. state. gov/historicaldocuments/frus1950v05/d976.

③ FRUS, 1951, The Near East and Africa, Volume V-Office of the Historian, https://history. state. gov/historicaldocuments/frus1951v05/d790.

④ CIA, *Political Situation in the Union of South Africa* ［ORE 1 – 49］, 31 January 1949, http://www. faqs. org/cia/docs/130/0000258381/THE-POLITICAL-SITUATION-IN-THE-UNION-OF-SOUTH-AFRICA- （ORE – 1 – 49）. html.

⑤ 1946 年，南非政府出台《亚洲人土地占有法》和《印度人代表法》，限制南非的印度裔人买卖财产的权利和参与选举的权利。

也同样表明实现这些目标是一项长期和艰巨的任务。因此，联合国应该首先创造一种有利于印度和南非沟通的氛围，而不是试图强加任何解决办法于一方。[1]1959 年美国代表哈罗德·里杰尔曼（Harold Riegelman）在联合国特别政治委员会发言时说，由于美国自身的种族问题尚未解决，所以美国在对待南非问题时必须保持谦逊的态度。[2]美国代表的上述言论明显具有转移世界舆论，为南非政府求情开脱的企图。

1960 年 3 月 21 日，南非发生了震惊世界的沙佩维尔事件[3]。事件将南非政府再次推向舆论的风口浪尖。面对这一情况，美国政府十分头疼但也不敢公开包庇南非。美国代表亨利·卡伯特·洛奇（Henry Cabot Lodge）在联合国安理会表态，支持将关于这个问题的讨论从联大升级到安理会。他还代表美国政府对死难者表达了同情，认为种族隔离政策是造成这一悲惨结果的主因，呼吁各方避免暴力。1960 年 4 月 1 日，联合国安理会通过了第 134（1960）号决议，就沙佩维尔事件谴责南非政府，责令其放弃种族隔离政策。美国一反常态对这项决议投了赞成票。然而，尽管安理会第 134（1960）号决议为美国未来在种族隔离问题上设定了基调，但艾森豪威尔政府仍然想有所保留，即它不希望对南非的抗议会招致美国的战略和经济利益的牺牲。为此，两国的经济和战略合作在事件发生后仍然进行着。显然，沙佩维尔事件后美国针对南非的外交辞令的确发生了一些变化，但对两国的外交实际并没有产生本质的影响。

二 肯尼迪政府（1961—1963）针对南非的
政策调整及实施"有限制裁"

1961 年 1 月，民主党人约翰·肯尼迪当选美国第 35 任总统。鉴于世

---

[1] Statement of Charles A. Sprague before the U. N. Ad Hoc Political Committee, 4 November 1952, https://history. state. gov/historicaldocuments/frus1952 – 54v11p1/d562.

[2] Statement of Harold Riegelman before the U. N. Special Political Committee, 2 November 1959, https://www. archives. gov/research/foreign-policy/other-resources.

[3] 1960 年 3 月 21 日，南非德兰士瓦省沙佩维尔镇的黑人群众为反对白人政府推行的具有种族歧视色彩的"通行证法"而举行了大规模的和平示威游行，白人军警对游行群众采取了野蛮镇压，造成黑人群众 70 多人被打死，240 多人受伤的惨剧。事情发生后震惊世界，引起国际舆论高度关注，被称为"沙佩维尔事件"。

界政治形势的重大变化、南非国内治安的恶化和美国民权运动产生的道德压力等诸多因素，肯尼迪政府在与南非关系问题上进行了政策调整，修正"折中主义"对南非白人政府的支持和袒护，采取具有一定实质性压力的政策，最终导致了"有限制裁"政策的出台。

（一）推动肯尼迪政府调整政策的几个关键因素

1. 沙佩维尔事件后南非社会失序，肯尼迪政府担心南非出现社会大崩塌使美国利益受到重大损失

沙佩维尔事件后面对国际社会的指责和施压，南非政府的态度却异常蛮横和强硬。它变本加厉地颁布和通过了国家安全法，并准备扩大黑、白人分居的试验。许多进步组织如非国大、泛非主义大会和南非共产党等均被宣布为非法组织遭到取缔和镇压，被迫转入地下活动。南非政府的这些极端做法激化了原有的种族和阶级矛盾，引起社会剧烈动荡。非国大和南非共产党放弃了非暴力主义思想，转而采取了将武装斗争和民主运动相结合的方式，合作组建了非国大的武装组织——"民族之矛"。南非共产党领导人乔·斯洛沃（Joe Slovo）还和曼德拉一起担任民族之矛的最高指挥官。[1] 由于非国大缺少武装斗争的经验，所以在民族之矛建立之初，南非共产党派出不少参加过二战的党员帮助非国大训练招募的新兵，向新兵传授秘密行动的技巧和各种破坏战术。[2] 另外，还有一些南非共产党员在民族之矛的全国性和地方性组织中担任领导。在外援上，南非共产党还利用自己和苏联、东欧等社会主义国家共产党的友好关系，为民族之矛争取到各种急需的经费、物资、培训和武器援助。"民族之矛"从 1960 年开始即针对政府设施展开了一系列的暴力破坏活动，南非政府紧急宣布其为"恐怖组织"，并将曼德拉等大批非国大领导人抓捕处死或投入监狱。紧张的斗争态势使南非社会随时有陷入大规模内战的可能。

此外，南非白人政权还继续推动"黑人家园"政策。1963 年白人政府把所谓"自治权"授予特兰斯凯的黑人，标志着独立的黑人家园政策的开始。这项政策的企图是要使黑人和白人在整个南非共和国的领土上

---

[1]　Simon Adams，*Comrade Minister：The South African Communist Party and the transition from a-partheid to democracy*（New York：Nova Science Publishers，Inc2001），p. 52.

[2]　Ronald Kasrils，*Armed and Dangerous：From Undercover Struggle to Freedom*（Auckland Park，South Africa：Jacana，2013），pp. 41 – 46.

实现永久分离。肯尼迪政府在 1961 年 8 月就对南非白人政权的这种更为激进的做法感到不安。美方有人预测：南非将在几年内面临一场种族血战，由白人高压政策引起的激烈对抗将使非洲大陆迄今为止所见的一切相形见绌，认为白人政府将会最终被暴力推翻。因此，沙佩维尔事件后南非的社会矛盾和阶级斗争都变得异常激烈和复杂，这是促成肯尼迪政府决定改弦易辙的原因之一。

2. 来自美国民权运动的压力

这一时期导致肯尼迪政府和南非政府关系紧张化的因素还有美国国内的民权运动。1960 年肯尼迪在民主党全国代表大会接受提名的演讲中谈到了"（要致力于）一场和平的人权革命，呼吁结束我们社会生活中所有领域的种族歧视……"[1]在总统竞选期间，肯尼迪对美国黑人的投票支持表示感谢，他承诺若当选会致力于民权问题的解决。当政后，肯尼迪对美国民权运动的发展给予了应有的关注和促进。1963 年 6 月他就民权运动问题对全国人民发表讲话。肯尼迪指出，民权运动是"目前美国正在发生的一场伟大变革，我们的任务和责任是让这场变革和平地、建设性地惠及所有人"。[2]

此时，由于南非在种族关系上的紧张与美国国内情况恰好有相同之处。因此，肯尼迪政府内部一些具有远见的官员认为政府不能按照两套标准来处理这两个性质相似的问题，否则将难于自圆其说。负责非洲事务的助理国务卿门宁·威廉姆斯（Mennen Williams）告诫政府要注意在处理美国南部州的种族问题时要和处理国际上的种族问题立场保持一致，否则将导致不良的国内和国际反响。[3] 这些建议促使肯尼迪政府意识到与南非保持友好合作关系是与正在进行的民主党大规模的社会改革运动不合拍的。因此，与南非的关系必须有所改变。

---

[1] Address of Senator John F. Kennedy before the Democratic Party national convention, Los Angeles, 15 July 1960, http://www. jfklibrary. org/Historical + Resources/Archives/Reference + Desk/Speeches/JFK/JFK + Pre-Pres/Address of Senator John F. Kennedy Accepting the Democratic Party Nomination for the Presidency of t. htm.

[2] President John F. Kennedy's Radio and Television Report to the American People on Civil Rights, Washington D. C. , 11 June 1963, http://www. jfklibrary. org/Historical + Resources/Archives/Reference + Desk/Speeches/JFK/003POF03CivilRights06111963. htm.

[3] Memo, Williams to Rusk, 12 June 1963, Document 7a. Africa, 6/3/63 – 6/24/63. Subject File, White House Files：Box WH – 1. Arthur M. Schlesinger Papers. JFKL. （DDRS）

3. 为了与苏联争夺第三世界的控制权

20 世纪 60 年代初，第三世界国家已经成为国际关系中一支令人瞩目的新兴力量。肯尼迪抛弃了艾森豪威尔政府对第三世界国家和不结盟运动的敌意，试图赢得它们的支持，以减少共产主义在这些国家扩张的机会。[1] 他在就职演讲中向第三世界国家承诺，美国将帮助它们增强独立自主的发展能力。他美化美国的动机，说美国这样做并不仅仅是与共产党国家竞争的需要，而且是因为只有这样才符合政治正确。[2] 第三世界国家尽管成分复杂，在很多问题上存在分歧，但在反对种族隔离上它们的立场是一致的。因此 1961 年 10 月，美国国务卿迪安·腊斯克（Dean Rusk）在给美国驻南非大使馆的电报中指出，这一状况给美国外交带来了难题，美国对南非的支持已经成为美国外交官越来越大的负担。[3] 面对这种情况，显然美国必须明确表示反对种族隔离制度，因循守旧将失去这些新兴国家的尊重和支持。

4. 肯尼迪及其幕僚对非洲问题的新认识

20 世纪 60 年代以前，美国对非洲问题的关注是非常有限的。"在所有的大洲之中，这一个洲受到美国的忽视最长久。直到一九六〇年，我们在政治上或经济上、军事上或文化上对非洲的直接关心都是不够的。没有任何传统的原则指导我们的非洲政策。……即使非洲人后裔的美国人也很不关心非洲。"[4] 但是在肯尼迪当选总统后，这一情况得到了根本改变。在 1960 年竞选期间，肯尼迪就一再批评上届政府对非洲问题的忽视。他说："因为我们忽视并且不理睬非洲人民的需要和愿望，我们在非洲日见失利。"[5] 因此甫一上任，肯尼迪就对外交部门进行了调整。他任

---

[1]　Inaugural Address of President John F. Kennedy, Washington D. C., 20 January 1961, http://www.jfklibrary.org/Historical Resources/Archives/Reference Desk/Speeches/JFK/003POF03 Inaugural01201961.htm.

[2]　Inaugural Address of President John F. Kennedy, Washington D. C., 20 January 1961, http://www.jfklibrary.org/Historical Resources/Archives/Reference Desk/Speeches/JFK/003POF03 Inaugural01201961.htm.

[3]　FRUS, 1961 – 1963, Volume XXI, Africa, Office of the Historian, https://history.state.gov/historicaldocuments/frus1961 – 63v21/d391.

[4]　小阿瑟·M. 施莱辛格：《一千天：约翰·菲·肯尼迪在白宫》，生活·读书·新知三联书店，1981，第 431 页。

[5]　小阿瑟·M. 施莱辛格：《一千天：约翰·菲·肯尼迪在白宫》，生活·读书·新知三联书店，1981，第 435 页。

命了一些对南非种族隔离制度有想法并支持民主原则的高级官员。例如，副国务卿切斯特·鲍尔斯（Chester Bowles）、助理国务卿门宁·威廉姆斯、驻联合国大使阿德莱·史蒂文森（Adlai Stevenson）等。这些人对南非的种族隔离制度持强烈反对的立场，要求新一届美国政府对南非采取一些政策上的改变。

事实上，肯尼迪本人很早之前就曾对非洲问题产生兴趣。他担任过参议院非洲问题小组委员会的首任主席，曾在参议院大会上引人注目地呼吁美国支持阿尔及利亚的非殖民化运动。在 1957 年的演讲中，肯尼迪指责艾森豪威尔政府在阿尔及利亚问题上采取"鸵鸟政策"，回避与法国正面交锋。肯尼迪批评艾森豪威尔的非洲政策是一种自欺欺人。① 为此，他提议，"不能放弃非洲的民族主义，那样只会让反西方的煽动者和苏联的代理人攫取运动的领导权。既然美国本身就是政治革命的产物，因此美国必须加倍努力以赢得非洲民族主义领导人的尊重和友谊"。②

正是基于上述原因，在处理南非问题的政策选择上肯尼迪政府变得逐渐强硬起来。

（二）肯尼迪政府在人权问题上与南非展开对抗的表现

1. 外交辞令上的范式转换：不再包庇南非的信号

沙佩维尔事件后，在外交辞令上，肯尼迪政府完成了从艾森豪威尔政府以来的语言范式转换，常常使用"痛斥""谴责"等严肃的词汇主动地公开批评南非的种族政策。例如，1961 年，门宁·威廉姆斯抨击种族隔离是一项危险的错误政策，不仅危害南非人民而且危害世界和平与安全。美国驻联合国代表团官员乔纳森·宾厄姆（Jonathan Bingham）也认为美国人民之所以憎恶种族隔离制度，是因为这种制度是建立在一种可恨的观念上，即不同种族的人享有不同的机会。尽管肯尼迪政府的一些外交官员仍然强调，在联合国成员中南非并不是唯一实行政治迫害的国家，但这与艾森豪威尔时期的笼统化战略已不同，不再成为美国保护南非的借口。1962 年，美国常驻联合国代表佛朗西斯·普林顿（Francis

---

① Senator J. F. Kennedy's Speech before the U. S. Senate, Washington D. C. , 2 July 1957, *Imperialism—the Enemy of Freedom*, Congressional Record, 1957, 103（8）, 10781.

② Senator J. F. Kennedy's Speech before the U. S. Senate, Washington D. C. , 2 July 1957, *Imperialism—the Enemy of Freedom*, Congressional Record, 1957, 103（8）, 10783.

T. P. Plimpton）在联大发表演讲再次强烈抨击南非的种族政策。他说：
"我们在所有方面都坚决地反对种族隔离制度，因为我们的传统和价值观
不允许还有其他的立场存在。"①

此外，美国政府对南非在西南非洲（今纳米比亚）的委任统治也进
行了严厉批评。宾厄姆等外交官员指责南非政府将国内的种族隔离制度
扩大到西南非洲，是对联合国赋予的托管权力的滥用，违反了它对国际
社会和西南非洲人民的承诺，是一种严重的渎职行为。

总之，肯尼迪政府在南非问题上不再用模糊的语言回避问题，而是
有意在公开场合清楚地传递出对南非种族隔离制度的态度，释放出不再
包庇南非政府的明确信号。

2. 开展与非国大等黑人反对派的民间外交对南非政府施压

肯尼迪政府还试图通过与一些南非的黑人反对派组织建立非正式联
系的方式对南非政府施压。1961 年，肯尼迪总统以私人名义发电报给非
国大主席阿尔伯特·卢图利（Albert Luthuli），祝贺卢图利获得诺贝尔和
平奖。在贺电中，肯尼迪赞扬了卢图利和非国大事业的正义性，认为非
国大以和平方式取得的成就赢得了全世界爱好自由的人民的称颂。② 1963
年 5 月，美国驻南非大使约瑟夫·萨特思韦特（Joseph Satterthwaite）会
见了被南非政府软禁的卢图利。5 个月后，美国司法部部长罗伯特·肯尼
迪（Robert Kennedy）又会见了泛非主义大会（PAC）成员——著名的白
人激进主义者帕特里克·邓肯（Patrick Duncan）。

此外，更令美国和南非关系紧张的是肯尼迪政府不顾南非法律的规
定，决定在其驻南非使领馆内举办包括黑人宾客在内的跨种族招待会。
这是国务卿腊斯克在驻南大使萨特思韦特的建议下做出的决定。萨特思
韦特认为，这些活动是在美国使领馆内举行的，按照国际法和外交惯例
就是在美国领土上举行的，因此不存在违反南非法律的问题。他估计此
举会刺激南非政府，但不至于造成两国外交关系的破裂。6 月 10 日，腊
斯克给南非政府发电报，对即将举行的跨种族招待会做了解释。他说：
"美国政府决定今后在我国驻南非使领馆举行独立日庆祝活动时，将遵守

---

① Statement of Francis T. P. Plimpton before the U. N. General Assembly Special Political Commit-
tee, 19 October 1962, 1962, 47（1221）, 791, https://www. archives. gov/research/foreign-
policy/other-resources.

② FRUS, 1961 – 1963, Volume XXI, Africa-Office of the Historian, https://history. state. gov/
historicaldocuments/frus1961 – 63v21/d392.

我国的风俗习惯而非贵国的。我们举办跨种族招待会是源于我们的信念和实践的产物，而且这也符合世界上绝大多数国家的惯例。"① 1963 年 7 月 4 日，美国政府在南非各地如期举办了多场跨种族的社会招待会。事后证明萨特思韦特的判断是正确的，南非政府对美方的行为保持了谨慎和克制，仅是温和地拒绝了派出代表与会的邀请但没有采取强硬的对抗措施。

3. 1963 年 "武器禁运法" 的出台

除了上述针对南非政府的施压措施外，肯尼迪政府最为关键的制裁手段是实施武器禁运。

（1）关于 "武器禁运" 的酝酿和争论

1962 年 10 月，助理国务卿哈兰·克利夫兰（Harlan Cleveland）和门宁·威廉姆斯一起向国务卿提交报告，他们认为当前国际社会要求对南非采取果断行动的压力已变得不可抗拒。对此，美国常驻联合国代表史蒂文森也表示同意。史蒂文森指出，在下一届联大上美国将无法避免地重新审视其关于南非问题的立场。否则，美国就会被大多数非洲人视为支持南非的种族政策。② 1963 年 6 月，索比·威廉姆斯（Soapy Williams）写信给国务卿腊斯克说："我们已经到了必须采取更有力的措施反对种族隔离的地步。"他说不能再把对种族隔离的谴责停留在口头上了，美国必须拿出有实际意义的举动出来，要让世人知道美国对这个问题的态度是认真的。③ 他提议可以考虑对南非采取全面的武器禁运。④ 以上情况表明，至少从 1962 年开始，美国国务院的部分官员已开始酝酿通过武器禁运的方式加大对南非的制裁力度，改变过去放任的对南立场。

但是，反对和质疑的声音也不容小觑。例如，国务卿腊斯克替南非辩解，认为侵犯人权问题并非南非所独有，有些与美国友好的国家也存在类似的做法，甚至有的还非常严重。因此，他反对将南非的人权问题

---

① FRUS, 1961 – 1963, Volume XXI, Africa-Office of the Historian, https://history. state. gov/ historicaldocuments/frus1961 – 63v21/d405.

② Memo, Stevenson to Department of State, 23 January 1963, Document 2, Africa General：1/ 63 – 2/63, Countries：Box 3. NSF-JFKL.（DDRS）

③ Memo, Williams to Rusk, 12 June 1963, Document 7a. Africa, 6/3/63 – 6/24/63, Subject File, White House Files：Box WH – 1, Arthur M. Schlesinger Papers, JFKL.（DDRS）

④ Memo, Williams to Rusk, 12 July 1963, George Mennen Williams Papers：Box 3, NARA.（DDRS）.

置于包括所谓共产党国家在内的一些国家侵犯人权的问题之前进行讨论。他认为，美国当然不能支持南非强化种族隔离制度的措施，但是应该帮助南非人发扬他们曾经在两次世界大战中发挥的那种积极作用，在当前美苏全面对抗的背景下，南非的这种作用与美国自身的存亡息息相关。另外，美国驻南非大使萨特思韦特也表示反对武器禁运。他的理由是，随着非国大、泛非主义大会和南非共产党等组织放弃非暴力主义转向武装斗争，武器禁运会为共产党势力"侵入"南非提供机会。[①] 在这个问题上，国务院欧洲司的一些官员和美国军方从冷战出发也表示了类似的看法。国防部部长罗伯特·麦克纳马拉（Robert McNamara）表示，他希望美国与南非的军事联系尽可能地在正常基础上继续下去。[②]

面对以上两种不同观点，到底应该采取哪一种意见，的确令肯尼迪非常头疼。但随后参谋长联席会议丢南保葡的建议最终使"禁运派"占据了上风。1963 年 7 月，参谋长联席会议在给国防部部长麦克纳马拉的一份备忘录中比较了美国在葡萄牙和南非的军事利益，指出南非在冷战时期对西方集团的贡献要小于葡萄牙（葡萄牙是北约成员——笔者注），因此在这两个盟友都因在南部非洲的殖民行为受到国际社会指责的时候，美国政府应有所取舍。参谋长联席会议认为，当下美国应力保在葡萄牙亚速尔群岛的军事基地，而对南非军事基地的保有并非十万火急。[③] 综合以上分析，肯尼迪政府最终决定即使冒着失去南非军事基地的危险，也要对南非政府采取实质性的制裁措施；否则，就会冒失去整个非洲的危险。如果那样就是美国在政治和舆论上的大灾难。同时，这样做还有一个好处就是可以转移国际社会要求制裁葡萄牙的视线，这对葡萄牙是一种保护。在 7 月 18 日的内阁会议上，肯尼迪总统决定对南非实行武器禁运，作为政治妥协以转移国际社会对葡萄牙的指责，以换取葡政府同意美国继续使用在亚速尔群岛的军事基地。8 月 2 日，美国常驻联合国代表史蒂文森宣布美国政府将从年底开始单方面禁止美国公民向南非出售军

---

①　Country Internal Defense Plan, 10 17, Enclosure to Satterthwaite to State, 13 September 1962, Document 37, Africa General：11/62 - 12/62, Countries：Box 3. NSF-JFKL. （DDRS）

②　Kenneth Mokoena, ed, *South Africa and the United States：The Declassified History*, New York：National Security Archive, 1993, Document 4 （DDRS）

③　Memo, Joint Chiefs of Staff to McNamara, 10 July 1963, Document 6b. South Africa, General：6/6/63 - 7/12/63, Countries：Box 159. NSF-JFKL. （DDRS）

事装备。① 史蒂文森指出，迄今为止因为在联合国进行的所有针对南非问题的外交活动的效果基本为零，南非政权对来自国际社会的私下劝说和公开谴责都无动于衷。所以，美国政府选择采取对南武器禁运。他还进一步表明，美国做出对南武器禁运的决定是希望敦促南非政权重新评估它的种族隔离政策。②

（2）"武器禁运"政策的实施

上文指出，1963 年武器禁运政策的出台实际上是一种政治妥协的产物。因此在政策的具体执行上，美国政府又有诸多保留。首先，禁运在性质上是自愿的。史蒂文森强调南非对国际和平没有"明显和现实的威胁"，因此在这种情况下对其实施强制禁运是没有道理的。③ 另外，他还代表美国政府阐明如下立场，即美国政府反对针对南非的任何进一步制裁措施，特别是具有经济性质的惩罚措施。④

除了禁运的自愿性质外，肯尼迪还通过一系列政治运作削弱了武器禁运的效果。美国政府宣布，美国仍将履行在 8 月宣布武器禁运前与南非签订的军事合同。另外，与先前已售军事设备相关的零配件和维修合同也不在禁运范围之内。出于冷战的考虑，肯尼迪政府还认为确保两国共同防御以维持西方安全的军需品也不应被归入禁运的名单之中。⑤ 因此依照这种逻辑，小型武器和反人员装备由于具备执行种族镇压的能力应被列在禁运清单上，而一些大型的较复杂的武器如潜艇、战斗机、导弹等由于不太可能被运用于镇压民众上则不一定会被禁运。

受到美国立场的鼓舞，1963 年 8 月 7 日，联合国安理会通过了 181 号决议案，决定对南非采取自愿性的武器禁运，要求所有成员国立即停

---

① 美国驻联合国代表阿德莱·史蒂文森在联合国安理会的发言，1963 年 8 月 2 日。American Foreign Policy：Current Documents，1963，pp. 683 – 689，https：//www. archives. gov/re-search/foreign-policy/other-resources.

② 美国驻联合国代表阿德莱·史蒂文森在联合国安理会的发言，1963 年 8 月 2 日。American Foreign Policy：Current Documents，1963，pp. 683 – 689，https：//www. archives. gov/re-search/foreign-policy/other-resources.

③ 美国驻联合国代表阿德莱·史蒂文森在联合国安理会的发言，1963 年 8 月 2 日。American Foreign Policy：Current Documents，1963，pp. 683 – 689，https：//www. archives. gov/re-search/foreign-policy/other-resources.

④ 美国驻联合国代表阿德莱·史蒂文森在联合国安理会的发言，1963 年 8 月 2 日。American Foreign Policy：Current Documents，1963，pp. 683 – 689，https：//www. archives. gov/re-search/foreign-policy/other-resources.

⑤ American Foreign Policy：Current Documents，1963，pp. 689 – 690.

止对南非出售并运送武器、各种弹药及军用车辆。[①] 该决议案使南非的对外军购受到很大制约和打击。由于法国和英国对决议案投了弃权票，所以南非的对外军购从 1963 年后主要转向法英两国。但好景不长，1964 年英国工党政府上台执政，改变了保守党政府在军售问题上的态度，也采取了武器禁运政策，这就使法国成为当时向南非提供先进武器的唯一西欧大国。尽管英美的禁运政策有诸多保留，但该项政策对南非的影响还是非常显著的。例如，南非总理博塔就承认西方大国的武器禁运对南非的未来是一个严重警告。[②] 武器禁运迫使南非不惜代价从 1964 年后高速发展本国的军工产业以摆脱对西方武器的依赖。据统计，1960 年 1 月南非对本国军工产业的投资约仅为 31.5 万兰特，但到 1964 年 5 月这个数字已经达到 3300 万兰特。短短四年间投资额增长了约 104 倍。[③]

4. 强调以接近求改变，反对实施全面惩罚性制裁措施

尽管肯尼迪政府在武器禁运上与联合国达成一致，但对 1962 年联大提出的全体成员国与南非断交、封锁其港口和机场、采取经济封锁等全面性制裁的要求表示反对。美国的理由是不应该孤立南非，而应通过积极的接触，让南非充分暴露于世界舆论中受到监督才是好的解决办法。美国政府认为要孤立一个国家，同时又想影响它、改变它，这在思想上是矛盾的。另外，美方还认为对南非的全面经济制裁会使种族隔离制度的受害者黑人群众遭到首当其冲的不利影响，生活水平会急剧下降。因此，孤立和经济制裁都是不人道的办法。[④] 过度的外部压力引发的剧烈变化可能会使南非社会陷入可怕的无政府状态，从而给外部势力的影响和干涉制造机会。[⑤] 因此，肯尼迪政府希望采取以接近求改变的原则，鼓励南非统治集团内部的开明派通过逐步变革最终实现南非的制度革新。由

---

① 安理会以 9 票支持、0 票反对、2 票弃权（英、法）的结果通过该决议案。见联合国安理会决议案一八一，维基文库，自由的图书馆，https://zh. wikisource. org/zh-hans/联合国安理会决议案一八一。

② James Barber and John Barratt, *South Africa's Foreign Policy: The Search for Status and Security* 1945 - 1988, Cambridge: Cambridge University Press, 1990, p. 102.

③ Philip H. Frankel, *Pretoria's Praetorians: Civil-Military Relations in South Africa*, Cambridge: Cambridge University Press, 1984, pp. 81 - 82.

④ 冯志伟：《美国外交的悲剧：美国对南非种族隔离制度的政策演变（1948—1991）》，南开大学硕士学位论文，2009，第 119 页。

⑤ 冯志伟：《美国外交的悲剧：美国对南非种族隔离制度的政策演变（1948—1991）》，南开大学硕士学位论文，2009，第 119 页。

于在对南非全面制裁的问题上，作为安理会常任理事国的美英法均持反
对立场，所以联大 1962 年的决议实际陷于流产。

"以接近求改变"政策有以下几个具体表现。

（1）采取"双不"方针，继续维持与南非的经济来往

肯尼迪政府对于美国民间人士和机构与南非的经济交流采取了"不
鼓励也不反对"的"双不"方针。鉴于南非国内激烈的社会矛盾和不可
预测的政治局势带来的投资环境恶化，肯尼迪政府仅对商界人士和机构
提出建议，希望他们在南非进行谨慎的短期贸易和投资，但对他们与南
非的经济交流并不反对。

沙佩维尔事件后，大量外资逃离给南非经济带来沉重打击。据统计，
沙佩维尔事件后到 1961 年 6 月的 18 个月内，有 2.48 亿兰特的资本从南
非撤走。同时，南非的黄金和外汇储备也从 1960 年 1 月的 3.15 亿兰特骤
降至 1961 年的 1.42 亿兰特。[1] 显然，南非经济在 60 年代初已处于风雨飘
摇之中。但就在这紧要关头，来自美国的私人资本却成了挽救南非的一
根救命稻草，美国公民和公司在 20 世纪 60 年代初的南非经济运行中起到
了起死回生的重要作用，成为美国支持南非经济的主要方式。[2] 例如，著
名企业家查尔斯·恩格哈特为南非政府提供了一笔价值 1.5 亿美元的私人
贷款。作为民主党的主要政治献金捐赠者恩格哈特还从中斡旋，促使肯
尼迪政府于 1961 年 12 月帮助南非从国际货币基金组织获得 1880 万美元
的提款权。此外，1962 年 1 月，世界银行也向南非提供了 2550 万美元的
贷款。[3] 这些贷款的输入缓解了南非的财政危机，安抚了投资者的紧张情
绪，为南非经济的复苏创造了条件。60 年代中期，美国的银行业巨头也
对南非的矿业部门等支柱产业采取商业贷款的形式进行了"输血"和扶
持。例如，花旗银行向南非的兰德选矿公司提供了 3000 万美元的贷款，
它还向南非政府下属的工业发展公司提供了 500 万美元的贷款。在这段时
期，包括花旗银行、大通银行（Chase）、狄龙银行（Dillon）、瑞德银行
（Read）在内的 12 家美国银行还向南非提供了总计 4000 万美元的额外商

---

①　Rodney Davenport and Christopher Saunders, *South Africa: A Modern History*, Basingstoke: Macmillan, 2000, p. 415.

②　National Security Council Document, 22 March 1961, National Archives, Modern Military Section, https://www.archives.gov/research/foreign-policy/other-resources.

③　Hull, *American Enterprise in South Africa*, New York University Press, 1990, p. 246.

业贷款。[1]

　　来自美国的经济援助挽救了行将崩溃的南非经济，对于美国公司的这些行为肯尼迪政府虽然碍于影响没有给予公开支持，但是也没有表现出任何的反对和限制。

　　（2）继续开展与南非的战略合作

　　1961 年 10 月，美国国务卿腊斯克指示美国驻南非大使馆不要因种族关系问题上的分歧影响到双方在其他领域上的合作。这里的其他领域主要指美国与南非的战略合作领域。

　　当年，美国在南非德兰士瓦的导弹跟踪站的土地租约到期。肯尼迪政府对是否续约与南非进行军事合作，以及这些跟踪站是否可能因南非政治动乱而丧失进行了初步辩论后，委托军方进行了更详细的评估。军方在随后提出的报告中指出，不续约会有损失，但不会对美国的战略利益造成致命伤害。尽管有军方的这种评价，但是土地合同仍然得到了续签。肯尼迪政府认为两国在这方面的战略合作有助于维护西方的安全，且这一合作并非援助南非实行种族隔离制度，因此可以接受。在南非核设施的建设上，肯尼迪政府也继续对南非进行援助，延长与南非的原子能协定，向其提供浓缩铀。另外，在敏感的军售问题上，美国尽管拒绝了南非希望购买洛克希德公司飞机的企图，但同意将一批"响尾蛇"导弹卖给南非。1963 年 3 月，肯尼迪还批准向南非出售潜艇，认为潜艇不会被运用在执行种族隔离政策上面。[2] 副国务卿乔治·鲍尔还调侃说："他们不会用潜艇去追捕黑人。"在武器禁运政策出台后，肯尼迪政府仍然坚持禁运只是针对可能用于执行种族隔离政策的装备，始终把潜艇、导弹等大型武器装备归入禁运"例外"的清单。这样，在实行了自愿性武器禁运之后，南非仍然能够通过这项法案的漏洞，规避制裁措施，不断获取美国的先进武器，甚至在南部非洲建立起一支装备最为精良的现代化军队，这真是莫大的讽刺。

　　最后，双方在情报收集方面也进行了密切的合作和共享。1961 年，南非被迫退出英联邦，这给南非经由英国获取高质量情报带来困难。由于美国情报部门此前一直在监控南部非洲的政治动向，因此两国情报部

---

　　① Hull, *American Enterprise in South Africa*, New York University Press, 1990, p. 246.

　　② FRUS, 1961 – 1963, Volume XXI, Africa-Office of the Historian, https://history. state. gov/historicaldocuments/frus1961 – 63v21/d401.

门的联系开始加强。南非驻美国大使诺德 1961 年承认，南非情报机构与美国中情局已经建立了良好的合作关系。[①]

三 结语

在杜鲁门和艾森豪威尔当政期间，美国政府从南非与西方的历史关系和冷战的现实考虑，始终将南非视为冷战中的坚定伙伴，为此与南非在军事和经济领域展开了诸多密切合作。尽管美国政府也对 20 世纪 50 年代后南非国内日渐严重的种族问题感到不安，但是总的来说，由于受冷战前期东西方激烈对抗的态势左右，美国亟须在南部非洲地区得到南非的协助，因此这一时期两国的双边关系主要还是以友好合作为主，在南非国内问题上美国始终坚持折中主义策略，不愿得罪南非政府。

肯尼迪上台后，美南双边关系逐渐发生实质性变化。在南非种族隔离问题上，肯尼迪政府采取了与南非政府对抗和合作并行的双轨策略，其亮点是包含实质性制裁的内容，这与前两届政府对南非的一味偏袒有显著不同，在美国对南外交史上具有里程碑意义。虽然受制于冷战格局和美国政治中独特的中庸色彩的影响，肯尼迪政府的对南非人权外交政策仍略显温和且呈现一定的矛盾性，[②] 但是以 1963 年"武器禁运法"为代表的有限制裁措施对南非白人政府的心理影响和实际的打击效果依然是比较明显的。武器禁运使南非失去了从国外获取一些尖端武器的机会，迫使南非付出高昂的代价，投入大量的人力、物力和财力去发展自己的军火工业，从经济角度看是得不偿失的。[③] 肯尼迪政府的这些做法一直延续影响到其后几届政府。20 世纪 80 年代，随着冷战的缓和和南非战略地位的下降，美国等西方国家加大了对南非的制裁力度，扩大了制裁范围。里根政府时期，美国国会在 1986 年通过了《全面反对种族隔离法案》，禁止美国在南非进行新的投资和禁止向其提供新的贷款和技术。这又使

---

① Christian M. De Vos, "Balancing Acts: John Kennedy, the Cold War and the African National Congress," *Politikon* 32 (1), 2005, p. 117.

② 有些学者认为，肯尼迪政府不对南非采取经济制裁，导致 20 世纪 60 年代后大量美国资本流入南非，这是南非白人政权和种族隔离制度得以苟延残喘的主要原因之一。因此，这与其武器禁运政策要达到的目的是矛盾的。

③ 沐涛：《南非对外关系研究》，华东师范大学出版社，2003，第 169 页。

肯尼迪政府的有限制裁往前推进了一大步。

　　总之，肯尼迪政府在解决南非种族隔离制度的问题上所采取的思路和措施是具有开拓性的，也为战后非洲反殖民主义、反种族主义斗争提供了有力支持。包括美国在内的国际社会的实质性制裁有助于改变南非的内在政治结构，也影响了南非政府的策略选择，这对于 1994 年南非最终的政治转型具有较大的推动作用。

【责任编辑】李鹏涛

非洲研究 2020 年第 1 卷（总第 16 卷）

第 56－73 页

SSAP ©，2020

海斯廷斯·卡穆祖·班达"现实主义"
外交战略述评*

武　涛

【内容提要】海斯廷斯·卡穆祖·班达是南部非洲内陆国家马拉维的国父、首位总统。冷战时期，班达总统采取"搭便车""均势""接触与对话"的"现实主义"外交战略，推行亲近西方资本主义国家和白人种族主义政权的"现实主义"外交政策，为国家的安全和发展争取到了诸多利益。这和非洲统一组织倡导的"泛非主义"外交战略背道而驰，是非洲国家之中是较为独特的外交个案，值得进行研究。本文从三个视角对班达"现实主义"外交战略进行了深入探讨。

【关键词】海斯廷斯·卡姆祖·班达；马拉维；现实主义；外交战略

【作者简介】武涛，国际关系专业博士，陕西中医药大学马克思主义学院形势与政策教研室主任。（陕西咸阳，712046）

冷战期间，南部非洲地区国际关系波诡云谲，异常复杂，"牵一发而动全身"。随着反殖民主义和反种族主义浪潮持续高涨，各种政治思潮和政治力量在该地区展开激烈的争夺和博弈。1964 年 7 月 6 日，马拉维宣

---

* 本文系 2016 年教育部人文社会科学研究青年基金项目"南部非洲内陆国家的出海口问题研究"（16YJCGJW005）的阶段性成果。

布独立。① 1966 年，马拉维共和国建立，海斯廷斯·卡穆祖·班达
（Hastings Kamuzu Banda，以下简称"班达"）担任总统，并被尊称为
"国父"。随后，班达通过各种手段逐渐确立起"一党专政"的威权
政治体制，并于 1971 年成为该国的"终身总统"。1966 年至 1994
年，班达总统执政时期，他是马拉维外交决策的主要行为体，该国的
外交战略由其制定和调整。在此期间，班达总统对外奉行"现实主
义"（Realism）外交战略，这同冷战国际环境、地区政治局势、本国
具体国情以及他的个人因素等有紧密关系。这种"现实主义"的外交
策略立足于国家利益，但与非洲统一组织（OAU）倡导的、非洲独立
国家执行的"泛非主义"（Pan-Africanism）外交路线背道而驰，成为
当时非洲大陆较为独特的政治现象和外交个案。因此，班达总统推行
的这种风格迥异的外交战略，就其特殊性而言，其重要研究价值是不
言而喻的。

目前，关于班达"现实主义"外交方面的研究，国外学者的研究
成果相对较多，质量较高。例如，《强权政治还是个性？反思班达时
期（1964—1994）马拉维外交政策的构想和战略》《班达的马拉维》
《马拉维的外交政策》《班达博士创建的马拉维》《班达的马拉维：非
洲的悲剧》等。② 此外，在马拉维国别问题的研究之中，也有相关论
著。例如，《马拉维：外交政策与发展》《马拉维第一共和国：一种

---

① 马拉维（Malawi）是南部非洲地区的内陆国家。约 1480 年至 18 世纪，"马拉维联盟"
  （Maravi Confederacy）在此经历了建立、鼎盛和衰亡。1891 年，英国殖民者在此建立
  "英属中非保护国"（British Central African Protectorate）。1907 年，英国殖民当局将其更
  名为"英属尼亚萨兰"（British Nyasaland）。1953 年，英国将南罗得西亚（Southern
  Rholdesia，今津巴布韦）、北罗得西亚（Northern Rhodesia，今赞比亚）、尼亚萨兰合并
  为"英属中非联邦"（British Central African Federation）。1963 年 2 月 1 日，"尼亚萨兰"
  实行内部自治。1963 年 12 月 31 日，"英属中非联邦"解体。1964 年 7 月 6 日，"尼亚
  萨兰"独立，国名改为"马拉维"。

② Mukuse Daniel Sagawa, "Power Politics or Personality? Re-Visiting Malawi's Foreign Policy
  Conception and Strategy under Kamuzu Banda, 1964 – 1994," *Forum for Development Studies*,
  Vol. 38, No. 2, June 2011; Richard Hodder-Williams, "Dr Banda's Malawi," *The Journal of
  Commonwealth & Comparative Politics*, Vol. 12, No. 1, 1974; James Mayall, "Malawi's For-
  eign Policy", *The World Today*, Vol. 26, No. 10, 1970; K. K. Virmani, *Dr. Banda : In the
  Making of Malawi*, Kalinga Publications, 1992; M. W. Kanyama Chiume, *Banda's Malawi :
  Africa's Tragedy*, Multimedia Publications, 1992.

经济与政治的分析视角》《援助与独立：英国对马拉维的援助》等。①
我国非洲问题研究领域，马拉维国别问题的学术成果较少，班达"现实
主义"外交方面的研究成果更少。较有深度的论文包括《马拉维的终身
总统班达》《马拉维的"老家长"班达》《实用主义的马拉维》《马拉维
共和国》等，② 著作包括《列国志：马拉维》《马拉维对外关系研究》
等。③ 从目前国内外的研究现状来看，对班达"现实主义"外交政策的论
述成果较多，资料丰富，而对班达"现实主义"外交战略的研究成果却
很少。本文试图通过宏观的立体视角和微观的资料论证，重点探讨班达
"现实主义"的外交战略。

一 班达"现实主义"外交思想的理论来源与早期实践

班达总统统治时期，他对外推行"现实主义"外交战略，这同其前
半生的人生经历有着紧密的关系。一方面，在南非和美国工作、留学和
生活期间，班达受到过一些思想家、政治家等的影响，并接受过历史学、
政治学等学科的系统学习，这是其"现实主义"外交思想的主要来源。
另一方面，在英国深造、工作和生活期间，班达积极参加各类政治活动，
参与和领导本国的民族解放运动。在反殖民主义斗争过程中，他通过
"现实主义"外交最终实现了马拉维的民族独立。这些经历后来直接影响
到班达的"现实主义"外交战略。

---

① Carolyn McMaster, *Malawi: Foreign Policy and Development*, London: Julian Friedmann, 1974; Harvey J. Sindima, *Malawi's First Republic: An Economic and Political Analysis*, New York, Oxford: University Press of America, Inc. , 2002; Kathryn Morton, *Aid and Dependence: British Aid to Malawi*, London: Croom Helm for the Overseas Development Institute, 1975.

② 原牧:《马拉维的终身总统班达》,《西亚非洲》1981 年第 4 期, 第 57—60 页；原牧:《马拉维的"老家长"班达》, 陈公元等:《非洲风云人物》, 世界知识出版社, 1989, 第 466—475 页；何丽儿:《实用主义的马拉维》, 葛佶等:《南部非洲动乱的根源》, 世界知识出版社, 1989, 第 206—214 页；包茂宏:《马拉维共和国》, 葛公尚:《万国博览·非洲卷》, 新华出版社, 1998, 第 621—646 页。

③ 夏新华、顾荣新:《列国志：马拉维》, 社会科学文献出版社, 2015；武涛:《马拉维对外关系研究》, 浙江工商大学出版社, 2019。

（一）班达"现实主义"外交思想的理论来源

1902 年，班达出生在马拉维中部地区卡松古（Kasungu）的一个契瓦人（Chewa）家庭。他早年接受过基督教教会学校的基础教育。1915 年，"他步行到达南罗得西亚，在那里当了三年的医院护工。接着，他前往南非。班达在威特沃特斯兰德（Witwatersrand）深矿当办事员的时候，晚上在夜校学习，并在非洲人美以美会（African Methodist Episcopal Church）周日学校教书"。① 在南非学习和工作期间，他接触了外部世界的新鲜事物，受到了一些进步的政治思想的影响。其一，他和克伦门斯·卡达利（Clements Kadalie）成为朋友，学习"加维主义"（Garveyism）或"黑人民族主义"。② 卡达利曾通过组建非洲人的工会组织，领导工人进行罢工活动，借此唤起非洲人的民族意识，来反对民族压迫和殖民统治。这种和平的、理性的斗争方式对后来班达的外交思想有所影响。其二，班达还受到了奎吉尔·阿格雷（Kwegyir Aggrey）在南非演讲内容的影响。奎吉尔·阿格雷虽然宣扬非洲民族主义，但他提出用"温和原则"（Doctrine of Moderatin）处理种族关系。③ 他把"种族关系"形象地比喻为钢琴"黑键和白键的关系"，并认为，要想奏出和谐、美妙的旋律，黑键和白键就必须密切配合，缺一不可，更不能彼此对抗。后来，班达在对待种族主义问题上的态度就深受这种思想的影响。

1926 年，班达获得非洲人美以美会的资金资助前往美国留学。他在接受完俄亥俄州一所高中的教育后，在印第安纳大学（University of Indiana）读了五个学期的医学预科课程。随后，他转学至芝加哥大学（University of Chicago），学习历史学和政治学，并于 1931 年获得学士学位。④班达接受这些学科的系统化训练后，掌握了国际政治和治国理政的理论知识，这对其"现实主义"外交思想的形成起到了铺垫作用。后来，他

① Carolyn McMaster, *Malawi: Foreign Policy and Development*, London: Julian Friedmann, 1974, pp. 16–17.
② Owen J. M. Kalinga, and Cynthia A. Crosby, *Historical Dictionary of Malawi*, Lanham, Md.: Scarecrow Press, 2001, p. 22.
③ Carolyn McMaster, *Malawi: Foreign Policy and Development*, London: Julian Friedmann, 1974, p. 17.
④ Owen J. M. Kalinga, and Cynthia A. Crosby, *Historical Dictionary of Malawi*, Lanham, Md.: Scarecrow Press, 2001, p. 22.

就读于田纳西的梅哈里医学院（Meharry Medical College），主攻医学专业，并于1937年获得医学博士学位。[①] 留学美国期间，班达在政治思想方面还受到杜波依斯（Du Bois）发起的"泛非主义"运动、甘地（Gandhi）倡导的"非暴力不合作"运动、富兰克林·罗斯福（Franklin Roosevelt）推出的"新政"等的影响。此时，班达结合自身的实际情况，将重心放到攻读医学博士学位方面。他对政治没有太多兴趣，不像其他非洲留学生那样，积极参加各类政治组织和政治活动。此时，他对西方白人怀有感激之情，未对种族歧视问题有过激的反应。留学美国期间，班达学到的政治理论和接触过的政治思想，直到后来才激发起他的民族主义意识。

（二）班达"现实主义"外交思想的早期实践

为了取得在英属尼亚萨兰的行医资格，在殖民政府和教会组织的资金支持之下，班达后来前往英国爱丁堡进行医学专业的继续深造。几经波折，他最终在伦敦郊区开办了一个诊所，安顿下来。在英国留学和工作期间，班达积极参加各类政治活动，并对此表现出前所未有的浓厚兴趣。主要表现在：第一，积极参与英国国内的政治生活。在英国的政治舞台上，班达曾加入过英国工党（Labour Party）和费边局（Fabian Bureau），[②] 政治热情较高。作为这些政治组织的成员，他特别关注殖民地问题，还见过许多影响尼亚萨兰未来的政治人物。[③] 这些政治活动对他后来处理同西方国家的关系提供了重要经验。第二，大力支持尼亚萨兰的民族解放运动。为了获得最新的政治动态，班达同尼亚萨兰境内的政治精英保持着紧密联系。1944年，"尼亚萨兰非洲人国民大会"（Nyasaland African Congress）成立。班达通过鼓励、建议、资助等途径予以其大力支持。[④] 班达还是该组织驻英国的代表，经常为尼亚萨兰发出政治声音。这

---

① Carolyn McMaster, *Malawi: Foreign Policy and Development*, London: Julian Friedmann, 1974, p. 17.

② Owen J. M. Kalinga, and Cynthia A. Crosby, *Historical Dictionary of Malawi*, Lanham, Md.: Scarecrow Press, 2001, p. 22.

③ Carolyn McMaster, *Malawi: Foreign Policy and Development*, London: Julian Friedmann, 1974, p. 18.

④ Owen J. M. Kalinga, and Cynthia A. Crosby, *Historical Dictionary of Malawi*, Lanham, Md.: Scarecrow Press, 2001, p. 22.

种政治实践使其对尼亚萨兰内部事务逐渐了解。第三，同非洲各地的政治精英建立联系，经常交流时政动态和政治看法。班达在伦敦行医时，他的住所成为从非洲各地侨居英国的一小批人经常聚会的地点。① 他同肯雅塔（Kenyatta）、恩克鲁玛（Nkrumah）等人关系要好，经常在一起探讨政治话题。1945年，班达还参加了在英国举行的第五届"泛非大会"，并同在场的许多非洲政治精英进行过交流。这些经历对班达后来处理同非洲国家的外交关系有一定影响。

1953年，英国不顾南罗得西亚、北罗得西亚和尼亚萨兰这三块殖民地人民的强烈反对，以"种族合作"和"伙伴关系"为幌子，强行将这三者合并为"英属中非联邦"。班达对此表示坚决反对，并从现实主义视角驳斥其存在的合理性。在争取民族解放的过程中，班达倡导运用"现实主义"的理性方式解决问题。主要表现在：第一，积极争取尼亚萨兰的自治和独立。班达始终立足于本民族的前途命运，不断推进尼亚萨兰的民族解放运动。他认为，独立和自治是迟早的事，因为人民已经觉醒，英国殖民当局最终会选择妥协。第二，采取"非暴力不合作"的手段进行斗争，通过"接触与对话"的方式解决问题。早在1953年，在班达的影响之下，"尼亚萨兰非洲人国民大会"就制定了"非暴力不合作"的斗争策略，通过游说、请愿、示威、罢工、抗税等方式反对英国的殖民统治。1958年，班达返回尼亚萨兰，通过演讲、组织静坐等和平手段同英国殖民当局进行斗争，他因此被捕入狱。1960年，班达出狱后，担任"马拉维国民大会党"（Malawi Congress Party）主席。他通过"接触与对话"的现实途径，同英国殖民当局展开宪法斗争，直至民族解放和国家独立。第三，反对殖民主义和种族主义，但并不反对西方国家和白种人。班达认为，殖民主义和种族主义的确令人痛恨，但这绝不等同于反对西方的一切。他曾经说："我不反对欧洲人……更不反对英国人。"② 在他看来，由于殖民历史的深层原因，非洲国家独立以后难以割断同西方国家的联系。以上是独立以前班达对"现实主义"外交策略灵活运用的宝贵经验。

---

① 〔英〕约翰·派克：《马拉维政治经济史》，史一竹译，商务印书馆，1973，第182页。
② 〔英〕约翰·派克：《马拉维政治经济史》，史一竹译，商务印书馆，1973，第222页。

二　班达"现实主义"外交战略的主要表现

1963 年 2 月 1 日，尼亚萨兰脱离"中非联邦"，实行内部自治，班达担任政府总理。1964 年，马拉维独立后不久，班达同以丘梅（Chiume）、契彭贝尔（Chipembere）等为首的内阁部长在该国的内外政策方面产生严重分歧。外交方面，双方的立场截然相对，是一种难以调和的零和（Zero-Sum）关系。"内阁危机"结束以后，部长们纷纷"逃往"邻国进行政治避难，[①] 班达在激烈的政治博弈中获胜，逐渐掌握马拉维的国家政权。1966 年，马拉维建立共和国，班达担任总统直至 1994 年。班达总统威权统治时期，他担任政府首脑、马拉维国民大会党终身主席，身兼外交、司法、财政、军队、警察、新闻等部长职务，手握内政和外交方面的各项大权，可谓马拉维的"家长"。班达是马拉维外交政策的直接决策者，"一旦总统做出决定，其他一切都变成了一种形式"[②]。这个时期，班达对外奉行"现实主义"的外交战略，主要表现在以下三个方面。

（一）采取"搭便车"（Bandwagon）的外交策略，维护出海口安全和经济发展的国家核心利益

国际关系现实主义理论认为，国家利益至高无上，忽视国家利益的国家只能导致自身的毁灭，[③] 特别是国家核心利益。"搭便车"是小国经常采用的一种外交策略，"是一个接受监护的捷径"。[④] 通过追随大国的政治主张和外交政策，逃避国际政治的风险和责任，依靠大国提供的公共产品，追求本国所需的国家利益。马拉维是南部非洲地区的内陆小国，对周边地区和外部世界的依赖较大，出海口安全和经济发展是该国的重大核心利益。班达曾明确反对殖民主义，经常声明反对种

---

① Colin Baker, *Revolt of the Ministers：The Malawi Cabinet Crisis*, 1964 – 1965, London, New York：I. B. Tauris：St. Martin's Press, 2001, p. 274.

② Richard Hodder-Williams, "Dr Banda's Malawi," *The Journal of Commonwealth & Comparative Politics*, Vol. 12, No. 1, 1974, p. 93.

③ 〔美〕詹姆斯·多尔蒂、小罗伯特·普法尔茨格拉夫：《争论中的国际关系理论》，阎学通、陈寒溪等译，世界知识出版社，2003，第 82 页。

④ 韦民：《小国与国际关系》，北京大学出版社，2014，第 298 页。

族隔离制度,① 希望非洲大陆最终实现完全解放。但他认为,这并不等同于反对西方国家和反对白种人,而是要理性透视外交和国际问题的实质。班达执政时期,采取"搭便车"的外交策略,加强同西方大国、周边白人种族主义政权的关系,维护了马拉维的国家核心利益。

1. 追随西方资本主义国家而行,获取经济援助、经贸投资等

独立以后,班达通过理性分析认为,马拉维同宗主国英国的关系密不可分,同其他西方国家也有利益关系。美苏冷战的背景之下,班达并没有像周边邻国赞比亚、坦桑尼亚的领导人那样,采取彻底的、革命式的反殖民主义的外交立场对待西方国家,而是基于地区的政治环境和本国的具体国情,通过"搭便车"的"现实主义"外交策略,倒向西方资本主义阵营一边,加强同英国、联邦德国、美国、加拿大等国的亲密关系,以便获得西方国家的安全保障、经济援助和经贸投资等。马拉维的经济发展依赖于西方国家的资金、技术和市场,英国是其主要的经济援助国和贸易伙伴国。② 建国初期,作为"英联邦"成员国之一,马拉维同英国的关系极为密切。经济援助方面,1964—1973 年,英国为马拉维反复出现的财政预算赤字提供融资支持,③ 直至财政赤字问题得到基本解决。1964—1969 年,英国为马拉维提供过 9884.2 万克瓦查的官方援助。④英国政府提供的援助项目包括两大类:一是自然资源、交通运输、工业、邮政与电信、政府建筑、公共住房等发展援助。⑤ 二是政府机构、教育、农业、环境、军事训练等技术援助。经贸合作方面,马拉维的烟草、茶叶、棉花、咖啡等经济作物主要向英国出口。同时,马拉维进口商品的1/3 来自英国,⑥ 包括工业产品和日常用品等。1968 年,美国为马拉维的

① James Mayall, "Malawi's Foreign Policy," *The World Today*, Vol. 26, No. 10, October 1970, p. 435.

② James Mayall, "Malawi's Foreign Policy," *The World Today*, Vol. 26, No. 10, October 1970, p. 436.

③ Korwa Gombe Adar and Rok Ajulu, *Globalization and Emerging Trends in African States' Foreign Policy-Making Process: A Comparative Perspective of Southern Africa*, Ashgate Publishing Company, 2002, p. 78.

④ Harvey J. Sindima, *Malawi's First Republic: An Economic and Political Analysis*, New York, Oxford: University Press of America, Inc., 2002, p. 72.

⑤ Kathryn Morton, *Aid and Dependence: British Aid to Malawi*, London: Croom Helm for the Overseas Development Institute, 1975, p. 112.

⑥ 〔南非〕斯万齐·阿格纽、〔美〕迈克尔·斯塔布斯:《马拉维地图集》,开封师范学院地理系译,河南人民出版社,1977,第 229 页。

公路建设项目提供过 700 万美元的贷款；1972 年，美国为该项目再次提供 125 万美元的贷款。① 20 世纪 60 年代中期至 70 年代末，借助西方国家的援助和投资，马拉维实现了经济腾飞。"到 1980 年，西德超过英国，成为马拉维主要的双边援助国。日本的援助也在持续增加。"② 20 世纪 80 年代至 90 年代初，西方国家提供的援助项目往往附加政治、经济等方面的条件，班达政府再也不能免费"搭便车"。在"中心 – 外围"的世界经济体系结构之下，班达领导下的马拉维政府仍然保持着同西方国家的依附关系。

2. 同白人种族主义政权关系密切，保障出海口安全，并获得经济利益

由于殖民历史和地缘政治的原因，作为内陆国家的马拉维缺乏通往海洋的出海口，这是阻碍该国经济发展的致命难题。冷战期间，周边沿海的国际港口被葡属东非洲、南非的白人种族主义政权控制。在南部非洲白人种族主义问题上，国际社会坚决反对白人种族主义，并对其政权施加政治压力和经济制裁等。非洲统一组织和非洲独立国家的立场一致，提出通过强硬的、激进的方式解决该问题。然而，班达基于本国国情和国家利益，采取"搭便车"的外交策略，加强同周边白人种族主义政权的关系。1964 年 7 月，班达在非洲统一组织峰会上指出，马拉维难以摆脱同周边白人政权的关系是因为该国缺乏出海口。③ 1964 年 12 月，班达在联合国大会上阐述了该国不得不同周边白人政权打交道的原因，④ 班达政府同周边白人政权关系密切，目的在于维护自身的安全和发展利益。

马拉维与葡属东非洲的合作项目主要涉及通往出海口的铁路和公路、经贸投资等方面。1965 年，班达政府同葡萄牙当局签订了一系列协定，其中就包括修建通往葡属东非洲入海口的纳卡拉铁路、允许葡萄牙的企

①　Carolyn McMaster, *Malawi: Foreign Policy and Development*, London: Julian Friedmann, 1974, p. 81.

②　Korwa Gombe Adar and Rok Ajulu, *Globalization and Emerging Trends in African States' Foreign Policy-Making Process: A Comparative Perspective of Southern Africa*, Ashgate Publishing Company, 2002, p. 79.

③　〔英〕约翰·派克：《马拉维政治经济史》，史一竹译，商务印书馆，1973，第 254—255 页。

④　Harvey J. Sindima, *Malawi's First Republic: An Economic and Political Analysis*, New York, Oxford: University Press of America, Inc., 2002, p. 171.

业在马拉维进行投资等。① 1966 年，葡萄牙资助的马拉维石油公司宣告成立。② 1970 年，通往葡属东非洲的纳卡拉港铁路正式通车，全长 1126 公里。马拉维与南非白人政权则是政治、经济、军事等方面的全面合作伙伴关系。1967 年，马拉维成为撒哈拉以南非洲第一个同南非建交的国家。面对国际社会的纷纷指责，班达指出，"只要有利于马拉维人民，他就同魔鬼进行交易"。③ 南非为马拉维提供的项目援助包括迁都利隆圭、修建连通纳卡拉港的铁路、矿产开采、旅游开发等。"1969—1971 年，南非向马拉维提供的直接援助占到 20%。南非的马拉维矿工人数从 1966 年的 5 万人增至 1971 年的 10 万人。"④ 1971 年，马拉维与南非还签订了"军事协议"，加强在军事和安全领域的合作。1974 年，在坦桑尼亚、赞比亚等成立反种族主义的"前线国家"（Frontline Nation）组织时，马拉维并未参与其中。班达政府同白人种族主义政权关系密切，这种外交战略遭到非洲国家的普遍痛斥。然而，班达借助"搭便车"的外交策略，解决了本国的出海口安全和经济发展问题。20 世纪 80 年代，随着南部非洲地区白人政权的逐渐垮台，为了摆脱对南非白人政权的过度依赖，班达才开始加强同周边国家的合作。

（二）运用"均势"（Balance of Power）的外交战略，保持南部非洲地区的政治生态平衡，争取更多的国家利益

"均势"或"权力平衡"是国际关系现实主义理论中的一个重要原则。"均势政策是睿智和审慎的政治领袖所自愿追随的东西。"⑤ "均势"策略的运用是个动态的过程，目的是防止战争或冲突事件的发生。小国在运用"均势"外交策略之时，需要及时掌握外部环境的变化，灵活调整自身外交政策。否则，若大国之间的平衡关系处置不当，将会严重损害本国

---

① Harvey J. Sindima, *Malawi's First Republic: An Economic and Political Analysis*, New York, Oxford: University Press of America, Inc. , 2002, p. 171.

② David Hedges, "Notes on Malawi-Mozambique Relations, 1961 – 1987," *Journal of Southern African*, Vol. 15, No. 4, October 1989, p. 628.

③ T. David Williams, *Malawi: The Politics of Despair*, Ithaca: Cornell University Press, 1978, p. 215.

④ David Hedges, "Notes on Malawi-Mozambique Relations, 1961 – 1987," *Journal of Southern African*, Vol. 15, No. 4, October 1989, p. 628.

⑤ 〔美〕詹姆斯·多尔蒂、小罗伯特·普法尔茨格拉夫：《争论中的国际关系理论》，阎学通、陈寒溪等译，世界知识出版社，2003，第 48 页。

的国家利益。冷战时期，各种意识形态或政治力量在南部非洲地区展开激烈的竞争和博弈。班达运用"均势"的外交策略，抵制各种政治思潮或意识形态，实现了地区政治生态的平衡，维护和拓展了本国的国家利益。

1. 平衡资本主义与社会主义的政治力量

冷战期间，美国和苏联在非洲地区展开意识形态的渗透和国家利益的争夺。非洲国家被迫卷入美苏冷战之中，在意识形态方面进行战略抉择。周边邻国坦桑尼亚、赞比亚选择走社会主义道路之时，班达则采取"现实主义"的外交战略，亲近西方资本主义国家，反对社会主义的意识形态。班达曾在非洲统一组织大会和联合国大会上声明，他坚决反对共产主义，拒绝同支持苏联的国家有任何关系。[①] 他拒绝同苏联、中国等社会主义国家建交，并时刻保持着高度警惕的心理。西方国家担忧社会主义的"多米诺骨牌"会在该地区倒下，想让马拉维扮演抵御其向南进一步扩张的"桥头堡"角色。然而，班达对资本主义的意识形态也有所顾虑，马拉维没有选择走资本主义道路。这是因为，班达担心西方国家会借此损害马拉维的独立和主权，更不想让该国成为大国博弈的"前沿阵地"。当其他非洲国家在狂热地追逐资本主义或社会主义的意识形态之时，马拉维却走出了一条适合本国国情的"第三条"发展道路。班达曾多次警告，西方的多党民主制弊端较多，并不适合非洲国家。他认为，西式民主将会引燃宗教对抗、民族冲突等，破坏马拉维的政治稳定和国家发展。马拉维的经济发展模式没有照搬西方国家，而是始终立足于本国的具体国情。美国驻马拉维大使馆起初并没有建在新首都利隆圭（Lilongwe），原因在于，班达担心本国会受到意识形态的影响，所以对美国保持了一定的警惕和戒备。班达运用"均势"的外交策略，意在保持该地区的意识形态平衡。从 20 世纪 80 年代开始，西方国家对班达总统的威权统治极为不满，要求马拉维进行政治民主化和经济自由化的改革。此时，为了减轻西方国家的政治和经济压力，马拉维开始同朝鲜、罗马尼亚、阿尔巴尼亚等社会主义国家建交，但拒绝任何社会主义国家在其国内建立使馆，更不可能同苏联、中国这样的社会主义大国交往。[②] 冷战结

---

① Mukuse Daniel Sagawa, "Power Politics or Personality? Re-Visiting Malawi's Foreign Policy Conception and Strategy under Kamuzu Banda, 1964 – 1994," *Forum for Development Studies*, Vol. 38, No. 2, June 2011, p. 144.

② Owen J. M. Kalinga and Cynthia A. Crosby, *Historical Dictionary of Malawi*, Lanham, Md. : Scarecrow Press, 2001, p. 138.

束后，随着地区环境和国际形势的变化，班达最终放弃了"均势"外交策略。

2. 平衡种族主义与反种族主义的政治力量

冷战期间，南部非洲地区种族主义和反种族主义政治力量之间的博弈经历了以下三个阶段，班达的"现实主义"外交策略逐渐由"搭便车"转为"均势"。第一个阶段，反种族主义力量虽然得到国际社会的道义支持，但种族主义势力仍在政治、经济、军事等方面占据上风，政权相对稳定。为了确保本国的出海口安全和经济利益，班达总统采取"搭便车"的策略，尽量讨好葡属东非洲、罗得西亚和南非的白人政权。1967 年 2 月 16 日，班达致信联合国秘书长，表示该国将不会对罗得西亚进行经济制裁。因为，马拉维的糖和肉依赖于罗得西亚。① 第二个阶段，随着 1974 年葡属东非洲白人政权的倒台，莫桑比克随后宣布独立，两种政治力量势均力敌，任何一方都很难取得压倒性优势。马拉维正好位于地区政治力量博弈的前沿阵地，外交决策面临尴尬的两难境地。班达总统利用"均势"策略，外交立场往往模棱两可，回避主要问题，尽量维持该地区的政治生态平衡，避免本国成为政治博弈的受害者。第三个阶段，随着 1980 年罗得西亚白人政权的垮台，津巴布韦宣布独立，白人种族主义政权只剩下南非，反种族主义力量居于优势地位。此时，马拉维虽然同南非白人政权开始保持一定距离，但在进出口贸易方面仍然难以摆脱对南非的过度依赖。因而，班达小心谨慎地继续采取"均势"外交策略，保持着同南非白人政权的微妙关系。1994 年，"新南非"的诞生后，南非白人种族主义退出历史舞台，班达总统才放弃"均势"外交策略，积极参与地区经济一体化建设。

（三）主张"接触与对话"（Contact and Dialogue）的和平方式，更为理性、务实地解决地区冲突和国际争端问题

班达执政时期，从现实主义的视角出发，坚决反对通过孤立、制裁、暴力等方式解决地区冲突和国际争端问题。他认为，任何事情的发展都有其规律可以遵循，外交政策的制定和调整要符合实际，切勿一厢情愿或主观臆断。况且，非和平、偏激的手段不仅难以解决冲突问题，还会

---

① Harvey J. Sindima, *Malawi's First Republic: An Economic and Political Analysis*, New York, Oxford: University Press of America, Inc., 2002, p. 174.

导致问题更加复杂化。因而，班达倡导通过"接触与对话"的和平途径，务实、灵活地解决地区和国际问题，使非洲国家从白人殖民统治下解放出来。① 同时，采用这种理性的方式也是"为了解决冲突，避免战争"。②

冷战时期，南部非洲地区的白人种族主义问题受到国际社会的广泛关注。班达主张通过"接触与对话"的和平途径，更为理性、现实地解决这个问题。"接触与对话的外交政策，旨在通过加强同该地区国家和非国家行为体的和平共处，追求马拉维的安全和经济利益。"③ 关于白人种族主义问题，班达认为：一方面，政治施压、经济制裁、军事威慑等强硬手段解决不了根本问题。他认为，南部非洲地区白人种族主义政权，其政治、经济、军事等实力强大，它们还会相互支援。非洲地区没有任何力量能够消灭这些白人政权，英国不可能同"白人兄弟"动手，苏联不会为此出兵。④ 因而，采取军事手段解决该问题只是种幻想而已。班达总统认为，马拉维没有政治对抗的筹码，必须依据自身实力，量力而行，回避风险，切勿做损害自身利益而又毫无意义之事。另一方面，"接触与对话"是解决该问题的唯一途径。班达认为，解决南部非洲地区的白人种族主义问题，"我们必须开启对话。我们必须相互出访对方国家……今天，明天，下周，下个月，明年，五年，十年，甚至二十年，问题不一定能够得到解决。但是，相信我，我真诚地、坚定地认为，这是解决我们问题的唯一办法……"⑤ 随着南部非洲地区白人种族主义政权的纷纷倒台，班达还通过"接触与对话"的方式，改善同赞比亚、坦桑尼亚等邻国的关系，协调处理边界领土争端问题，加强同周边国家的经贸合作，推动地区经济的一体化，旨在重回非洲大家庭的怀抱。

---

① Mukuse Daniel Sagawa, "Power Politics or Personality? Re-Visiting Malawi's Foreign Policy Conception and Strategy under Kamuzu Banda, 1964 – 1994," *Forum for Development Studies*, Vol. 38, No. 2, June 2011, p. 134.

② 〔美〕康威·汉得森：《国际关系：世纪之交的冲突与合作》，金帆译，海南出版社、三环出版社，2004，第 196 页。

③ Mukuse Daniel Sagawa, "Power Politics or Personality? Re-Visiting Malawi's Foreign Policy Conception and Strategy under Kamuzu Banda, 1964 – 1994," *Forum for Development Studies*, Vol. 38, No. 2, June 2011, p. 141.

④ Harvey J. Sindima, *Malawi's First Republic: An Economic and Political Analysis*, New York, Oxford: University Press of America, Inc., 2002, p. 175.

⑤ Harvey J. Sindima, *Malawi's First Republic: An Economic and Political Analysis*, New York, Oxford: University Press of America, Inc., 2002, p. 178.

　　此外，班达倡导通过对话、斡旋、谈判等方式，理性地解决国际争端问题，对外发出马拉维的政治声音，提高本国在国际社会的关注度。1984 年，班达总统就消除朝鲜半岛紧张局势等问题，表达了自己和平解决冲突问题的立场。他还就柬埔寨、阿富汗等热点问题，表明了自己反对战争的立场。他认为战争不仅解决不了国际和地区问题，还会给对方国家的人民留下心理伤痕。所以，"接触与对话"是最实际、最有效的解决问题的途径。

三　班达"现实主义"外交战略的总体评价

　　班达执政时期，基于国际冷战环境、地区政治形势和本国具体国情，对外推行"现实主义"的外交战略，这在南部非洲地区，乃至整个非洲大陆都极为罕见。1966 年至 1994 年，班达长期担任马拉维的国家总统。他还在该国逐步确立起"一党专政"的威权政治体制，手握国家的外交、财政、司法、军事等各项大权。事实上，班达完全掌控马拉维政府的外交权力，他的个性、意象、态度、信念、权力等直接影响到马拉维外交政策的制定。① 国际关系现实主义理论认为，"生存是每个国家对外政策的最低目标和国家利益的核心"。② 外交战略的评价问题，不应被普遍道德和国际责任"绑架"，而是要看其政治后果，重视本国的国家利益。班达作为理性的行为体，他在该国外交战略制定与调整方面，没有追随非洲地区的政治浪潮或意识形态，而是始终立足于本国的具体国情。从马拉维国家利益的视角来看，班达的"现实主义"外交战略，实现了安全和发展的两大核心利益，在非洲地区树立起了"小国外交"的典范。

（一）确保了马拉维的国家安全

　　马拉维是南部非洲地区的内陆国家，出海口问题是长期影响该国外交决策的重大课题，也是关乎该国国家安全的核心利益。该国的出海口

① Carolyn McMaster, *Malawi: Foreign Policy and Development*, London: Julian Friedmann, 1974, pp. 2 – 3.

② 〔美〕詹姆斯·多尔蒂、小罗伯特·普法尔茨格拉夫：《争论中的国际关系理论》，阎学通、陈寒溪等译，世界知识出版社，2003，第 82 页。

主要依赖沿海国家的国际港口，而此时周边地区的白人政权控制着这些港口、交通运输线等。班达曾在多个公开场合痛斥造成这一困境的根源是殖民主义，但他认为更重要的是面对现实和解决问题。他早就清醒地认识到加强同周边白人政权关系尤为重要，否则，马拉维将会面临灭顶之灾，国家安全和经济利益都会严重受损。南非约翰内斯堡的《金融邮报》（Financial Mail）就曾警告过马拉维："如果运输线切断，马拉维的经济就要崩溃。"① 班达认为，马拉维实力弱小，能力有限，国际社会让其参与制裁白人政权很不公平，这会严重损害马拉维的安全和发展利益，而且白人种族主义问题还难以得到根本解决。他认为，制裁是极其愚蠢的手段，"对话是反对种族隔离最实际和最人道的武器"。② 班达为了确保马拉维的出海口安全，采取亲近葡属东非洲、罗得西亚、南非白人政权的"现实主义"外交战略，并同这些白人种族主义政权长期保持亲密关系。这种外交策略背离了非洲统一组织、非洲独立国家的外交路线，在道义和责任方面广受谴责，但它保障了马拉维的出海口安全，解决了该国生死存亡的重大问题。

借助亲近西方资本主义国家和白人种族主义政权的"现实主义"外交战略，班达还巩固了自己的执政地位，确保了本国的政权稳定。独立后不久，马拉维国内爆发"内阁危机"。事件结束后，反对派部长们纷纷"逃往"赞比亚、坦桑尼亚等周边邻国。这是马拉维同这两个国家关系恶化的"导火索"。班达为了巩固自身的执政地位，在西方国家和周边白人政权的支持下，逐渐确立起威权主义的政治统治。班达始终奉行"现实主义"的外交策略，这与赞比亚、坦桑尼亚以及非洲统一组织奉行"泛非主义"的外交路线截然不同。加之，后来，班达提出"领土扩张"的政治诉求，对赞比亚提出领土要求，③ 并同坦桑尼亚就马拉维湖（Lake Malawi）边界争端问题矛盾升级。进而导致马拉维同赞比亚、坦桑尼亚关系恶化，甚至有爆发军事冲突的危险。赞比亚和坦桑尼亚方面普遍认为，班达之所以"如此嚣张""胆大妄为"，是因为有南非、罗得西亚、葡萄

---

① 葛佶、何丽尔、杨丽华、孙耀楣：《南部非洲动乱的根源》，世界知识出版社，1989，第 209 页。

② 葛佶、何丽尔、杨丽华、孙耀楣：《南部非洲动乱的根源》，世界知识出版社，1989，第 207 页。

③ Carolyn McMaster, *Malawi: Foreign Policy and Development*, London: Julian Friedmann, 1974, p. 147.

牙等的军事支持和安全保障。例如，马拉维与南非签订双边"军事协定"。此外，班达总统还利用"均势"等外交策略，平衡该地区社会主义和资本主义、种族主义和反种族主义之间的政治力量，避免本国成为地区政治博弈的"前沿阵地"。同时，他让本国时常扮演"缓冲地带"或"解压阀"的角色，维持了地区政治生态的平衡，也保障了自身的国家安全。

（二）促进了马拉维的经济发展

独立以后，减贫和发展是马拉维外交所要实现的重大目标。马拉维的经济类型是以农产品出口为导向的外向型经济，主要依靠烟草、茶叶、咖啡、棉花等经济作物的种植和出口。本国的矿产、土地、技术等资源有限，但人口众多，被誉为"劳动力的储藏"。劳动力出口可以带来外汇收入。此外，旅游业也是获取外汇收入的重要手段。班达执政时期，马拉维的经济发展同班达推行的"现实主义"外交战略直接关联。这是因为，马拉维借此获得了西方国家和白人政权的援助和投资。当南部非洲地区的政治博弈异常激烈之时，班达显得较为理性和务实。他并未狂热地追随该地区的意识形态或政治浪潮，而是通过"搭便车""均势""接触与对话"等外交策略，游离其中，躲避风险，为本国的经济发展争取资金和技术，营造相对稳定的外部环境。更为重要的是，班达借助这些援助和投资，立足于本国的具体实际和现实需求，带领人民走出了一条自主发展之路。班达认为，作为内陆国家和农业国家，吃饭问题是该国要解决的头等大事。马拉维要继续推进经济作物种植，打造这一传统的支柱产业。此外，他还特别重视劳动力出口、旅游业发展等。班达总统执政时期，他对外奉行的"现实主义"外交战略直接立足于自身国情，服务于本国国内经济的发展。

在班达的带领之下，通过高效地利用外部援助资金，反对和遏制各类腐败行为，制定发展农业、多种经营等的经济政策，马拉维走出了一条经济腾飞之路，创造了所谓的"经济奇迹"。20 世纪 60 年代中期至 70年代末，马拉维的"投资和国民收入保持高速增长，国内储蓄由负增长到正增长，贸易平衡得到实现"。[1] 1964—1979 年，该国经济增长率年均

---

① Simon Thomas, "Economic Developments in Malawi since Independence," *Journal of Southern African Studies*, Vol. 2, No. 1, 2007, p. 31.

达到 6%。① 当许多非洲国家面临经济困境、民众无法保障温饱的问题时，马拉维却能保持经济平稳增长，粮食自给自足，民众生活稳定。这和班达的经济建设方针密不可分，更与其"现实主义"外交战略与政策直接相关。英国、南非、葡萄牙、联邦德国、加拿大等国为马拉维的农业发展、基础设施建设、商业和旅游业开发等提供过诸多援助。同时，"马拉维对外援的使用率较高，官员比较廉洁"，这令经济援助带来的实际收益较为明显。② 此外，南非、罗得西亚等白人政权还是马拉维劳动力的主要进口国，这是马拉维获取外汇收入的来源之一。仅以 1978 年为例，马拉维就借此获得了 1400 万克瓦查的外汇收入。③ "1968—1978 年，马拉维经济的快速增长让人感到贫穷国家也可以实现发展。"④ 总体而言，班达借助"现实主义"外交战略，为本国经济发展争取到了更多的外部援助和投资，促进了马拉维经济的快速增长，解决了民众的吃饭问题，增加了国家的外汇储备，受到西方国家和国际金融机构的广泛好评，实现了该国外交战略的目标追求。

班达是一个颇受争议的非洲政治精英人物。冷战时期，他推行的"现实主义"外交战略广受诟病。坦桑尼亚的《民族主义者报》（*Nationalist*）曾咒骂班达为"白人的小伙计"，痛斥其民族利己主义的外交战略。⑤ 有的非洲国家领导人则称他为"古怪之人"，这是因为他的外交立场左右摇摆、模棱两可，言行往往自相矛盾。然而，从马拉维国家利益的视角来看，班达作为该国外交战略的决策者，他熟悉外交和国际关系的理论，其外交决策显得较为冷静、理性和务实。国际关系现实主义理论认为，任何国家外交活动的目的都是维护本国的国家利益，但首要职责是保证民族国家的生存和安全。确保国家的政治稳定和经济发展，这是独立以后非洲国家普遍面临的重大课题。冷战时期，南部非洲地区的国际关系极为复杂，班达没有过多关注国际社会普遍的道德和责任要求，而是始终以国家利益为出发点和落脚点，围绕安全和发展的两大中心，

---

① T. David Williams, *Malawi: The Politics of Despair*, Ithaca: Cornell University Press, 1978, p. 265.

② 原牧：《马拉维的经济发展成就》，《西亚非洲》1981 年第 3 期，第 36 页。

③ 原牧：《马拉维的经济发展成就》，《西亚非洲》1981 年第 3 期，第 36 页。

④ Harvey J. Sindima, *Malawi's First Republic: An Economic and Political Analysis*, New York, Oxford: University Press of America, Inc. , 2002, Introduction.

⑤ 原牧：《马拉维的终身总统班达》，《西亚非洲》1981 年第 4 期，第 57 页。

发展同南部非洲次区域国家的关系。[①] 他采取"搭便车""均势""接触与对话"等的外交策略，为马拉维的安全和发展争取到诸多利益，这已经得到历史事实的检验。总之，无论如何评价，班达总统的"现实主义"外交战略达到了预期目的，实现了安全和发展的两大外交目标。

【责任编辑】　胡　洋

---

① Mukuse Daniel Sagawa, "Power Politics or Personality? Re-Visiting Malawi's Foreign Policy Conception and Strategy under Kamuzu Banda, 1964 – 1994," *Forum for Development Studies*, Vol. 38, No. 2, June 2011, p. 134.

经济与发展

非洲研究　2020 年第 1 卷（总第 16 卷）
第 77－91 页
SSAP ©，2020

论中国与东非国家投资贸易纠纷及其解决[*]

刘功奇

【内容提要】 随着"一带一路"倡议在东部非洲的推进与"中非十大合作计划"的全面铺开，中国与东非国家间的投资贸易不断深化。不仅投资贸易规模大幅增长，投资贸易形式和领域也不断拓展，尤其是基础设施投资与产能合作迎来了重要契机。中国与东非国家间的投资贸易纠纷日趋多发，传统诉讼解决手段不仅程序复杂，而且存在效率低下、司法腐败、东道国地方保护等缺陷，仲裁在规则与程序选择、避免东道国干预方面具有显著优势。目前东非国家已经制定了较为现代的仲裁法规，成立众多仲裁机构，中国与东非国家的双边投资贸易协议也将仲裁纳入了纠纷解决条款。本文认为，为积极推动仲裁成为解决中国与东非国家投资贸易纠纷的主要途径，应修改中国与东非国家双边投资贸易协定争议解决条款的不合理内容，扩大仲裁适用的争议范围，并推动在东非共同体法律框架下建立多边联合仲裁中心，同时，加强对中国企业的合同审查和指导，引导企业将仲裁纳入经贸合同争议解决条款。

【关键词】 中国；东非国家；投资贸易；纠纷解决

【作者简介】 刘功奇，法学博士，湘潭大学法学院讲师，湘潭大学中非经贸法律研究院研究员，法治湖南建设与区域社会治理协同创新中心成员。（湖南湘潭，411105）

---

* 本文系湖南省教育厅科学研究项目"中非科技合作知识产权保护研究"（18B050）的阶段性成果。

东非作为"一带一路"倡议的延伸方向和重要节点，已成为中国对非投资贸易的桥头堡，将中国在经验、技术、资金、管理方面的优势与东非国家工业化和农业现代化的发展进程相结合，发挥投资贸易的互补优势，中国与东非国家间的投资贸易势必迎来重要的发展契机。[①] 随着经贸合作的不断深入，中非贸易与投资纠纷也日趋多发，而东非国家法律体系复杂、司法效率低下，通过传统诉讼程序解决投资贸易纠纷不仅耗时过长，而且易遭受律师出庭资格的限制和东道国保护主义的不公正待遇。相比传统诉讼而言，通过仲裁解决中国与东非投资贸易纠纷则具有耗时较短、仲裁程序较为自由等优势，中国和大多数非洲国家也已经加入了有关承认与执行仲裁裁决的国际公约。[②] 因此，应积极发挥仲裁在纠纷解决方面的独特作用，推动仲裁成为中国与东非国家投资贸易纠纷的重要解决方式。[③]

一　中国—东非国家投资贸易发展新形势

根据联合国次分区规定，东非包括 19 个国家和属地，东非地理区域广、人口众多，资源丰富，拥有漫长的海岸线和蒙巴萨、达累斯萨拉姆等优良港口。[④] 中国与东非国家间的贸易与交流合作由来已久，[⑤] 特别是"一带一路"倡议提出以来，中国与东非国家在基础设施联通、产能合作以及贸易投资便利化等领域开展了深入合作。

---

① 蔡高强、刘功奇：《构筑一带一路建设在非洲国家推进的法律保障体系》，《中国社会科学报》2017 年 10 月，第 1305 期。

② Melaku Geboye Desta，"China-Africa Trade-investment Links：International Economic Law Perspectives，""China's New Development Model：Impacts on Africa and Latin America，"March 25 – 26，2014，http：//www20. iadb. org/intal/catalogo/PE/2014/14146a05. pdf. Accessed 2017 – 10 – 23。

③ Weidong Zhu，"Arbitration as the Best Option for the Settlement of China-African Trade and Investment Disputes，"*Journal of African Law*，Vol. 57（1），2013，pp. 149 – 163.

④ 东部非洲通常包括埃塞俄比亚、厄立特里亚、索马里、吉布提、肯尼亚、坦桑尼亚、乌干达、卢旺达、布隆迪和塞舌尔等国，东非面积约 370 万平方公里，人口 1.3 亿。

⑤ 15 世纪初，明朝航海家郑和七次下西洋，多次到达东非沿岸国家，促进了中非的交流合作，东非成为中国古代"海上丝绸之路"的重要目的地。

（一）"一带一路"倡议开启中国与东非国家投资贸易新契机

东非是"海上丝绸之路"的历史和自然延伸，[①] 2015 年 3 月国家发展改革委、外交部、商务部联合发布《推动共建丝绸之路经济带和 21 世纪海上丝绸之路的愿景与行动》，正式将非洲纳入"一带一路"倡议实施区域中。[②] 东非的埃塞俄比亚、吉布提、肯尼亚、坦桑尼亚等国更是成为"一带一路"倡议在非洲推进的支点国家和产能合作先行先试示范国家。目前埃塞俄比亚已经成为"一带一路"非洲方向早期成果最多的国家。[③]东非国家资源丰富、基础设施落后、工农业基础薄弱，提升社会经济发展水平的需求迫切。中国在资金、技术、人才、管理等方面具有较大的优势，且正推进企业实施"走出去"战略，促进产业转型升级。因此，加强经贸合作符合双方发展的共同需求，"一带一路"倡议所推动的互联互通、产业对接、产能合作为中国与东非国家贸易投资的进一步提供了难得的契机。[④]

2016 年以来，受全球经济复苏乏力、国际能源、金属类大宗商品价格下跌影响，非洲经济增长率从上年的 3.7%，大幅下降至 1.7%，为 20年来的最低点。但是从非洲次区域经济增长情况来看，由于东非区域尚处于能源勘探开发的初期，经济发展对能源出口依赖性较小，东非的平均经济增长率远高于其他次区域，对非洲大陆经济增长贡献最大。东非国家充分利用地理位置优势对接"一带一路"倡议，投资基础设施建设，

---

① 中国驻加纳大使馆，http://gh.chineseembassy.org/chn/zjgx/jmhz/t1468579.htm，访问日期：2017 年 8 月 9 日。

② 虽然《推动共建丝绸之路经济带和 21 世纪海上丝绸之路的愿景与行动》并未明确将非洲大陆纳入"一带一路"范畴，但"一带一路"倡议本身就是一个开放的合作平台，而且"一带一路"西向推进联通印度洋与欧洲，非洲都是绕不开的地理节点。事实上，在有关"一带一路"的政策文件中，都有提及非洲。2017 年 5 月举行"一带一路"国际合作高峰论坛，肯尼亚总统和埃塞俄比亚总理出席会议，习近平主席在开幕式的主旨发言中指出，"一带一路"建设重点面向亚欧非大陆，习主席的讲话消除了许多非洲国家搭不上"一带一路"建设"快车"的担心。非洲，尤其是东非参与"一带一路"没有任何的障碍。见王南《非洲："一带一路"不可或缺的参与者》，《亚太安全与海洋研究》2015 年第 3 期，第 97—108 页。

③ 人民网，http://paper.people.com.cn/rmrb/html/2017-06/23/nw.D110000renmrb_20170623_1-21.htm，访问日期：2017 年 9 月 22 日。

④ Lauren A. Johnston, and Cheng Yuan, "China's Africa Trade and Investment Policies: Review of a 'Noodle Bowl'", *The China Monitor African East-Asian Affairs*, December 2014, p. 10.

发展制鞋、建材、农产品加工等劳动密集型产业。因此，近年来东非国家经济增长较快。2014 年以来，肯尼亚、埃塞俄比亚、坦桑尼亚、卢旺达、乌干达等国经济增长率均超过 6%。[①]

（二）"中非十大合作计划"助推中国与东非国家投资贸易转型

中非贸易投资在前几年出现了一定程度的下降，[②] 但自 "一带一路" 倡议提出以来，尤其是 "中非十大合作计划" 的实施，[③] 东非国家承接了大量的产能合作和基础设施建设项目，带动双边贸易额在 2016 年以来出现了大幅度的增长。2016 年中国与肯尼亚、坦桑尼亚、埃塞俄比亚进出口贸易总额分别为 56.88 亿美元、38.81 亿美元、36.37 亿美元，三国均位列 2016 年中非进出口贸易总额前十大贸易国。[④] 目前中国已经成为肯尼亚最大进口来源国和最大贸易伙伴，肯尼亚成为中国在非第六大贸易伙伴，并且地位继续上升，作为 "一带一路" 重要成果的蒙内铁路建设，带动 2017 年第一季度中国对肯出口同比增长 74%。[⑤] 自 2015 年以来，中国已经成为埃塞俄比亚、乌干达最大投资来源国和工程承包国，2019 年中国与乌干达双边贸易额同比上升 4.12%。[⑥] 不仅贸易与投资规模不断扩

---

① 东非国家受国际油价走低的影响较少，国内消费市场和基础建设投资增长幅度大，并将吸引外资作为经济发展的重要方向，为此改善投融资环境，这些举措促进了原本单一型经济体系的转型，刺激了国内经济的内生型增长。见张宏明、王红一《非洲发展报告（2018—2019）》，社会科学文献出版社，2019。

② 近年来，受当前世界经济复苏乏力、国际大宗商品价格波动影响，中国对非洲投资出现一些波动，2015 年，中国对非直接投资 29.8 亿美元，同比下降 7%，人民网，http://world.people.com.cn/n1/2017/0829/c1002 - 29501874.html，访问日期：2019 年 8 月 23 日。

③ 2015 年 12 月中非合作论坛约翰内斯堡峰会，习近平主席提出未来三年同非方重点实施 "十大合作计划"，并为此提供 600 亿美元的融资支持，"十大合作计划" 具体指包括中非工业化合作计划、中非农业现代化合作计划、中非基础设施合作计划、中非金融合作计划、中非绿色发展合作计划、中非贸易和投资便利化合作计划、中非减贫惠民合作计划、中非公共卫生合作计划、中非人文合作计划、中非和平与安全合作计划。新华网，http://news.xinhuanet.com/finance/2015 - 12/05/c_ 128500929.htm，访问日期：2019 年 8 月 24 日。

④ 中非贸易研究中心，http://news.afrindex.com/zixun/article8555.html，访问日期：2018 年 9 月 1 日。

⑤ 中国驻肯尼亚大使馆经商处，http://ke.mofcom.gov.cn/article/ddgk/，访问日期：2018 年 9 月 19 日。

⑥ 中国商务部，http://xyf.mofcom.gov.cn/article/tj/hz/201903/20190302839398.shtml，访问日期：2020 年 3 月 14 日。

大，经贸合作模式也随之发生变化，企业和金融机构已成为中国与东非合作的主体，合作形式也由传统商品贸易向加工贸易转型，工业园区运营、基础设施互联互通成为合作的新亮点。中国与东非国家贸易投资的快速发展促进了该区域国家 GDP 保持高速增长，东非成为非洲大陆经济增长潜力最大的板块。①

二　中国—东非投资贸易纠纷诉讼解决现状

当前，投资东道国诉讼依然是解决中国与东非国家投资贸易纠纷的常见手段，传统诉讼在解决纠纷方面存在效率低下、官员干预、地方保护等潜在风险，不利于快捷有效地解决中国与东非国家的投资贸易纠纷。

（一）中国—东非投资贸易纠纷的产生

随着中国与东非国家投资贸易的增长，投资贸易争端也日益增多。中国与东非国家间的贸易投资争端主要出现在合同纠纷、土地纠纷、工程承包合同纠纷、侵权纠纷等领域，其中货物贸易纠纷、土地开发纠纷、工程承包合同纠纷尤为多发。② 在货物贸易中，东非进口商向中方出口商开立信用证的方式付款，纠纷常多发于信用证本身。在笔者接收的调研反馈中，中国供货方常因为付款方开立的信用证真实性存疑而无法如期收回货款，其中一例，因为非方提供虚假信用证而诉诸法庭，耗时两年后初审却判决中方供货方败诉。在中国企业中，劳动合同纠纷也时有发生，东非国家劳工组织和行业协会发达，常介入中资企业用工纠纷。③ 在土地开发合同中，由于土地所有权属不清、土地所有权与采矿权分离等复杂权属关系，中资企业在用地方面面临诸多障碍，而腐败官员对土地和矿产纠纷的干涉，损害了司法判决的公正性。2013 年 5 月，中国路桥

---

① 根据世界银行发布的《2017 全球经济展望》预测，2017 年埃塞俄比亚、坦桑尼亚、肯尼亚经济增长率分别为 8.3%、7.2%、6.0%。*Global Economic Prospects*（2017）http://www.worldbank.org/en/publication/global-economic-prospects，访问日期：2017 年 9 月 2 日。

② 朱伟东：《中国与非洲民商事法律纠纷及其解决》，《西亚非洲》2012 年第 3 期，第 73—88 页。

③ 卡斯、李一平：《中国企业对东非共同体投资的现状及其影响》，《国际展望》2016 年第 6 期，第 145 页。

公司与乌干达某地方政府签订合同购买该地方政府拥有所有权的石山用于为业主乌干达国家公路局取料修路，但在合同签订之后乌干达 Welt Machinen 公司宣称拥有该石山的采矿许可证，并得到了能源部的确认，从而引发石山所有权之争。尽管有关各方对采矿许可证的有效性持不同意见，且案件基本事实尚未厘清，但是作为业主的乌干达国家公路局违背法院禁令将本属于中国路桥公司的工程款项私下拨付给 Welt Machinen 公司以作赔偿，① 导致中国公司损失巨大。本案之所以历经近三年的漫长诉讼过程，仍然未取得最终的判决结果，固然是因为案件牵涉面广、社会影响重大，但是乌干达不完善的能源与矿产法制、复杂的诉讼程序、低效的审理速率以及官员干涉司法亦是其中的重要原因。②

（二）中国—东非国家投资贸易纠纷诉讼解决的困境

由于受殖民历史的影响，东非国家法律制度多沿袭前殖民宗主国法律体系，同时亦具有本土特色，东非国家现存在众多法系，主要包括非洲普通法系、非洲大陆法系、非洲习惯法系、非洲混合法系。③ 多样化的法律体系带来复杂晦涩的法律制度，再加之法院司法腐败、效率低下、判决执行难等问题，中资企业往往不愿意主动选择东道国诉讼解决投资贸易纠纷，在被动参与诉讼程序时消极应诉。在一些大型投资贸易项目中，具有实力的中资企业希望通过商业谈判和协商的方式解决投资贸易纠纷，以规避法院诉讼存在的法律风险，此种解决途径取决于官员的个人意志且缺乏法律约束力，亦不可取。此外，法律服务行业费用高昂且收费标准不一，行业监管缺位，也是中资企业面临的不利局面。④

从调研反馈的情况来看，传统诉讼依然是解决中国与东非国家贸易

---

① "目前，中国路桥公司已经向乌干达总统提出诉求，要求总统干预，查处腐败和矿业投机者，以维护外来投资者的合法权益"，乌干达主流报纸《红辣椒报》，http://www. redpepper. co. ug/how-ministers-son-used-questionable-mining-licences-to-spirit-away-shs21 bn-from-unra/，访问日期：2019 年 9 月 11 日。

② 《乌干达能矿部长指出矿产领域不合理的法律机制为投机者提供了机会》，乌干达主流报纸《新景报》，https://www. newvision. co. ug/new_ vision/news/1422682/minister-lokeris-faults-law-speculators-mining-industry，访问日期：2019 年 9 月 3 日。

③ 洪永红：《当代非洲法律》，浙江人民出版社，2014，第 5—30 页。

④ 在笔者的调研反馈中，某家中资企业因机器租赁费用纠纷与乌干达企业诉诸法院，该中资企业花费高昂费用聘请当地律师，然而案件长期拖延没有进展，而当地律师在收取高昂费用后与委托人中资企业失去联系，对此，中资企业最终不了了之。

投资纠纷的主要方式，仲裁并未成为纠纷解决的主要方式，一些中资企业甚至连仲裁与诉讼的基本区别也不甚清楚，更遑论在合同中选择仲裁作为贸易投资纠纷的解决手段。而目前东非各国已将仲裁或调解纳入争端解决方式，并制定了专门的仲裁法，内罗毕仲裁中心、基加利国际仲裁中心等区域性仲裁机构也相继成立。在国际商事仲裁领域，肯尼亚、卢旺达、乌干达、坦桑尼亚、布隆迪等较多的东非国家已签署和批准了《承认和执行外国仲裁裁决公约》（简称《纽约公约》）、《解决国家和他国国民之间投资争端公约》（简称《华盛顿公约》）。基本形成了从国家仲裁立法、区域仲裁机构到国际仲裁公约的仲裁法制环境，再加之仲裁本身较为自由的程序，因此，仲裁应该成为解决中国与东非国家贸易投资争端的重要方式。

三　中国—东非国家投资贸易纠纷仲裁解决的可行性

通过传统诉讼解决中国与东非国家投资贸易纠纷存在诸多不利因素，仲裁因其在尊重当事人自由选择、避免法院干预和贸易投资保护主义方面的独特优势，应成为解决中国与东非国家投资贸易纠纷的重要途径。东非国家较为完备的仲裁法制，配套的仲裁机构以及双边协议仲裁条款的设置为解决中国与东非国家投资贸易纠纷奠定了良好的基础。

（一）东非各国仲裁立法较为完备

东非各国涉外民商事纠纷诉讼解决机制存在缺乏系统性立法、规定过于陈旧等诸多问题，不适应中国与东非贸易投资纠纷标的额大、种类多、社会影响大的特点。而仲裁作为一种纠纷解决手段，不仅根植于中非双方的传统法律文化中，[①] 而且东非国家在仲裁理念和规则方面受西方殖民宗主国的影响，制定了较为现代化的仲裁法制。联合国国际贸易法委员会于 1985 年制定、2006 年修改的《国际商事仲裁示范法》（以下简称《示范法》）虽不具有强制执行力，但是推动了东非各国仲裁立法的现代化。肯尼亚于 1995 年制定并在 2009 年修改的《仲裁法》，乌干达 2000

---

① Won Kidane, "China-Africa Dispute Settlement: The Law, Economics and Culture of Arbitration," *Kluwer Law International*, 2012 (09), pp. 275 – 286.

年制定并生效的《仲裁与调解法》，以及卢旺达 2008 年颁布的《商事仲裁调解法》都明确规定以《示范法》为蓝本而制定,① 在《示范法》的倡导和推动下东非各国仲裁法所确定的仲裁制度日渐趋同。

在具体内容方面，肯尼亚《仲裁法》明确定义了"仲裁""当事人""仲裁裁决"等多种概念，将仲裁协议界定为"当事人将他们之间确定的法律关系（无论是否为合同）所出现的全部或部分纠纷交由仲裁解决"，该定义并没有强调仲裁协议的书面性，口头协议在普通法上或习惯法上亦是有效的和可执行的。该法令对仲裁当事人之间的协议给予充分认可，且没有规定一个固定的或特定的仲裁程序，鼓励当事人和仲裁庭在符合"自然正义原则"的前提下采取适合其情况的仲裁程序。② 肯尼亚《仲裁法》充分实现了仲裁中"当事人意思自治"的核心理念，争议当事人在仲裁员的任免、仲裁程序、仲裁地点和语言等诸多方面享有极大的选择自由，该法还明确规定"除非本法有特别规定，否则禁止法院干预仲裁程序"。③ 所有东非国家颁布的仲裁法规都有关于禁止法院随意干预仲裁程序的相应规定，以保证仲裁独立性。乌干达《仲裁与调解法》则以列举的方式明示了仲裁协议的形式，该法有两大特点：一是规定了仲裁庭可以任命一名或多名专家以向仲裁庭提供咨询报告、协助仲裁庭查验证据；二是规定法院可以应当事人申请采取临时保护措施或协助提供证据，这显然不同于法院对仲裁的随意干预。④ 除了上述类似规定外，坦桑尼亚 2002 年修订的《仲裁法》明确列举外国仲裁裁决可执行情形和不可执行情形，规定仲裁不得上诉以保证仲裁的终局性。⑤

---

① 孖士打律师行、竞天公诚律师事务所：《非洲国际仲裁——撒哈拉以南非洲国家国别指南》，https://m. mayerbrown. com/files/Publication/6763ee61-bb2f-4d8f-bd81-aee7f4e8dbc5/Presentation/PublicationAttachment/671dcc16-05f7-4193-a6be-b2ba7995795c/Sub_Saharan_Africa_SCLR. pdf, 访问日期：2019 年 9 月 6 日.

② James Peter Tugee, "Overview of Arbitration in Kenyan," *Arbitration InKenya*, 2012 (09), pp. 2 – 10.

③ Arbitration Act, Revised Edition 2012 [2010], Published by the National Council for Law Reporting with the Authority of the Attorney-General, https:// www. kenyalaw. org, 访问日期：2019 年 11 月 10 日.

④ The Arbitration And Conciliation Act of Uganda, https://www. ulii. org/node/23792, 访问日期：2019 年 1 月 11 日.

⑤ The Legal Framework of Arbitral Dispute Resolution in Tanzania, http://globalarbitrationreview. com/insight/the-european-middle-eastern-and-african-arbitration-review-2015/1036895/tanzania, 访问日期：2019 年 11 月 11 日.

通过分析可见，由于东非历史传承和现实发展的缘故，东非的仲裁立法在呈现趋同性的同时，在某些方面的规定又具有自身的特点，推动着仲裁立法朝更加完善的方向发展，东非国家较为完备的仲裁立法为中国与东非国家间投资贸易纠纷的解决提供了良好的法制环境。

（二）设有多种形式的仲裁机构

在东非国家仲裁法制的发展过程中，除了出台较为完备的法律规定以外，还设立了各个层级的仲裁机构，方便当事人通过仲裁快捷地解决各类纠纷。埃塞俄比亚于 2002 年成立了亚的斯亚贝巴商事与行业协会仲裁院，该院是埃塞俄比亚仲裁与调解领域的先行者和活跃者，其职能为按照商事仲裁和调解规则解决各类商事纠纷，为建设纠纷提供裁判服务，同时还能提供合同起草和审查服务以及发表有关仲裁以及裁决执行的专家意见。① 肯尼亚作为东非重要经济体，其国内设有肯尼亚争端解决中心、内罗毕国际仲裁中心等多个仲裁机构，前者成立于 1997 年，旨在通过寻求非对抗性的解决途径，促进当事人的和解，降低争端解决的时间和费用成本，以满足东非民商事纠纷对于多元化纠纷解决机制的需求。作为非洲调解协会的创始成员，肯尼亚争端解决中心是该协会东非与中非地区办事处所在地，并拥有为世界 20 多个国家的公共和私营部门提供仲裁服务的实践经验。② 内罗毕国际仲裁中心则是依据《内罗毕国际仲裁中心法案》于 2013 年成立的独立、非营利性商事仲裁机构，为争议当事人提供包括仲裁在内的多元纠纷解决途径，提供程序和技术咨询，以鼓励当事人依据《内罗毕国际仲裁中心法案》解决投资贸易纠纷，促进和方便国际商事仲裁的发展。③ 内罗毕国际仲裁中心还积极发展与其他国际商事仲裁机构的合作关系，目前该中心已成为中非联合仲裁中心内罗毕中心的所在地。④ 此外，卢旺达也于 2012 年设立了基加利国际仲裁中心，

---

① 亚的斯亚贝巴商事与行业协会仲裁院，http://addischamber.com/about-arbitration-institute-ai/，访问日期：2019 年 10 月 19 日。

② 肯尼亚争端解决中心，http://www.disputeresolutionkenya.org/，访问日期：2019 年 10 月 21 日。

③ Nairobi Centre For International Arbitration Act. No. 26 of 2013，Revised Edition 2015［2013］，Published by the National Council for Law Reporting with the Authority of the Attorney-General，http://www.kenyalaw.org，访问日期：2019 年 10 月 25 日。

④ 北京市仲裁委员会，http://www.bjac.org.cn/news/view? id＝2928，访问日期：2019 年 11 月 1 日。

该中心能为在卢旺达的仲裁提供开庭设施和支持服务，以推动卢旺达成为国际商事仲裁的重要基地。[①]

东非各国成立的仲裁机构为中国与东非国家的投资贸易提供了多元化的纠纷解决方式，使当事人在诉讼之外寻求替代性的纠纷解决方式成为可能。尤其是考虑到埃塞俄比亚和肯尼亚作为"一带一路"倡议在非洲的重要支点，其所成立的亚的斯亚贝巴商事与行业协会仲裁院和内罗毕国际仲裁中心等仲裁机构将在解决中国与东非国家的投资贸易纠纷过程中发挥重要作用。

（三）仲裁已纳入中非双边投资协定争议解决条款

随着中非双边经贸关系的不断发展，中国已经与 34 个非洲国家签署了双边投资保护协定，其中包含埃塞俄比亚、肯尼亚、坦桑尼亚、乌干达、吉布提、塞舌尔等 6 个东非国家，占中国与非洲国家所签署双边投资保护协定总数的 17.6%，其中与埃塞俄比亚、坦桑尼亚签署的双边投资保护协定已经生效，占中非 18 个已生效双边投资保护协定总数的 11.1%。[②] 推动仲裁成为解决中非双方投资贸易纠纷的重要手段，已经成为中非双方的共识，早在 2009 年中非合作论坛第四届部长级会议上通过的《中非合作论坛——沙姆沙伊赫行动计划（2010—2012）》就明确提出，鼓励利用各国和地区性仲裁机构解决中非企业间的合同纠纷。[③] 正是因为意识到仲裁在解决中非双边投资贸易纠纷中的独特优势，目前，在中国与东非国家签订的双边投资保护协定中，仲裁作为解决争议的重要手段已经成为"标配"内容。在这些双边协议中，仲裁主要解决两类纠纷，一是解决缔约国双方之间因条约本身的解释和适用问题所产生的争议，二是解决缔约一方投资者（通常为自然人或法人）与缔约另一方国家之间的投资贸易纠纷。对于第一类纠纷通常规定优先

---

① 孖士打律师行、竞天公诚律师事务所：《非洲国际仲裁——撒哈拉以南非洲国家国别指南》，https://m.mayerbrown.com/files/Publication/6763ee61-bb2f-4d8f-bd81-aee7f4e8dbc5/Presentation/PublicationAttachment/671dcc16-05f7-4193-a6be-b2ba7995795c/Sub_Saharan_Africa_SCLR.pdf，访问日期：2019 年 10 月 15 日。

② 朱伟东：《中非产能合作应重视法制保障体系建设》，《中国社会科学报》2017 年 8 月，第 004 版。

③ 朱伟东：《中国与非洲民商事法律纠纷及其解决》，《西亚非洲》2012 年第 3 期，第 85 页。

通过外交协商解决，如果不能在一定期限解决争议，则双方可以提交专设仲裁庭或者双方代表组成的混合委员会、临时委员会解决；① 第二类纠纷为缔约一方投资者与投资东道国之间的争议，解决方法主要有双方协商解决、缔约一方有管辖权的法院解决、专设仲裁庭解决、解决投资争端国际中心仲裁解决。② 中国与东非国家签署的双边投资协定争议解决条款的内容还涉及仲裁庭的组成、仲裁程序、仲裁裁决的作出、仲裁费用等问题。③ 仲裁作为一种争议解决手段已经被普遍纳入中国与东非国家的双边投资保护协定中，为解决中国与东非国家的投资贸易纠纷提供了法律依据。

四　中国—东非国家投资贸易纠纷仲裁解决机制的完善

中国与东非国家现有的投资贸易纠纷仲裁解决机制营造了良好的仲裁环境，为通过仲裁解决中国与东非国家投资贸易纠纷提供了可能性，但是需要对双边投资协定的仲裁作进一步修改，消除仲裁运行的法制障碍，推动建立东非共同体框架下的多边联合仲裁机制，引导企业将仲裁纳入合同纠纷解决条款，以适应"一带一路"互联互通、产能合作的发展需求。

（一）完善双边投资协议争议解决条款

迄今为止，中国与埃塞俄比亚、坦桑尼亚、肯尼亚、乌干达、吉布

---

① 《中华人民共和国政府和埃塞俄比亚联邦民主共和国政府关于鼓励和相互保护投资协定》第 8 条第 1 款规定："缔约双方对于本协定的解释或者适用所产生的争端，应当尽可能通过外交途径协商解决"，第 2 款规定："如在六个月内不能协商解决争端时，根据缔约任何一方的要求，可以将争端提交专设仲裁庭仲裁。"

② 《中华人民共和国政府和坦桑尼亚联合共和国政府关于促进和相互保护投资协定》第 13 条第 2 款规定："……如果争议未能通过协商解决，则投资者可选择将由于该违反行为而蒙受损失或损害的诉求提交：（一）投资所在国有管辖权的法院；（二）依据 1965 年 3 月 18 日在华盛顿签署的《解决国家和他国国民之间投资争端公约》设立的'解决投资争端国际中心'，如果缔约双方均是《解决国家和他国国民之间投资争端公约》的成员；（三）依据联合国国际贸易法委员会仲裁规则设立的专设仲裁庭；（四）经争议双方同意的任何其他仲裁机构或专设仲裁庭。"

③ 范建：《中非双边投资协定中的争端解决条款研究》，中国法学学术交流中心，http://www.clec.org.cn/lpapers/2014/8.pdf，访问日期：2019 年 10 月 11 日。

提、塞舌尔等 6 个东非国家签署了双边投资保护协定，其中仅有与埃塞俄比亚、坦桑尼亚两国签署的双边投资保护协定已生效，仅占与东非已签署协定总数的 1/3。① 而作为中非产能合作示范国家和"一带一路"支点国家，中国与肯尼亚、吉布提两国签署的双边投资保护协议至今尚未生效，尤其是中国与肯尼亚于 2001 年即签署了双边投资保护协议，但至今尚未生效。而目前，中国对东非的投资已经覆盖该区域所有国家。尤其是在肯尼亚、乌干达等国拥有大量投资，因此，中国政府相关职能部门应与相关东非国家进行协商、谈判，推动已签署但尚未生效的双边投资协定尽快生效。同时考虑到东非国家除埃塞俄比亚以外都已签署批准了《纽约公约》《华盛顿公约》，② 在双边投资协议的修订过程中，中国应积极寻求允许当事人将包括征收补偿在内的所有投资贸易争端提交国际投资争端解决中心（ICSID）及其他国际仲裁机构解决，为通过仲裁解决中国与东非国家的投资纠纷打下法制基础。在双边贸易协定领域，中国与坦桑尼亚、埃塞俄比亚、肯尼亚等国分别签署了双边贸易协定，但是所有这些协定均未对双方贸易争端解决作出规定，双方政府有关部门应积极推动将贸易争端解决条款纳入双边贸易协定。

在投资协定的具体内容方面，中国与埃塞俄比亚签订的双边投资保护协定对于不同种类投资纠纷规定了不同的解决途径，征收补偿纠纷可以提交专设仲裁庭解决或者在双方都加入《华盛顿公约》时提交 ICSID 通过仲裁解决，但是征收补偿纠纷以外的其他纠纷则只能在东道国法院解决。埃塞俄比亚为"一带一路"倡议重要支点国家，也是中非产能合作示范国家，中国企业在该国拥有大量的投资，若投资纠纷只能通过东道国法院解决，并不利于维护中国企业的合法利益。尽管埃塞俄比亚不是《华盛顿公约》签署国，但是依然能通过《附加便利规则》提交 ICSID 解决。③ 因此，中国应推动修改上述双边投资协定，主张所有投资纠纷均能通过国际仲裁予以解决。中国与坦桑尼亚签订的双边投资保护协定虽然为投资纠纷提供了包括 ICSID 仲裁在内的多种解决途径，但同时又

---

① 中华人民共和国商务部条约法律司，http：//tfs. mofcom. gov. cn/article/Nocategory/201111/20111107819474，shtml，访问日期：2019 年 10 月 9 日。

② ICSID，https：//icsid. worldbank. org/en/Pages/about/Database-of-Member-States. aspx，访问日期：2019 年 10 月 8 日．

③ 刘华：《通过 ICSID 解决中非之间投资争端的研究》，《政法论坛》2013 年第 2 期，第 175 页。

规定投资者若将投资纠纷提交国际仲裁，则需事先用尽东道国当地救济。① 因此，中国政府相关部门不仅应积极推动与东非已签署的双边投资协定尽快生效，同时也应协商谈判修订已签协定中纠纷解决条款的不合理规定，消除国际仲裁解决中国与东非国家投资贸易纠纷的法律障碍。

（二）推动建立多边联合仲裁机制

在"一带一路"倡议、中非十大合作计划实施过程中，中国在东非国家所实施的基础设施建设项目和产能合作项目，已经超出某一特定国家范围，而延伸至整个东部甚至中部非洲。作为中非合作、"一带一路"建设重点投资项目，肯尼亚蒙内铁路于2017年5月建成通车，该铁路计划延伸至乌干达、南苏丹、卢旺达、布隆迪，远期将与埃塞俄比亚至吉布提的亚吉铁路相连接，共同组成贯穿东非共同体所有成员国的东非铁路网。② 横跨乌干达和坦桑尼亚的输油管道建设以及中非"三网一化"建设合作工程都为中国企业扩大与东非国家的投资贸易提供了难得的契机③。因某一项目的实施而产生的纠纷，极有可能跨越某一特定国家，而涉及项目沿线的多个国家，若分别在相关国家启动司法或仲裁程序，不仅耗时耗力，造成项目的拖延停滞，而且极有可能因为各国司法裁判结果的相互冲突而带来不必要的麻烦。因此，为适应这种纠纷特点，应加强与东非共同体合作，抓住东非共同体推动区域司法协调和一体化的契机，通过协商谈判推动与东共体成员国在东共体法律合作框架下，建立中国与东共体投资贸易纠纷解决中心，由分别来自中国与东共体成员国的熟悉本国法与国际投资贸易法的专家、律师组成仲裁庭，为中国与东共体成员国的投资贸易纠纷提供仲裁解决方案。

实际上，中国与东共体早在2011年就已开展有关投资贸易的协商谈判，并在该年5月双方签订了《中华人民共和国政府与东非共同体经济、

① 《中华人民共和国政府和坦桑尼亚联合共和国政府关于促进和相互保护投资协定》第13条规定："缔约另一方可以要求该投资者在提交国际仲裁之前，用尽缔约另一方法律和法规所规定的国内行政复议程序。"
② 蒙内铁路不仅对肯尼亚经济社会发展具有重大意义，该铁路也是东共体北部战略走廊和东非铁路网的重要组成部分，对于东非交通网络建设和区域互联互通具有重大意义，得到了区域内各国的支持。http://news.xinhuanet.com/world/2017-05/31/c_1121065391.htm，访问日期：2019年10月9日.
③ 《中国与非盟签署推动非洲"三网一化"建设谅解备忘录》，http://www.chinadaily.com.cn/hqgj/jryw/2015-01-28/content_13127231.html，访问日期：2019年10月4日.

贸易、投资和技术合作框架协定》。① 该协定第 4 条第 2 款规定："中国支持东共体规划和实施跨境交通通讯、电力等基础设施项目，愿与东共体探讨在跨境基础设施项目规划、建设和运营等方面开展合作的可行性"，并在第 6 条实施机制中规定：双方建立经济、贸易、投资和技术合作联合委员会，该委员会通过定期召开会议为中国与东共体之间的投资贸易纠纷提供协商解决平台。② 因此，利用"一带一路"倡议在东非推进实施的"势"，并借助中国与东共体现有协商机制的"术"，建立以仲裁与调解为基本特点的投资贸易纠纷解决机制具有较大的可能性。

（三）推动仲裁纳入合同争议解决条款

目前，仲裁还未成为解决中国与东非国家投资贸易纠纷的主要方式，大部分中国企业对投资东道国的仲裁法规不甚了解，仲裁也未成为投资贸易合同争议解决条款中的内容。中国政府相关职能部门可以加大对东非国家仲裁法规的宣传力度，提高企业通过多元化纠纷解决机制化解投资贸易纠纷的意识。为此，中国对外经贸投资管理部门可加强对于企业的合同审查和引导，③ 推动企业将仲裁纳入投资贸易合同争议解决条款。

中国对东非国家的投资贸易可以分为两种：一种是中国与东非国家政府间重大投资贸易项目，此类项目往往由中国政府提供融资支持，企业在政府的引导下通过招投标等程序承揽相关项目，政府在项目的实施中发挥规划、引导、协调的作用。另一种形式为企业根据自身发展需要，自主决定投资东道国的行业、规模、形式等，此种投资贸易活动完全为商业行为，企业占据主体地位。对于第一种投资形式，政府相关部门可以加强对企业的合同审查，在企业投标以及项目实施过程中要求企业合理设置投资贸易合同中的争议解决条款，充分利用地区仲裁中心和国际仲裁机构解决投资贸易纠纷。对于第二种投资贸易活动，中国政府商务

① 中华人民共和国商务部网站，http://ggfg. policy. mofcom. gov. cn/pact/pactContent. shtml? id = 2450，访问日期：2019 年 9 月 22 日。

② 《中华人民共和国政府与东非共同体经济、贸易、投资和技术合作框架协定》第 6 条规定："双方同意建立经济、贸易、投资和技术合作联合委员会（简称联委会）。联委会的主要职责是检查本协定的执行情况，讨论共同关心的经贸、投资事宜，友好协商解决本协定执行过程中可能出现的问题或纠纷。"

③ 蔡高强、刘功奇：《外空探索国际合作知识产权保护探析》，《北京理工大学学报》（社会科学版）2016 年第 6 期，第 119—124 页。

部门可以引导企业根据投资贸易项目的规模，在合同争议解决条款中分别引入东道国仲裁机构、区域仲裁中心作为解决纠纷的可选方式。①

　　无论哪种类型的投资贸易活动，在投资贸易合同中设置仲裁条款时都应选择已经批准加入了《华盛顿公约》《纽约公约》的国家的常设仲裁机构。东非国家除埃塞俄比亚外，均已批准加入了《华盛顿公约》和《纽约公约》，如果东道国为除埃塞俄比亚外的任何一个东非国家，投资者将纠纷提交任何一个上述公约批准国仲裁，理论上仲裁裁决都能得到东道国的承认与执行，但是东道国也有可能提出国家主权豁免的抗辩而拒不承认与执行 ICSID 或他国仲裁裁决，此时中国投资者可以选择向其他采用相对主权豁免原则的《华盛顿公约》《纽约公约》缔约国申请执行该 ICSID 裁决或外国裁决。② 目前，东非地区较为知名的常设仲裁机构为内罗毕国际仲裁中心，该中心亦为中非联合仲裁中心——内罗毕中心所在地，因此，为避免东道国法院对于本国仲裁的干预，中国与东非之间的投资贸易纠纷可以协议选择内罗毕中心作为仲裁机构。这不仅有利于降低仲裁成本，方便仲裁进行，而且有利于提高仲裁的可接受性，从而得到承认与执行。③

【责任编辑】李雪冬

---

① Alexis Martinez and Emma Mason, "Arbitration in Africa: Past, Present, and Future," *Kluwer Arbitration Blog*, January 13, 2016.
② 朱伟东：《外国投资者与非洲国家之间的投资争议分析——基于解决投资争端国际中心相关案例的考察》，《西亚非洲》2016 年第 3 期，第 158 页。
③ http://blogaila.com/2017/03/22/the-china-africa-joint-arbitration-centre-a-natural-step-to-sustain-the-exponential-growth-of-the-sino-african-trade-saadia-bhatty-esq-mciarb/，访问日期：2019 年 10 月 29 日。

非洲研究 2020 年第 1 卷（总第 16 卷）
第 92 – 104 页
SSAP ©, 2020

尼日利亚 PPP 制度研究及法律风险防范

彭先琦

【内容提要】："一带一路"倡议背景下，中国企业开始由承包商转型为"投 – 建 – 营"一体的投资商，并采用 PPP 模式在非洲开展基础设施领域的投资。尼日利亚作为非洲最大的经济体之一，截至目前，尼日利亚正在或待实施的 PPP 项目逾百个，越来越多的中国企业通过 PPP 模式参与到尼日利亚的基础设施建设当中。本文拟通过探究在尼日利亚开展 PPP 项目的法律体系、监管机构和推进流程，识别采购违规、项目违约、合同不合理变更、救济途径复杂而漫长等法律风险，通过法律尽职调查、完善合同文本及选择有利救济途径等方式进行风险防范，旨在为在尼日利亚投资的中国企业提供法律借鉴，降低在当地投资的法律风险。

【关键词】尼日利亚 PPP 制度；法律风险；防范措施

【作者简介】彭先琦，中国政法大学国际法硕士（北京，100005）。

按照传统社会管理学的理论，公共设施的投资、运行、维护由政府部门承担。但随着全球经济的快速发展和人口的飞速增长，由政府单一投资公共设施已经严重不能满足国家人口增长、经济发展和社会文明进步的要求，PPP 模式应运而生。自 20 世纪 90 年代以来，PPP 模式在全球范围内广泛应用于各类基础设施项目，如电站、机场、港口、收费公路、地铁、供水和污水处理等。共建"一带一路"国家对大规模的基础设施有着旺盛的需求，其资金缺口预估计将达 8 万亿美元。[①] 运用 PPP 模式，

---

① Mona Hammami, Jean-Francois Ruhashyankiko and Etienne B. Yehoue, "Determinants of Public-Private Partnerships in Infrastructure," IMF Working Paper, 2006, 06/99, International Monetary Fund.

可吸纳大量私营资本参与投资，并利用私营方专业的管理经营能力，高效开展基础设施建设项目。中国作为世界上最大的能源进口国和消费国，对外投资主要涉及能源、矿产、电力、交通等基础设施领域，共建"一带一路"国家正成为中国主要的海外 PPP 投资地，如何从法律层面识别风险和防范风险成为中国企业海外 PPP 投资的重要课题。尼日利亚作为非洲最大的经济实体之一，是中国在非洲投资的主要国家之一。尼日利亚的 PPP 项目兴起于 2003 年，截至目前，尼日利亚正在或待实施的 PPP 项目有 69 个，潜在待开发的项目逾百个，① 已有越来越多的中国企业通过 PPP 模式参与到尼日利亚的基础设施建设当中。本文拟通过研究尼日利亚的 PPP 法律制度，识别 PPP 投资的法风险，并提出有效的防范措施，为在尼日利亚投资的中国企业提供借鉴，降低在当地投资的法律风险。

一 尼日利亚 PPP 制度概述

（一）尼日利亚 PPP 简述

1. PPP 的释义

PPP 英文全称为 Public Private Partnerships，主要指公共部门（通常为政府部门）和私人部门之间达成合作伙伴关系用以提供各项公共产品和服务。根据尼日利亚的规定，PPP 是指经国家 PPP 委员会界定的，由政府部门（联邦、州或地方）和私营部门间形成合作协议，各方共享资源，共担风险并分享潜在收益。②

2. PPP 的类型

PPP 模式可以在公共产品和服务不同阶段实施，通常可按照社会资本在 PPP 项目中的参与程度、项目资产产权归属、投融资职责分配、商业风险归属等因素对 PPP 项目进行分类。世界银行将 PPP 模式分为服务外包、管理外包、租赁、特许经营、BOT/BOOT、剥离 6 种模式。中国则根据现有 PPP 项目实际运营情况将其划分为外包类、特许经营类和私有化类。③

---

① 参见 http://ppp.icrc.gov.ng/，访问日期：2019 年 7 月 31 日。
② 参见 http://ppp.icrc.gov.ng/，访问日期：2019 年 7 月 31 日。
③ 周兰萍主编《PPP 项目运作实务》，法律出版社，2017，第 35 页。

尼日利亚则依据公共和私营部门之间的风险分配程度和投资水平以及合同期的长短等因素将 PPP 划分为 5 种类型，分别是：（1）服务合同。在该模式下，公共部门向私营部门采购服务并支付费用，要求私营部门在一定时间内提供特定服务。合同期限一般为 1—3 年。（2）管理运营合同。在该模式下，公共部门将基础设施服务的部分或全部管理和运营委托私营部门完成。通常政府部门向私营部门支付服务成本和管理报酬，项目的日常管理和运营由私营部门负责，但不承担资本性投资和风险。（3）租赁合同。在该模式下，私营部门负责提供全部服务，并有义务保证服务标准和质量，私营部门根据合同约定向公共部门支付租金，租期通常为 10 年以上。私营部门独自承担租期内运营和维护的财务风险。（4）特许经营合同。在该模式下，私营部门特许经营者负责在指定区域内向公众完全交付指定基础设施服务，包括运营、维护、修复、管理以及系统的建设和修复，并承担全部的资本性投资。特许经营期通常为 25—30 年，公共部门拥有基础设施资产的所有权，特许经营投资者通过直接向用户收费的方式回收成本，如有必要，公共部门可能向私营部门提供投资"补贴"（即可行性缺口资金），以实现特许权的商业可行性。（5）建设 - 经营 - 转移（BOT）和类似安排的 PPP。在该模式下，私营部门提供建造新设施所需的资金，并承担新建项目的设计、融资、建造、运营、维护和用户负责职责。合同期限一般为 25—30 年，合同期满后，私营部门将项目资产及相关权利等移交给公共部门。特许经营合同类和BOT 类是实践中主要的 PPP 类型。

（二）尼日利亚 PPP 的监管体系

1. 尼日利亚 PPP 的法律框架

根据尼日利亚 1999 年宪法的规定，尼日利亚实行联邦制，设立联邦、州和地方三级政府。联邦政府和联邦立法机构可制定适用于全国范围内或只适用联邦政府的法案，各州可根据实际情况制定适用于本州内的法案，各州制定的法案不能与联邦现有的法规相冲突。尼日利亚作为非洲最大的经济体之一和人口最多的国家，有着广泛的基础设施需求，据统计，尼日利亚基础设施建设资金缺口达 2000 亿美元①。为了满足社会经济发展的需求，解决妨碍经济发展的基础设施赤字问题，鼓励私人资本

---

① 参见 http://ppp. icrc. gov. ng/，访问日期：2019 年 7 月 31 日。

投资尼日利亚基础设施建设，规范 PPP 项目的运作，尼日利亚国民议会于 2005 年 12 月 9 日颁布了《基础建设特许经营监督管理委员会法案》（Infrastructure Concession Regulatory Commission Act, 2005, 简称"ICRC 法案"）。作为尼日利亚出台的第一部关于 PPP 的法案，ICRC 法案明确允许尼日利亚国内外私营投资者参与尼日利亚基础设施的建设、投融资、运营管理，通过合理收费回收投资成本以及获取收益。根据 ICRC 法案的规定，只有联邦一级政府主体（如联邦工程部、交通部、航空管理局）实施的项目方受该法案约束，州一级政府和州内的项目则不在此列。各州拥有充分的自主权，可以根据实际情况对其管辖范围内的 PPP 项目自主规范，如拉各斯州政府为了规范拉各斯州公路等项目的特许经营，颁布了《拉各斯州道路、桥梁和公路基建法》。

为了进一步为尼日利亚联邦政府部门和私人资本在尼日利亚开展 PPP 项目提供指引，尼日利亚基础设施监管委员会于 2009 年 7 月出台了《公私合营关系的国家指引规则》（The National Policy on Public-Private Part-nerships, 简称"指引规则"）。指引规则明确了在尼日利亚开展 PPP 项目的主要原则，如物有所值、公共利益、透明度、竞争性采购、交付能力；并详细介绍了尼日利亚 PPP 项目的推进流程，包括政府公开招标采购程序、物有所值评价、风险识别、政府审批，以及联邦各部门的职责。指引规则的出台，意味着尼日利亚 PPP 监管正逐步进入规范化阶段。

2. 尼日利亚 PPP 的监管机构

为了规范联邦政府的公私合作伙伴关系，加强对 PPP 的监管。ICRC 法案规定，尼日利亚联邦 PPP 项目的最终批准机构为联邦执行委员会，即内阁。此外联邦政府部委、机构及部门（简称"MDAs"）在签署 PPP 合同前，也须获得联邦执行委员会的批准。该法案还规定，在联邦层面设立基础设施监管委员会（简称"ICRC"），负责规范和监督 PPP 合同的签订和执行。其主要职责包括：（1）制定 PPP 的政策、指导原则和相应法规，并监督和管理上述政策、法规的执行；（2）制定 PPP 协议，并监督对该协议条款和条件的遵守情况，促进、支持和协调 PPP 项目的实施；（3）为联邦政府部委、机构和部门（MDAs）在项目开发、招标、谈判和合同订立过程提供指导、交易支持以及建设能力支持，为联邦执行委员会的决策提供建议；（4）制定在施工、运营和合同终止期间监督合同遵守合规性准则，确保有效执行联邦政府签订的任何特许协议或合同；（5）与其他机构合作，实施促进私营部门投资尼日利亚基础设施项目的法律法规和政策，确保 PPP 项目的实施符合 ICRC 法案的规定。ICRC 设立理事会作为内部的决策机构，理事会由联邦政府秘书、司法部部长、央行行长、财政部部长以及 ICRC 总干事组成，每届任期为 4 年。

除此之外，ICRC 法案规定，联邦政府相关主管部委、机构和部门负责制定主管行业领域内的 PPP 投资计划，负责 PPP 项目的开发、评估、采购和监管，代表联邦政府与私营部门签署 PPP 协议，批准特许经营权，并监管 PPP 项目的实施。因 PPP 项目较为复杂，还有其他多个政府部门也参与其中。如国家计划委员会需要评估各部委的 PPP 项目是否已被纳入国家的投资战略中；财务部则与 ICRC、主管部委共同对 PPP 项目的经济可行性、成本预算以及物有所值等方面进行评估；公共采购事务局则与主管部委协同进行 PPP 项目的公开招标采购。在各部门对 PPP 项目进行评审同意后，将由联邦执行委员会进行最后审批。

（三）尼日利亚 PPP 的推进流程

依据指引规则的规定，尼日利亚 PPP 项目的运营历经四个阶段：项目开发与评估—项目采购—项目执行—项目成熟。（1）项目开发与评估阶段。PPP 项目主要分为政府发起（solicited）和投资人自行发起（unsolicited）。在政府发起的项目中，由该项目的政府主管部委联合 ICRC 和财政部对备选项目进行物有所值、项目经济可行性和财政承受能力等进行评估，优选出合适项目；经政府采购流程聘请财务咨询顾问（简称"TA"）为项目提供财务咨询，开发财务模型，并编制项目商业大纲（简称"OBC"）；而后主管部委将 OBC 提交至 ICRC 审查，ICRC 向主管部委颁发 OBC 合规证书或拒绝签发，并由主管部委报送联邦执行委员会审批，项目获得批复后即可进入公开招投标程序。在投资人发起的项目中，由项目发起人自行制作或委托第三方制作 OBC；将 OBC 提交至主管部委进行评估审核，并履行相关的审批程序（后续审批程序同政府发起项目）。（2）项目采购阶段。主管部委通过公开招标选定优先获取权代表作为该项目合作对象，双方商讨核心商务条款（投资方自行发起的项目中，项目发起方享有同等条件优先获取权）。双方需进一步对项目开展研究，包括可行性研究报告、环境和社会影响评价、方案设计、财务模型等，而后由财务咨询顾问编制项目完整商业报告，由主管部委报送联邦执行委员会审批，待批复后即可与私营部门签署 PPP 协议。（3）项目执行阶段。主管部委和私营投资方签署 PPP 协议，项目公司对外进行融资并等融资方签署相关协议,完成项目融资。主管部委按照 ICRC 法案的要求,定期对 PPP 项目进行监管和检查。(4)项目成熟阶段。特许经营权到期,私营部门向政府部门移交项目的所有公共财产,政府部门继续运营或者关闭该项目。

(四)尼日利亚 PPP 项目的实施现状分析

尼日利亚 PPP 项目起始于 2003 年,尼日利亚首个成功实施的 PPP 项目是拉各斯穆罕默德机场二期项目,该项目占地 2 万多平方米,主要包括穆罕默德机场国内航站楼及配套设施建设。2003 年,Bi-Courtney 公司与尼日利亚联邦政府签署 BOT 项目协议,2007 年,该项目建成并投入使用,目前由 Bi-Courtney 公司下属 Bi-Courtney 航空服务公司负责运营。该项目是尼日利亚基础设施领域成功承接的第一个 BOT 项目。[1]

截至 2019 年 7 月 31 日,尼日利亚公布的现有 PPP 项目为 69 个。[2]由表 1 可知,尼日利亚 PPP 项目主要集中交通、能源等基础设施领域,占比 85.4%。实施 PPP 项目的地域以拉各斯州、东南区的河流州、三角洲州、十字河州、首都阿布贾等经济较发达的地区为主。而正在实施的 PPP 项目更是多达 48 个,占比 69.6%,还有近 20 个 PPP 项目正在采购或开发中。PPP 模式将是尼日利亚政府后续解决其在基础设施领域资金需求的主要模式,截至目前,已有中国港湾、中国铁建、中地海外等中国企业参与投资了尼日利亚的 PPP 项目,主要涉及港口、铁路、电信等领域,未来也将有更多的中国企业在尼日利亚开展 PPP 投资。

表 1　尼日利亚 PPP 项目信息

项目领域＼实施状态	实施中	采购中	开发中	总数
交通	38	6	4	48
能源	3	8	0	11
通信	2	0	0	2
社会健康	5	2	0	7
工业	0	1	0	1
合计	48	17	4	69

资料来源:参见 http://ppp. icrc. gov. ng/,访问日期:2019 年 7 月 31 日。

---

① 参见商务部《对外投资合作国别(地区)指南-尼日利亚(2017 年版)》,第 45 页。
② 参见 http://ppp. icrc. gov. ng/,访问日期:2019 年 7 月 31 日。

二 尼日利亚 PPP 项目的主要法律风险

在海外开展 PPP 项目跨越不同国界、不同法律制度，项目参与方众多，项目周期长，相互权利义务及合作关系复杂，投资 PPP 项目面临比传统工程承包模式更多的风险，因此，有效识别法律风险是 PPP 项目成功的基础。

（一）采购违规风险

由于 PPP 模式区别于传统建设模式，在非洲地区尚未大范围成熟应用，项目实施需要政府的特别配套法规。就尼日利亚而言，其属于英联邦成员国，法律体系沿袭英美国家，除联邦政府可以制定法律外，各州也可以自行制定在其管辖内适用的法律。因此，尽管尼日利亚联邦政府在 2005 年颁布了 ICRC 法案。但 ICRC 法案只约束涉及联邦政府部委、机构或部门的 PPP 项目，各州政府及州内的项目不受 ICRC 法案的约束，这意味着各州政府可根据实际情况自主进行对 PPP 项目进行规范，则可能会产生各州规定互相矛盾，或与联邦 ICRC 法案相冲突的情形；而部分州（如河流州）尚未制定本州内的 PPP 法案，则会出现州内 PPP 项目无明确法规指引的情形，加大了项目采购的违规风险。根据 ICRC 法案第 2 条的规定，在 PPP 项目进行采购前需要主管部委协调 ICRC、财政部对 OBC 进行评估审核，并报联邦执行委员会审批后，方可进入采购程序。虽然尼日利亚早在 2008 年即已成立了 ICRC 委员会，但真正建成并投入运营的 PPP 项目并不多见，政府不同部门对推进流程不够熟悉，同时政府的决策程序不规范，政府部门存在腐败、官僚作风等现象，致使项目审批流程冗长，增大了项目采购风险。同时，ICRC 法案第 4 条和第 5 条规定 PPP 项目的采购须以公开招标的形式进行，特殊情况下才可以采用议标形式，如仅一人投标或仅一人满足条件。在由投资者发起的 PPP 项目中，项目的主要兴趣投资者为发起方，项目发起方可能会在政府部门进行招标流程前即已与政府部门进行商谈，或已签署项目合作备忘录，从而可能会使招标流程形式化，存在被质疑违反透明性原则的风险。

（二）项目违约风险

PPP 项目因其特殊性，涉及多方项目主体，且需要签署大量协议，项目运营期限基本为 5—25 年，极易发生项目违约风险，尼日利亚项目违约主要有政府违约、不可抗力致使合同违约、工期延误违约。① （1）政府违约。一方面，政府因换届更迭而发生违约，尼日利亚一届政府任期 4 年，可连任一届。主要政党为全体进步大会党（APC）和人民民主党（PDP），不同政党间的换届可能会导致政策变更或间断，政府可能单方面变更合同或终止合同，致使项目停滞。另一方面，政府迫于资金或者社会公共利益，被迫违约，从而致使投资者风险增大。如在莱基收费公路项目中，在项目初期拉各斯州当地居民便提出强烈抗议和反对，要求拉各斯州政府和投资者另提供一条替代路线。迫于民意压力，拉各斯州政府重新修建了一条替代公路，并对项目进行了回购。（2）不可抗力。尼日利亚的政治安全形势尚不乐观，东北部区域有恐怖分子，东南部区域时有暴力袭击，并不时发生罢工及暴乱事件，PPP 项目在建设和运营过程中，难以避免诸如自然灾害、罢工、暴乱等不可抗力事件，不可抗力事件容易造成工程事故、停工或损害，导致项目建设工期延误、工程成本增加甚至项目终止的严重后果。因不可抗力事件致使合同违约一般在合同中属于免责事由，合同双方均不承担违约责任，各自承担损失，从而使投资者面临违约损失而无处索赔的风险。（3）工期延误风险。PPP 项目中，各方项目主体只有在工程"按时完工、符合预算、满足工程要求"时才能实现预期目标。在尼日利亚，投资人在获得 PPP 项目后，一般会以 EPC的方式将项目交由总承包方进行建设，尼日利亚当地的承包商水平参差不齐，且受雨旱季等气候及其他因素的影响，工期延误情况极为普遍。EPC 施工的工期不仅影响项目投资人能否按预计时间开始回收投入，还影响与政府部门之间的协议是否违约。项目逾期可能会产生向政府给付逾期费，项目成本增加，运行期推延，实际利润减少，对受让方构成违约等后果。因此，工期风险将是 PPP 项目实施中面临的重大风险。（4）PPP 项目中，一般由州政府提供土地并移交给联邦政府，再由联邦政府向项目公司提供项目用地，此时若存在土地使用权取得的不确定性、土地使用

---

① 邢钢：《"一带一路"建设背景下 PPP 项目提前终止法律问题研究》，《法学论坛》2018年第 2 期，第 89—100 页。

权权属不清等法律问题，会很容易导致项目用地不落实，并会阻碍项目的如期展开。在尼日利亚极易发生因征地拆迁引起的第三方索赔纠纷，若未在合同中约定责任归属，则投资者可能会面临大量的索赔纠纷的风险。

（三）合同文本变更的风险

在尼日利亚的 PPP 项目中，政府部门是项目的主要发起方、需求方及审批方，私营部门是项目的投资方及实施主体，两者的核心关注点有所差异。尼日利亚各级政府财政预算有限，资金缺口较大，其更希望由私营投资方承担项目建设与运营的全部费用，而由政府提供土地、政策优惠等方面支持，在 PPP 项目中其主要关注：确保私营投资比政府自行投资建设获得更大的价值（物有所值），尽量减少使用政府自有资金使得项目尽快完成，尽量减少政府的承诺保证及责任，确保项目以符合公共利益的方式运营，总体上尽量将项目风险转移给私营部门。而投资人主要关注：以较少的资金获得长期稳定的利润，尽量不承担不可预测的风险，尽可能多地获得政府的政策支持等。尼日利亚 PPP 招投标采购流程分为标前资格审查和招投标阶段，不同阶段会涉及不同的法律文本。标前阶段主要为资格审查文件，招投标阶段主要涉及投标文件、授标函、特许权协议等。其中特许权协议是重中之重，协议中会详细约定政府（如负责完成用地拆迁）和私营部门（负责建设和运营，并在规定时期进行移交）的责任和义务、特许经营权的范围和期限、违约责任等内容，这些文件构成了 PPP 运作的法律文件体系。在实践中，政府部门有可能会修改或删除招标文件中的通用条件，或增加专用条件，减少己方责任，增加投资者义务，导致分担风险的合同条款不合理，从而将部分风险转移给投资者。

（四）救济途径复杂而漫长

中国企业作为 PPP 项目的投资者，交涉的另一方通常是尼日利亚各政府部门或者地方政府，在交涉过程中不得不处于相对弱势的地位，必然面临争议解决的影响因素多和周期长的突出问题。如果中国企业计划在尼日利亚进行长期投资，顾及与政府的关系，可能会选择通过协商、调解等方式解决与各级政府部门之间的争议。若通过这些方式解决，则可能面临损失无法得到完全补偿和解协议不能得到按期有效执行等问题。

如果中国企业选择在尼日利亚当地法院诉讼解决争议，由于另一方主体为政府部门，则很有可能出现法院作出不公正判决的情形。且尼日利亚审级为三审制，亦无明确的审限限制，当地法官审理案件的随意性较大，一般案件审结需要2—3年，大部分案件拖延至5—6年才能审结。若通过当地诉讼方式解决，则面临纠纷长期得不到解决和不公正判决的问题。若将争议提交至国际仲裁解决，则可能面临案件被驳回管辖、仲裁费用高、耗时长以及胜诉后仲裁裁决无法在尼日利亚得到执行的问题。因此对于中国企业而言，如何在保护自身利益的前提下快速、有效地解决项目中引发的争议，以及如何在获得胜诉仲裁后确保执行能力，在尼日利亚投资 PPP 项目中尤为重要。

三　尼日利亚 PPP 项目法律风险防范建议

在尼日利亚 PPP 项目中，由于跨国家、跨区域，风险变得更加立体复杂。正确识别风险，并通过恰当的途径进行风险防范与规避，推动中国企业"走出去"。

（一）多维度的法律尽职调查

根据 ICRC 颁布的 PPP 项目操作指引，尼日利亚政府建议投资者设立项目公司（SPV），通过项目公司投资、建设、运营以及退出 PPP 项目。在项目初期，进行多维度的法律尽职调查是风险防范必不可少的环节。一是需要研究尼日利亚的政府采购法案，若拟投资项目必须适用政府采购法案，则需要按照法定流程进行公开招标，但也可能存在豁免招标的除外情形。尼日利亚 2007 年颁布的《政府采购法》（Public Procurement Act）规定政府采购应通过公开招标的方式进行，同时也规定了豁免招标的另外两种情形。二是需要研究尼日利亚的 PPP 法案。尼日利亚早在 2005 年就出台了 ICRC 法案，管辖联邦层面的 PPP 项目。中国企业既要高度关注联邦层面 PPP 项目的投资审批程序，也要研究各州制定的 PPP 法案，关注各州的审批流程，确保推进流程合法合规。三是需要高度关注尼日利亚关于投资、建设、运营的法律要求。尼日利亚法律规定在油气领域内的当地股东持股不低于 51%，这一要求可能会影响私营企业在该领域进行 PPP 投资的项目公司的控制权的取得，从而需要在项目初期就筹划好投资架构。四是私营投资者有必要对尼日利亚外商投资、工程建设、公司注册、税收、劳动、外汇、环境等方面进行全面的法律尽职调查，以设计合理的投融资架构。如在尼日利亚注册的公司必须有两名以上的股东，董事人数不低于两人，雇用当地员工的比例不能低于90%等。

（二）完善合同文本安排

在通过法律尽职调查识别尼日利亚 PPP 项目法律风险的基础上，中国企业有效防范项目风险的路径之一是通过合同文件将项目风险分配至风险控制优势方承担。（1）政治风险。主要包括征收、国有化、法律变更等，一般由政府部门承担。中国投资者可以在特许权协议中约定由尼日利亚政府承担政治风险，并承诺非经法定程序或合理补偿，不得对项目公司资产实施强制征收、蚕食征收或国有化，若政府违反承诺，则构成特许权协议项下的实质违约，项目公司有权终止特许权协议并可主张违约责任。同时投资者亦可在特许权协议中约定，在项目开始实施后，如因尼日利亚法律变更，致使项目无法按期获批或项目公司已取得的优惠政策被取消或导致项目公司投资成本出现实质性增加，项目公司有权终止协议并可向尼日利亚政府进行索赔。此外，还可以要求尼日利亚政府提供覆盖项目建设期和运营期的履约保函，约定一旦发生政府违约即可要求承兑保函，弥补损失。（2）建设运营风险。一般由项目公司承担，但中国投资者可以在协议中约定由尼日利亚政府协助完成审批、提供项目用地、负责完成征地拆迁补偿及处理因此产生的一切纠纷等。在特许权协议中尼日利亚政府会要求项目公司提供一定的履约担保，并设定严格的履约条件和违约责任。一方面中国投资者可以在协议中尽量减轻违约责任和降低履约担保金额；另一方面也应争取由当地政府承担部分违约风险，如因无法按期完成征地或获取审批，则项目公司可免除违约责任。除此之外，投资人一般还会与项目承包商签署 EPC 承包合同，投资人可将与政府部门特许权协议中的建设运营风险悉数转移至承包合同中，实现建设运营风险的"背靠背"转移。

（三）选择有利的争议解决路径

PPP 项目投资金额巨大、项目周期长、各方主体权利义务关系复杂，选择有利的争议解决路径，既能增加中国企业的投资信心，也能在项目发生实质违约或无法继续运行时行使有效的救济手段，收回投资权益。根据尼日利亚 ICRC 法案的规定，在 PPP 项目发生争议时，允许私人投资者将 PPP 协议提交至仲裁机构进行裁决，因此在与尼日利亚政府签署的 PPP 协议中，中国企业应避免选择在尼日利亚当地诉讼或仲裁，应优先选择第三方国际仲裁机构。因尼日利亚和中国都是《解决国家和他国国民之间投资争端公约》（又称《华盛顿公约》）的缔约国，争议解决方式可以选择世界银行下设的国际投资争端解决中心（ICSID）仲裁，该机构可裁决另一缔约国私人投资者与缔约东道国之间的投资争议，且缔约国必须根据所签订的缔约协议执行该机构的裁决。同时中国和尼日利亚也都属于《纽约公约》的缔约国，若在第三国仲裁机构获得胜诉裁决，中国企业可直接在尼日利亚申请执行该仲裁裁决，从而使最后救济之权利得以实现。因此，中国企业在尼日利亚进行 PPP 项目投资时也可以选择尼日利亚以外的第三方国际商事仲裁机构，如国际商会国际仲裁院（ICC）、伦敦国际仲裁院（LCIA），从而避免发生获得胜诉裁决却无法执行的情况。[1]此外，尼日利亚属于英联邦成员国，在英国作出的仲裁裁决和法院判决可以依据《1922 年英国和英联邦判决条例》在尼日利亚得到承认和执行。[2] 在满足特定程序要求（包括满足英国裁决登记申请的时限要求）并在查明无禁止登记英国裁决的情况后，如尼日利亚法院在考虑所有情况后认为在本国执行该起在英国作出的仲裁裁决是公正和便利的，有权对英国仲裁裁决进行登记。登记之后，该英国仲裁裁决将与尼日利亚高等法院的判令具有同等效力。因此，中国企业可以优先考虑将仲裁地选在英国，选择在伦敦国际仲裁院进行仲裁并适用其现行之仲裁规则，最大限度地保障胜诉裁决在尼日利亚得到承认和执行。

结　论

PPP 模式已经在全世界范围内广泛应用，涉及的领域非常全面，不仅可以为东道国政府部门缓解融资压力，也可以为中国企业参与国际公共

---

① 孙南申：《"一带一路"背景下对外投资 PPP 项目的风险应对机制》，《法治现代化研究》2018 年第 3 期，第 32—40 页。

② 张晓慧、丘健雄、程丹：《"走出去" PPP 项目中合同群争议解决机制》，《国际工程与劳务》2018 年第 7 期，第 59—61 页。

领域项目提供更多的机会，已经逐步成为越来越多的国家及地区政府部门在基础设施领域内项目建设运营的优先选择模式。然而，PPP 模式在实际运营中周期较长，涉及的法律体系非常复杂，可能面临的法律风险也是不容忽视的。因此，在"一带一路"的大背景下中国企业在进行海外 PPP 项目的建设、运营与管理、监督时，应当在事前对项目所在国的法律进行充分了解和调查，全方面地分析项目所涉及的各种法律风险，并积极、及时地采取相应措施，从而避免给中国企业造成严重的损失。

【责任编辑】李雪冬

非洲研究 2020 年第 1 卷 (总第 16 卷)
第 105 - 118 页
SSAP © , 2020

园区经济模式"走出去":理论与实践

——以埃塞俄比亚东方工业园为例[*]

谢宜泽

【内容提要】 园区经济是改革开放以来中国极具特色的发展模式之一,境外园区建设是对外直接投资的一种重要形式,也是"一带一路"国际产能合作的重要载体。本文在梳理园区经济历史演进、总结园区经济理论内涵的基础之上,以埃塞俄比亚东方工业园为例,分析了境外园区的发展现状与未来前景,指出境外园区仍然存在企业融资难度大、"走出去"散乱无序、投资方与东道国地位不对等等现实问题。最后有针对性地提出加强政府间合作,加强对投资企业的后续扶持;创新招商方式,明晰主导产业与配套产业链;加强金融服务,提供货币互换与投融资方案等促进园区经济模式"走出去"的政策建议。

【关键词】 走出去;一带一路;园区经济;东方工业园;境外经贸合作区

【作者简介】 谢宜泽,博士研究生,清华大学公共管理学院。(北京,100084)

---

* 本文受中宣部全国哲学社科规划办高端智库建设项目 (项目批准号:20155010298) 支持。作者感谢清华大学 "Go Practice" 海外实践项目以及中国土木工程集团埃塞俄比亚有限公司、埃塞俄比亚东方工业园管理委员会、中国华坚集团 (埃塞俄比亚) 有限公司、重庆力帆汽车集团埃塞俄比亚分公司等的调研座谈支持。作者感谢《非洲研究》编辑部约请的匿名审稿专家提出的宝贵修改建议。文责自负。

一 引言

党的十九大报告指出,要以"一带一路"建设为重点,坚持"引进来"和"走出去"并重,遵循共商共建共享原则,加强创新能力开放合作,形成陆海内外联动、东西双向互济的开放格局。自 2013 年习近平主席提出共建"丝绸之路经济带"和"21 世纪海上丝绸之路"倡议以来,中国开放发展打了新局面,短短五年间,就与 100 多个国家和国际组织签署了"一带一路"合作协议,合作范围包括战略对接、经济建设、人文交流、金融支持等多个领域。作为"一带一路"建设的抓手和平台,国际产能合作也在稳步发展,不仅海外工程承包和重点领域对外投资实现了快速增长,境外经贸合作区建设也初具规模。[①] 早在 2006 年,商务部即宣布中国将建立 50 个国家级境外经贸合作区,鼓励企业在境外建立工业园、产业园、科技园等各类经贸合作区,通过外贸转型应对当时日益扩大的贸易摩擦。2013 年,国务院发布的《关于化解产能严重过剩矛盾的指导意见》明确指出,积极拓展对外发展空间,推动设立境外经贸合作区,吸引国内企业入园。截至 2018 年 9 月,中国企业在 46 个国家共建设初具规模的境外经贸合作区 113 家,累计投资 366.3 亿美元,入区企业 4663 家,总产值 1117.1 亿美元,上交东道国税费 30.8 亿美元。[②] 当前,境外经贸合作区已成为国际产能合作的重要载体,成为中国企业抱团出海"走出去"的集聚式平台。

改革开放 40 余年的经济建设实践,中国涌现了许多极具特色的发展模式,归结起来可分为两类:一类是地方经济发展模式,如东莞模式、苏南模式、温州模式等;另一类是园区经济发展模式,如经济特区、经济技术开发区(简称"经开区")、高新技术开发区(简称"高新区")等。二者均以产业发展推动经济结构转型,通过要素集聚产生集群效应、

---

① 根据中国商务部的定义,境外经贸合作区是指在中华人民共和国境内(不含香港、澳门和台湾地区)注册、具有独立法人资格的中资控股企业,通过在境外设立的中资控股的独立法人机构,投资建设的基础设施完备、主导产业明确、公共服务功能健全、具有集聚和辐射效应的产业园区。

② 《中国企业在 40 多个国家建设境外经贸合作区 110 多家——境外经贸合作区为啥"立得住"》,《人民日报》(海外版)2019 年 6 月 18 日。

规模效应、溢出效应, 不同的是, 前者更具独特性和地域性, 后者更具可复制性和可推广性。建立境外园区, 是中国将改革开放 40 余年的成功经验向世界各国尤其是发展中国家介绍、传授和推广的重要示范, 是中国"走出去"战略由商品输出到资本输出再到模式输出的一次重大转变, 也是中国以"一带一路"倡议为契机向全球范围内提供的知识性、包容性、共赢性公共产品。为此, 本文在梳理园区经济历史演进、总结园区经济理论内涵的基础之上, 以代表性的埃塞俄比亚东方工业园为例, 分析境外园区经济的发展现状、存在难点以及相应对策, 为园区经济模式进一步"走出去"提供启示和建议。

二 园区经济的历史演进及其探索实践的全球拓展

(一) 园区经济的历史与现状

园区经济是在一定空间范围内, 通过政策倾斜、要素集聚和资源共享, 实现产业集约化经营的经济发展模式。园区经济肇始于 16 世纪中叶意大利热那亚湾的自由港。第一次工业革命后, 英国建立了全球殖民体系, 为了开拓世界市场, 大力推行自由贸易政策, 在自由港的基础上形成了自由贸易区。截至二战前, 世界共有 26 个国家和地区建立了 75 个自由港或自由贸易区。20 世纪 50 年代初期, 美国提出可在自由贸易区的基础上发展以出口加工为导向的制造业。1958 年, 爱尔兰建立了世界上第一个从事出口加工的自由贸易区, 即香农自由贸易区。但是, 典型的出口加工区主要出现在亚洲, 以"亚洲四小龙"为代表的发展中国家和地区实施出口导向战略, 一度推动出口加工区成为园区经济的主导形态。20 世纪 80 年代, 在信息革命的推动下, 在高校科研院所密集的地区, 陆续形成了知识、技术、资本密集的科技园区, 进一步丰富了园区经济的表现形态。当然, 最早的当属 1951 年美国建立的斯坦福研究公园, 即后来著名的"硅谷"。此外, 还有美国波士顿 128 公路、日本筑波科技城、英国剑桥科技园以及中国台湾地区新竹科技园和北京中关村等。随后, 世界各地还出现了以金融、旅游为主导产业的园区经济, 并出现了经济特区、保税区、边境经济合作区等, 经济园区逐渐走向综合化、多样化。总结而言, 园区经济发轫于欧洲, 现已扩展至全球, 数量由少到多, 规模由小到大, 产业结构从劳动密集型转向资本、知识密集型, 经济内容从商品交换到商品生产再到商品研发，主导功能从自由贸易到工贸结合再到综合发展。

（二）园区经济在东亚与中国

亚洲地区最早的自由港是新加坡，其于 1819 年宣布整个城市执行自由贸易政策。随后，1841 年中国香港也宣布为自由港。但是，那个时期的开放发展带有浓厚的殖民主义色彩。1965 年，中国台湾地区在高雄设立出口加工区，1970 年又扩展至楠梓及台中，为亚洲第一个出口加工区，也是全球第一个成功运营的出口加工区。随后，出口加工区模式受到韩国、菲律宾、马来西亚等国家的纷纷效仿，成为承接欧美与日本产业转移的重要平台。改革开放后，1980 年中国设立了深圳、珠海、汕头、厦门四个经济特区，而后，又设立了经开区、高新区、保税区等经济园区。试点成功后，园区经济模式由东南沿海推广至全国，截至 2018 年底，中国已设立国家级经开区 219 个、国家级高新区 145 个、保税区 98 个、出口加工区 30 个、其他园区（边境经济合作区、国家旅游度假区、台商投资区）41 个。① 30 余年来，经济园区在中国经济发展、产业培育、财政税收、出口创汇、技术进步等方面都取得了举世瞩目的成就。② 经济园区不仅成为区域经济的增长极，更成为中国经济结构转型的助推器，是塑造东亚奇迹、中国奇迹的重要发展模式。

（三）境外园区的探索与实践

中国境外工业园区建设可以追溯至 1999 年，海尔集团在美国南卡罗来纳州建立了海尔工业园。2000 年，福建华侨实业在古巴建立了 6 万多平方米的加工贸易区。2004 年，天津保税区投资公司同样在美国南卡罗来纳州建立了商贸工业园。这一阶段是园区经济模式"走出去"的初步探索期，境外园区建设主要是为服务自身发展需要的企业自发行为，一般规模较小，产业比较单一。2006 年，在中非合作论坛北京峰会上，中国方面提出在非洲建立 3—5 家经贸合作区的设想。同年，商务部将境外经贸合作区建设作为重点工作之一，2015 年还大力推进境外经贸合作区创新工程。自 2006 年中国首个境外经贸合作区（巴基斯坦海尔—鲁巴经

---

① 中国开发区网，http://www.cadz.org.cn/index.php/news/lists/id/84.html.
② 叶江峰、任浩、甄杰：《中国国家级产业园区 30 年发展政策的主题与演变》，《科学学研究》2015 年第 11 期，第 1633—1640 页。

济区）建立以来，截至 2020 年 9 月，通过财政部和商务部确认考核的国家级境外经贸合作区达到 20 个（见表 1），涵盖了亚欧非 14 个国家，其中包括白俄罗斯、埃塞俄比亚、印度尼西亚等"一带一路"重要节点国家，合作领域包括加工制造、资源开发、商贸物流、农垦种植等。除此之外，地方国企和民营企业主导的各类境外园区也有 100 多个，成为本土企业走出去的"孵化器"。这一阶段是园区经济模式"走出去"的蓬勃发展期，境外园区建设以政府为引导、以企业为主体，通过市场化运作，企业行为更加规范、主导产业更加清晰、基础设施更加健全。

表 1   通过财政部和商务部确认考核的境外经贸合作区

序号	境外经贸合作区名称	境内投资企业名称
1	柬埔寨西哈努克港经济特区	江苏太湖柬埔寨国际经济合作区投资有限公司
2	泰国泰中罗勇工业园	华立产业集团有限公司
3	越南龙江工业园	前江投资管理有限责任公司
4	巴基斯坦海尔 - 鲁巴经济区	海尔集团电器产业有限公司
5	赞比亚中国经济贸易合作区	中国有色矿业集团有限公司
6	埃及苏伊士经贸合作区	中非泰达投资股份有限公司
7	尼日利亚莱基自由贸易区	中非莱基投资有限公司
8	俄罗斯乌苏里斯克经贸合作区	康吉国际投资有限公司
9	俄罗斯中俄托木斯克木材工贸合作区	中航林业有限公司
10	埃塞俄比亚东方工业园	江苏永元投资有限公司
11	中俄（滨海边疆）农业产业合作区	黑龙江东宁华信经济贸易有限责任公司
12	俄罗斯龙跃林业经贸合作区	黑龙江省牡丹江龙跃经贸有限公司
13	匈牙利中欧商贸物流园	山东帝豪国际投资有限公司
14	吉尔吉斯斯坦亚洲之星农业产业合作区	河南贵友实业集团有限公司
15	老挝万象赛色塔综合开发区	云南省海外投资有限公司
16	乌兹别克斯坦"鹏盛"工业园	温州市金盛贸易有限公司
17	中匈宝思德经贸合作区	烟台新益投资有限公司
18	中国·印尼经贸合作区	广西农垦集团有限责任公司
19	中国印尼综合产业园区青山园区	上海鼎信投资（集团）有限公司
20	中国·印度尼西亚聚龙农业产业合作区	天津聚龙集团

资料来源：中国商务部网站，http://fec.mofcom.gov.cn/article/jwjmhzq/。

三 园区经济的理论内涵以及对外投资的三种形式

（一）园区经济的首要形态是集聚

由于要素资源的非匀质分布，经济活动存在空间集中的倾向。克鲁格曼曾指出，集中是经济活动最突出的地理特征。集中意味着要素资源的空间集聚，经济活动的集中产生了城市，产业类型的集中则产生了园区。因此，集聚也是园区经济的首要空间表现形态。早期韦伯的工业区位论指出，运费最低原则确定了工业区位的基本分布，劳动力成本最低原则可以使工业分布格局发生第一次偏移，导致生产或销售成本降低的集聚因子可以使工业分布格局发生第二次偏移。韦伯提到的集聚因子就是外部性的一种表现。马歇尔后来也指出，外部性是经济集聚的关键性因素，外部性来自规模化生产、专业性交流和基础设施共享。换言之，园区经济的实质是经济活动的集聚，集聚源自共享正外部性。然而，值得一提的是，经济园区之所以不会无限制扩张，则是因为集聚亦会产生负外部性，比如企业集聚导致的地价、工资和仓储成本上升等，由此产生集聚的反作用力，即扩散效应。集聚效应与扩散效应达成的均衡决定了园区经济的规模与边界。

（二）园区经济是制度创新的产物

园区经济是产业集中的结果，马歇尔提及的外部性导致经济集聚，其实是园区建成后内部企业的互动效应，并不是园区产生的原始动力。园区经济之所以会发生，根本原因还是在于制度，园区经济是制度创新的产物，其中制度创新包括产权激励、行政效率、营商环境等方面的改善。诺斯认为，经济增长的关键在于制度因素，技术进步、资本积累、专业分工等则是经济增长本身。园区经济本身就是一种制度安排，制度创新是园区经济可持续发展的基本保证。① 中国的经济园区是政府创造的政策洼地，以土地、税收等政策优惠吸引企业入园，营造相对独立的制度环境，以稳定收入预期、降低交易成本和减少

---

① 向世聪：《论园区经济的制度安排》，《湖南社会科学》2006 年第 3 期，第 101—105 页。

不确定性。以园兴城、以经济园区带动城市发展、以短期局部的不平衡发展实现长期整体的平衡发展。所以，园区经济的产生与发展，是先有制度创新，后有集群效应、规模效应和外溢效应。政企之间激励约束机制的制度创新产生了园区经济，企业之间竞争合作机制的市场运作推动了园区经济，园区与城市之间的孵化反哺关系共同推动了二者的良性发展。

（三）境外园区是对外投资的形式之一

开放与合作是园区经济的应有之义，园区经济模式的海外延伸形成了境外园区。在国际分工背景下，境外园区建设不仅可以实现投资国产业的全球布局，也可以带领东道国融入全球生产网络。英国经济学家约翰·邓宁的国际生产折中理论指出，只有当一国企业同时具备所有权优势、内部化优势和区位优势，才有可能对外直接投资。简言之，所有权优势就是人无我有或人有我优的垄断优势，可以表现为技术、管理、规模、资金等方面的独占优势；内部化优势就是降低交易成本的能力，是一国企业能否将其所有权优势加以内部利用转化为现实生产力的能力。所有权优势和内部化优势是一国企业海外投资的基本前提，而东道国是否具备区位优势则决定了一国企业是选择出口贸易还是对外投资的关键性因素。[①] 根据国际生产折中理论，结合投资国企业优势与东道国基本特征，大体可以将对外直接投资分为三种形式。

第一种形式是投资设厂，主要是投资国企业所有权优势与东道国区位优势的结合。在二战后至冷战结束的早期国际投资中，跨国公司投资建厂是对外直接投资最普遍的方式，主要是充分利用投资国在技术、规模方面的所有权绝对优势和东道国已有的区位优势，因此，这一时期的对外投资也主要发生在发达国家之间，美国、日本、西欧交叉投资形成了资本流动的"大三角"。

第二种形式是兼并收购，主要是投资国企业内部化优势与东道国区位优势的结合。冷战结束后至21世纪初期，对外直接投资的目标并不是转移优势生产能力，而是通过兼并收购的方式弥补产业链的缺失环节，

---

① John H. Dunning, "Explaining the International Direct Investment Position of Countries : Towards a Dynamic or Developmental," *Review of World Economics*, Vol. 117, No. 1, 1981, pp. 33 – 64.

充分利用内部化优势锁定产业链上游的研发、设计、品牌和下游的物流、销售、售后服务，进行资源整合，降低交易成本，避免外部市场失效问题。截至目前，投资设厂和兼并收购依然是欧美发达国家跨国公司对外投资的主要方式。

第三种形式是境外园区，主要是投资国企业所有权优势、内部化优势与主动创造东道国区位优势的结合。21世纪以来，境外园区建设成为国际投资领域的新动向，经济园区演化扩散形成全球发展浪潮。其主要原因在于伴随经济全球化的迅猛发展，国际产业转移呈现出梯度转移向平行转移转变、单项目投资向组团式搬迁拓展的新趋势。① 以中国、新加坡为代表的发展中国家利用所有权的相对优势和先发优势，通过建设海外园区挖掘和塑造东道国的区位优势，弥补广大亚非拉发展中国家在电力、交通等基础设施方面的短板，然后因地制宜地招商引资。此外，随着中国企业逐渐从全球价值链的参与者转向主导者，转移生产能力更将成为对外直接投资的主要动机。② 因此，先期建设境外园区，以此推动绿地投资，是投资对象逐渐转向亚非拉国家之后的对外投资重要形式，也是中国等新兴市场国家向世界提供的不同于欧美发达国家传统对外投资方式的重要方案。

四　东方工业园海外实践及对境外园区的发展启示

（一）东方工业园的简要介绍

东方工业园兴建于2008年，位于埃塞俄比亚首都亚的斯亚贝巴近郊的杜卡姆市，由江苏永元投资有限公司投资建设和运营。它于2007年正式中标中国商务部境外经贸合作区，并于2015年通过商务部和财政部确认考核，是当前境外经贸合作区中发展较为成熟的园区之一，也是目前中国在非洲仅有的4家国家级境外经贸合作区之一，以及中国在埃塞俄比亚的唯一一家国家级境外经贸合作区。此外，东方工业园作为埃塞俄

---

① 张述存、顾春太：《"一带一路"倡议背景下中德产业合作——以山东省为分析重点》，《中国社会科学》2018年第8期，第44—57页。

② 冯维江、姚枝仲、冯兆一：《开发区"走出去"：中国埃及苏伊士经贸合作区的实践》，《国际经济评论》2012年第2期，第153—170页。

比亚"持续性发展及脱贫计划"（Sustainable Development and Poverty Reduction Programme，SDPRP）的一部分，已被列为埃塞俄比亚工业发展计划的优先项目，属于埃塞俄比亚工业经济发展的重大示范项目。园区协议规划总面积 5 平方公里，现已完成一期开发 2.33 平方公里，入驻企业 80 余家，其中来自荷兰、印度等国的外企 8 家，行业涵盖制鞋、日化用品、纺织服装、水泥生产、钢材轧制、食品制药等。① 截止到 2016 年 7 月，东方工业园实现企业总产值 5.5 亿美元，上交东道国税费总额 4100 万美元，解决当地就业 8000 余人。

（二）园区经济模式"走出去"的主要问题

对比改革开放前后，中国企业"走出去"出现了重大转向，由原来的单产业链输出转向全产业链输出，由原来的单个企业"走出去"转向抱团"走出去"。② 东方工业园就是抱团"走出去"的典型案例，它不仅减少了企业赴非投资的心理畏惧，降低了因政治制度、社会文化等方面差异造成的不确定性，还提高了中国企业尤其是中小型民营企业抵御海外风险的能力，在绕开贸易壁垒、转移过剩产能、多渠道利用外汇储备等方面发挥了巨大作用。进一步地，考虑到亚的斯亚贝巴是非洲联盟总部所在地，是非洲的政治首都和外交首都，东方工业园的经营模式不仅在埃塞俄比亚具有示范效应，甚至在整个非洲大陆都有极强的外溢效应。但是，为了推动境外园区的可持续发展，以东方工业园为代表的园区经济模式"走出去"当前还存在不少亟待解决的问题。

一是政企地位落差，东道国重视不足。与国内政府主导园区建设不同，境外经贸合作区遵循市场化原则，企业起主导作用。因此，境外经贸合作区在筹建之初，投资国与东道国政府都积极发挥推动作用，建成之后则主要依靠企业协调沟通，投资国政府介入较少。③ 然而，在与东道国政府交涉时，特别是政府间议题，作为园区开发商的民营企业与之形

① 代表性企业有东方水泥股份公司、东方钢铁有限公司、野马汽车制造有限公司、扬帆汽车有限公司、华坚国际鞋城、玉龙科技建材有限公司、ETG 食品加工有限公司（印度外商独资）等。

② 谢宜泽：《中国工程"走出去"：从坦赞铁路到亚吉模式》，《非洲研究》2018 年第 2 卷，第 80—93 页。

③ 刘英奎、敦志刚：《中国境外经贸合作区的发展特点、问题与对策》，《区域经济评论》2017 年第 3 期，第 96—101 页。

成地位落差，意见往往无法得到重视，所遇困难也没有及时反映渠道。以东方工业园为例，推动埃塞俄比亚《工业园法》细则出台、园区二期建设的土地许可以及税收返还政策优惠等问题，园区管委会曾通过多种渠道向埃塞俄比亚联邦政府反映，但仍然没有得到它们的足够重视和及时答复，由此增加了企业之间的交易成本和制度摩擦，延缓了园区建设和扩张的进度。

二是招商引资困境，量与质难以兼顾。在园区建设前期，东道国政府通常处于观望状态，心存疑虑，不会轻易接受园区经济模式，因而也无法形成中国改革开放之初举全政府之力招商引资的局面。比如，埃塞俄比亚工业部最初曾承诺园区内企业比园区外企业多享受两年税收优惠，但是这一优惠政策迟迟未能有效履行，这在一定程度上损害了园区的招商信誉。同时，由于发展中国家之间在吸引外资的产业选择上具有很强的同质性，因而园区开发商初期招商往往困难重重，无法满足量的需求，也就无法充分发挥园区的集群效应和规模效应，而招商到了一定阶段，则由于原先所招企业过于庞杂规模太小，无法形成配套齐全、前后呼应的产业链，无法充分发挥联动效应和外溢效应，引发招商引资中质的问题，形成阶段性量与质之间的矛盾。

三是利润转移困难，境外融资难度大。在外汇储备不足的广大发展中国家，通常存在严格限制外汇流出的资本账户管制，因而造成企业利润转移至国内极其困难。比如在埃塞俄比亚，无论个人抑或企业，如果其美元账户一个月内未曾产生交易记录，将会自动把账户中的美元转换成当地货币比尔。近些年比尔贬值和通货膨胀严重，中国企业为了减少损失，通常以黑市交易、利润再投资或者虚报进口品价格的方式实现保值，然而上述做法毕竟不正规，另外也存在一定的成本和风险，终究无法解决利润转移的根本问题。除此之外，在金融服务领域，东方工业园也遭遇境外融资困境。东方工业园一期投资 2.5 亿美元，总资产超过 30 亿元人民币，但是由于企业资产远在境外，因此，无法通过资产抵押的方式解决园区建设后续资金短缺的问题。

四是园区内外迥异，区外设施不配套。中国园区开发商一般负责园区内部的基础设施建设，而园区外的交通、物流、绿化以及劳动力培训等则由当地政府负责。然而，现实中一些投资东道国的政策执行效率和政府履约意识较差，通常很难建立相配套的园区外基础设施。比如埃塞俄比亚曾以合作备忘录的形式向江苏永元投资有限公司承诺负担 30% 的基础设施建设费用，但始终未能兑现；除此之外，埃塞俄比亚方面以法律形式限制更高效、更低廉的外资物流业进入该国，也导致园区内企业物流成本居高不下而且运送时间得不到保证。由于整体基础设施水平无法短时期内得以提升，故而员工培训、货物代理网络、连接主干道的辅路建设等费用均由投资企业被迫承担，这无疑增大了投资方的额外负担。

五是园区过度竞争，"走出去"散乱无序。2012 年之后境外园区建设进入了快速发展期，当前境外经贸合作园区不仅有国家级也有地方省市级，在"一带一路"倡议和国际产能合作的大潮中，确实出现了无序、散乱、盲目建设，一哄而上和各自为政的局面。目前埃塞俄比亚正在实施增长与转型第二个五年计划，着力推进十四个工业园建设，其中绝大多数由中国企业负责承建和后期运营，比如中土集团承建并运营的孔博查工业园、阿达玛工业园、德雷达瓦工业园等。因而在园区政策和招商引资中极易造成中国企业内部的过度竞争以及逐底竞争，最终损害中国企业的整体利益。

（三）园区经济模式"走出去"的对策建议

为了更好地促进中国园区经济模式"走出去"，推动"一带一路"建设，针对埃塞俄比亚东方工业园在建设和运营过程中所遇到的上述困境，本文提出以下对策建议。

一是宣传中国经验，分享园区模式与共赢式发展。园区经济经过三十余年的发展，已然成为中国经济发展的火车头和对外开放的顶梁柱，是中国极具特色的发展模式之一，部分经验具有可复制性和可推广性。但是，对于毫无经济园区建设经验的国家而言，短时间内接受完全陌生的园区模式存在一定的难度。因此，中国政府应当主动分享园区发展经验，组织东道国政府官员参观走访实地感受中国工业园区，详细阐释园区建设短期投资与长期收益之间的关系，从思想认知上打消东道国的观望心态和前景疑虑，引导东道国主动适应开放型的竞争环境，主动完善本国税收、海关、土地租赁以及劳动雇佣等方面的法律法规。除此之外，中国政府还应当倡导合作共赢的发展模式，主动与东道国分享发展成果，树立中国企业合作共赢的良好形象，与东道国形成休戚与共的命运共同体。改变亚非拉国家对中国投资商的传统偏见，主动回击某些西方国家媒体对中国企业赴非投资的歪曲报道，加深东道国对中国发展模式的政治认同，让东道国从战略层面高度重视和推动中国境外经贸合作区建设。

　　二是加强政府合作，加强对投资企业的后续扶持。已有研究指出，母国国家特定优势也是本国企业参与国际竞争的优势之源。[①] 此外，新加坡境外园区建设一般也都是政府部门和政联公司充当先锋，[②] 并在工贸部下组建了裕廊集团和胜科集团等高水平专业化的园区开发公司。因此，中国可以借鉴新加坡等国的成功经验，加强政府间合作，从战略层面规范和保护经济园区"走出去"，在操作层面如有条件可以尝试组建两国园区协调委员会，负责具体实施两国合作协议，降低国别制度差异导致的交易成本以及因东道国局势动荡导致的不可控风险，切实保护中国企业的海外利益。其中，由两国元首倡议、两国政府推动的中白（中国与白俄罗斯）工业园就属此类标杆，目前该工业园形成了中白政府间协调委员会、中白工业园管委会、中白合资公司分工明确三级管理的层级架构。对于那些没有条件或者不适合组建政府间协调委员会的境外园区，为了维护中国企业的正当权益，国家也有责任在保护合法产权、争取税收优惠等方面对它们给予支持，协助建立和完善园区投资方与东道国政府之间权威性、规范化、常态化的沟通协商机制。

　　三是创新招商方式，明晰主导产业与配套产业链。明确面向全球招商的发展理念，将境外园区打造成为与第三方合作共建"一带一路"的重要平台，尝试股权招商、定向招商、产业链招商等策略，在园区形成"龙头企业 + 配套企业"的产业生态。结合东道国资源禀赋特点和长远发展规划，因地制宜明晰主导产业，整合全球优质资源，延伸前后产业链，适时推动境外园区产业和功能的全面升级。比如在埃塞俄比亚，可以充分利用其劳动力价格优势以及进入欧美和非洲市场的政策优惠，积极发展出口导向型、建材加工型、机械组装型产业园，引进"两头在外"或者"一头在外"企业，就是采取进口原材料出口制成品或在当地购买原材料出口制成品的模式，由此既可以节约成本控制外汇风险又可以促进当地经济发展，通过带动当地居民就业增加当地居民收入形成园区与东道国发展的双向合力与良性循环。

　　四是加强园区协作，避免恶性竞争与合理化布局。目前中国对外投资正处于初始发展与转型升级交汇重叠的发展时期，地方投资和非国有

---

① 裴长洪、郑文：《国家特定优势：国际投资理论的补充解释》，《经济研究》2011 年第 11 期，第 21—35 页。

② 关利欣、张蕙、洪俊杰：《新加坡海外工业园区建设经验对我国的启示》，《国际贸易》2012 年第 10 期，第 40—44 页。

企业正在逐步取代中央投资和国有企业成为新的对外投资主体。① 为了有效避免中央企业与地方企业以及地方企业之间的低水平重复建设与恶性竞争，国家必须规范境外园区建设秩序，提前进行境外园区的战略布局并有效引导其产业规划，建立健全东道国市场资源信息数据库以供企业查询，定期发布以境外经贸园区为核心内容的白皮书，② 不断整合和优化已有海外投资项目，适时进行境外园区投资风险预警。作为微观主体的企业，在对外投资之前，也要考虑充分利用已有投资项目和已开发的境外园区，避免造成产能过剩、低效投资和重复投资。同时，境外园区应当加强与国内园区如北京中关村、张江高新区、昆山开发区等管委会的交流合作，境外园区管委会之间也应当加强经验交流和信息沟通，主动尝试和创新跨国园区的友好合作，探讨建立开放包容性园区发展模式，③ 各取所需地联系与主导产业相关的兄弟园区，共同建设园中园或者友好园区，形成跨园区的产品链、产业链、价值链互利合作。

五是塑造企业文化，创新激励机制与属地化管理。园区经济模式"走出去"最突出的挑战在于水土不服，为此，境外园区企业在自觉遵守合作国家和地区的相关法律法规以及国际公约、联合国决议的同时，应当格外注重结合东道国风俗习惯进行文化建设，营造员工之间积极向上、团结协作的劳动关系。除此之外，还需注重管理理念和社会服务的本土化特点，主动淡化国别种族差异，积极施行制度化、属地化管理，公平公正地提拔当地员工进入管理层，充分发挥当地员工在处理企业公关、员工管理和劳动纠纷等事务方面的特殊作用。面对当地员工普遍存在的怠工罢工现象，应当尝试采取梯度化薪酬激励机制，通过奖惩制度奖勤罚懒引导员工行为而非直接对抗强行改变，以此提高生产效率和降低运营成本。

六是加强金融服务，提供货币互换与投融资方案。为了确保中国境外企业利润转移和安全撤出，银行、保险、基金等金融机构应当提供配套服务，疏通境内外企业之间的资金流通渠道，完善多层次境内资本市

---

① 谢宜泽：《中国对外直接投资的空间集聚与收敛性分析》，《经济体制改革》2017 年第 3 期，第 68—74 页。

② 张金杰：《中国境外经贸园区发展面临的机遇、挑战与经验总结》，《经济纵横》2018 年第 7 期，第 52—58 页。

③ 叶尔肯·吾扎提、张薇、刘志高：《我国在"一带一路"沿线海外园区建设模式研究》，《中国科学院院刊》2017 年第 4 期，第 355—362 页。

场融资体系。同时，由于园区建设回报周期长、资金回笼慢、主要资产不在境内，国内金融行业可以提供相应的投融资方案或境外园区特殊保险服务，并允许境外园区投资主体通过项目融资、订单抵押或设备租赁盘活园区资产存量，降低融资成本打破资本瓶颈提高资金流动性。当然，中国企业也应当充分利用国家开发银行、中国进出口银行等传统政策性金融机构和亚投行、丝路基金、中非产能合作基金等新兴融资渠道，积极主动引进战略性投资者参与境外园区建设。为了解决东道国美元外汇储备不足问题，中国人民银行可与对方央行签订双边货币互换协议，加快人民币国际化进程，逐步推进人民币成为国际贸易和投资普遍认可的计价、结算甚至储备货币。

【责任编辑】张巧文

非洲研究　2020 年第 1 卷（总第 16 卷）
第 119－133 页
SSAP © , 2020

非洲商法统一组织的发展评述及其对
中国在非投资的启示[*]

贾斯汀·蒙塞内普沃　张正怡

【内容提要】 非洲商法统一组织对于非洲区域一体化、促进区域投资和改善成员国经济发挥了重要的作用。非洲商法统一组织以其独特的制度框架进行运作，其国家元首和政府首脑会议、部长理事会、常设秘书处、司法和仲裁共同院等机构对统一非洲商法发挥了重要的作用。此外，非洲商法统一组织还制定了以《OHADA 条约》为代表的大量统一的法案和条例，为包括中国在内的全球各国在非洲进行投资等商业活动提供了有益的制度保障和参考依据。非洲商法统一组织机制和立法的发展，为中国在非洲地区的投资提供了有益的启示。在"一带一路"倡议和非洲大陆自由贸易区背景下，中国在非投资应进一步加强同非洲商法统一组织的合作，充分发挥其立法征询、争端解决等开放功能，充分运用其规则体系保障中国对非洲投资的权益。

【关键词】 非洲商法统一组织；一体化；商法；投资；自由贸易区

【作者简介】 贾斯汀·蒙塞内普沃，法学博士，南非约翰内斯堡大学研究员，上海政法学院 2019 年度上合培训基地驻访学者，研究方向：仲裁法、商法；张正怡，法学博士，上海政法学院副教授，研究方向：国际私法、国际经济法。

---

* 感谢编辑部及审稿专家为本文修订完善提出的建设性指导意见。文责作者自负。

一　历史视角下的非洲商法统一组织

非洲商法统一组织（法文 Organisation pour l'Harmonisation en Afrique du Droit des Affaires，英文 Organisation for the Harmonisation of Business Law in Africa，简称 OHADA）的起源可追溯至 1991 年。[①] 法郎区[②]财政部部长在瓦加杜古评估项目的可行性，希望通过在非洲统一商法来吸引外国投资者。[③] 当时存在的情形之一是司法和法律上的不确定性，导致对非洲法律和司法缺乏可预测性，对投资较为不利。1991 年 10 月，法郎区财政部部长在巴黎举行会议，会议期间设立了一个高级别特派团[④]以评估在非洲建立统一的商法制度的可行性。

1992 年 3 月至 9 月，高级别特派团成员前往法郎区内的国家，从政府官员以及法律和商业从业人员处收集建议，认为非洲部分国家被殖民

[①] 非洲商法统一条约于 1993 年 10 月 17 日签订与路易斯港，http://www.ohada.com/traite/10/treaty-on-the-harmonisation-of-business-law-in-africa.html，访问日期：2019 年 4 月 14 日。OHADA 条约于 2008 年 10 月 17 日在魁北克修订，http://www.ohada.com/traite/937/treaty-on-the-harmonization-in-africa-of-business-law-signed-in-port-louis-on-17-october-1993-as-revised-in-quebec-on-17-october-2008.html，访问日期：2019 年 4 月 14 日。请注意 OHADA 有时在英文学术出版中被称为 "OHBLA"，参见 Kenfack Douajni《OHBLA 仲裁》，《国际仲裁》2000 年第 17（1）卷，第 127 页；Franco Ferrari：《公路运输货物合同统一法案 Ohbla 草案》，2001 年《国际商法》，第 898 页；Thierry Lauriol《对 OHBLA 成员国矿物所有权创设安全利益的法律问题》，2001 年《能源和资源法》，第 19 卷，第 207 页；Franco Ferrari：《国际销售法：有关商法的 OHBLA 统一法案和 1980 年维也纳销售公约》，2001 年《国际商法》，第 599 页，这些论文使用的是 "OHADA" 缩写。

[②] "非洲金融共同体法郎区"由撒哈拉以南非洲的 14 个国家组成，每个国家都属于两个货币联盟之一。一方面，贝宁、布基纳法索、科特迪瓦、几内亚比绍、马里、尼日尔、塞内加尔和多哥是西非经济和货币联盟（以下简称 "WAEMU"）的成员，该联盟是在 1973 年成立的西非货币联盟的基础上于 1994 年成立的。另一方面，喀麦隆、中非共和国、乍得、刚果共和国、赤道几内亚和加蓬属于中非经济货币联盟（以下简称 "CAEMC"）。WAEMU 和使用同一种货币，即非洲金融共同体法郎，CAEMC 内称为 "中非金融合作"，WAEMU 内称为 "非洲金融共同体"。除几内亚比绍（曾被葡萄牙殖民）和赤道几内亚（曾被西班牙殖民）外，上述所有国家均为法国前殖民地。

[③] Martin Kirsch, "Historique de l'Organisation pour l'harmonisation du droit des affaires en Afrique," Penant, Vol. 827, No. 1, January 1998, pp. 129 – 130.

[④] 高级别特派团由七名成员组成，由塞内加尔最高法院前院长、国际法院前副院长和塞内加尔宪法法院前院长 Keba M' Baye 担任主席。

遗留下来的规则已经不再适应非洲国家的经济结构，不利于企业的建立和发展。① 此外，这些国家在商法方面的守则、条例、规则和国际文件存在的巨大差异对当地和外国投资构成了较大的障碍。鉴于上述情况，高级特派团认为有必要建立一个权威机构，发展采用新规则并在法院予以适用，建立培训法官和其他法律官员的中心，设立一个精简的行政机构协调运作。② 高级别特派团在 1992 年 9 月 17 日非洲金融共同体法郎区财政部长会议期间提交了一份关于统一项目的可行性报告。为了执行该统一项目，会议成立了理事会，根据其职权范围，评估统一下列各方面的可能优势：公司法、商法、交通法、破产法、证券法、执法程序、竞争法、仲裁法和劳动法。之后，理事会对法郎区内所有国家的立法情况作了全面梳理，并设立了专家委员会，以确定统一法案律文本的有效构成。1993 年 7 月 7—8 日，法郎区的司法部部长在利伯维尔举行会议，审查和改进《非洲商法统一组织条约》（以下称为《OHADA 条约》）的初稿。《OHADA 条约》初稿除序言外，还包括关于统一法案的一般规定以及关于统一法案解释和执行的诉讼、仲裁和组织机构的规定。

　　1993 年 9 月 21 日和 22 日，法郎区司法和财政部部长在阿比让举行会议，通过了该条约的最终版本。1993 年 10 月 17 日，贝宁、布基纳法索、喀麦隆、中非共和国、乍得、科摩罗、刚果、科特迪瓦、赤道几内亚、加蓬、马里、尼日尔、塞内加尔和多哥③等 14 个非洲国家在毛里求斯路易斯港签署了《OHADA 条约》。④ 根据《OHADA 条约》第 52 条，这些国家必须根据其宪法规定批准《OHADA 条约》。⑤ 1995 年 9 月 18 日，

---

① Peter Winship, "Law and Development in West and Central Africa (OHADA)," *SMU Dedman School of Law Legal Studies Research Paper*, Vol, 22, No. 1, 2016, p. 3.

② Boris Martor et al., *Business Law in Africa: OHADA and the Harmonisation Process*, London: Eversheds, 2002, pp. 4 – 5.

③ 所有这些国家使用法语，除了喀麦隆（双语：英语和法语）、赤道几内亚（双语：西班牙语和法语）和几内亚比绍（官方语言为葡萄牙语）。

④ 1993 年 10 月 17 日在路易斯港签署的《非洲商法协调条约》，http://www.ohada.com/traite/10/treaty-on-the-harmonisation-of-business-law-in-africa.html，2019 年 4 月 14 日。OHADA 条约于 2008 年 10 月 17 日在魁北克修订，http://www.ohada.com/traite/937/treaty-on-the-harmonization-in-africa-of-business-law-signed-in-port-louis-on-17-october-1993-as-revised-in-quebec-on-17-october-2008.html，2019 年 4 月 14 日。

⑤ 例如，科特迪瓦通过 1995 年 9 月 7 日第 n°95 – 674 号法令和 1997 年 12 月 9 日第 J. O. R. C. I. n°52 号法令批准了《OHADA 条约》。几内亚科纳克里通过 2000 年 5 月 5 日第 n°2000 – 8 号法案批准了《OHADA 条约》。

在尼日尔于 1995 年 6 月 5 日交存第七份批准书（《OHADA 条约》第 52 条）后，《OHADA 条约》生效。随后，几内亚比绍、几内亚和刚果民主共和国加入了该组织，使成员国总数达到 17 个。[①]

2008 年 10 月 17 日，成员方在魁北克修订了《OHADA 条约》。条约的主要创新点是：（1）设立一个新的机构，即国家和政府首脑会议，其作用将是"就与条约有关的任何问题"作出决定；（2）除法语外，OHADA 还有三种新的工作语言：英语、西班牙语和葡萄牙语；（3）司法和仲裁共同院成员由 7 名增加到 9 名。

二　非洲商法统一组织的宗旨及运行制度

随着 OHADA 的成立，各缔约国[②]计划在通往统一非洲商法的道路上取得新的进展。OHADA 的成立旨在促进区域一体化，这被认为是非洲经济发展的一个重要因素。[③] 此外，为了恢复外国投资者的信心、促进各国之间的贸易、在非洲发展一个充满活力的私营部门，有必要协调商法和改进各成员国的司法制度。[④] 为此，OHADA 的目标是通过简单、现代和有吸引力的商业法规促进当地和更重要的外国投资。

OHADA 有五个机构：（1）国家元首和政府首脑会议；[⑤]（2）部长理

[①] 截至 2018 年 10 月，17 个成员国批准《OHADA 条约》的时间顺序如下：（1）塞内加尔，1994 年 6 月 14 日；（2）中非共和国，1995 年 1 月 13 日；（3）马里，1995 年 3 月 23 日；（4）科摩罗，1995 年 4 月 10 日；（5）布基纳法索，1995 年 4 月 16 日；（6）尼日尔，1995 年 7 月 18 日；（7）几内亚比绍，1995 年 9 月 6 日；（8）多哥，1995 年 11 月 20 日；（9）科特迪瓦，1995 年 12 月 13 日；（10）贝宁，1996 年 4 月 30 日；（11）乍得，1996 年 5 月 3 日；（12）喀麦隆，1996 年 10 月 4 日；（13）加蓬，1998 年 2 月 2 日；（14）刚果共和国，1999 年 5 月 28 日；（15）赤道几内亚，1999 年 6 月 15 日；（16）几内亚科纳克里，2000 年 5 月 5 日；（17）刚果民主共和国，2012 年 6 月 27 日。

[②] "缔约国"是指 1993 年最初设立 OHADA 的 14 个国家，被列在《OHADA 条约》序言部分。

[③] 《OHADA 条约》序言部分强调，OHADA 旨在成为"逐步实现法郎区各国经济一体化的一项重要资产"。但是，可以从《OHADA 条约》第 53（1）条的规定推断，OHADA 向非洲联盟成员开放。

[④] Joseph Issa-Sayegh and Jacqueline Lohoues-Oble, *Harmonisation du droit des affaires*, 2002 Brussel：Bruylant, 204.

[⑤] 《OHADA 条约》第 27（1）条。

事会;① （3） 永久秘书处;② （4） 司法和仲裁共同院 （以下简称 CCJA）;③
以及 （5） 地区高等司法学校 （以下简称 ERSUMA）。④

（一） 国家元首和政府首脑会议

国家元首和政府首脑会议是 2008 年修订的《OHADA 条约》增加的
一个机构，由成员国的国家元首和政府首脑组成，由担任部长理事会主
席的国家元首或政府首脑担任主席。⑤ 国家元首和政府首脑会议对
《OHADA 条约》的所有事项具有管辖权。国家元首和政府首脑会议的决
定是协商一致作出的。但是，如果不能达成协商一致意见，则由出席会
议的绝对多数国家作出决定。

（二） 部长理事会

部长理事会由成员国司法部长和财政部部长组成，组成的理由如下：
首先，商法的统一包括法律和经济两个方面，制定统一的商法规则必须
考虑到各成员国的经济结构。一方面，财政部部长和司法部部长一起参
与拟订统一的行动管理 OHADA，确保这些规则将适用于各成员国的商业
惯例和经济现实。另一方面，司法部部长们参加部长理事会，保证了统
一法案的制定适用于各成员国的法律准则和原则。因此，在部长理事会
中有每个成员国的财政部部长和司法部部长，表明各成员国承诺使 OHA-
DA 运行有效。其次，从历史的角度来看，必须强调非洲商法协调项目是
法郎区财政和司法部部长的一项倡议。再次，非洲许多区域组织没有足
够的资金，原因是其成员国没有或拖延缴纳会费。由于财政部部长一般
在其政府内负责向国际组织提供资金和捐款，将他们列入 OHADA 部长理
事会可能有助于确保成员国支付财政捐款。

（三） 常设秘书处

常设秘书处的总部设在喀麦隆雅温得，是 OHADA 的执行机构，由部

---

① 《OHADA 条约》第 27 （2）—30 条。

② 《OHADA 条约》第 40 条。

③ 《OHADA 条约》第 14—26、31—32 条。1996 年 4 月 18 日《共同法院程序和仲裁规
则》。OHADA 1997 年 11 月 1 日，第 4 号。1996 年 4 月 18 日修订和补充共同司法和仲裁
院的程序规则第 001/2014 号。

④ 参见《OHADA 条约》第 41 条。

⑤ 参见《OHADA 条约》第 27 （2） 条。

长理事会任命的一名常任干事领导，任期四年，可连任一次。根据《OHADA 条约》第 40 条，常任干事代表 OHADA 并协助部长理事会，主要负责评估有必要统一商法的领域，并向部长会议提出年度协调计划。《OHADA 条约》第 2 条所列的所有需要协调的领域并不是详尽无遗的，可以根据条约的宗旨一致决定包括任何其他领域。例如，部长理事会在 2001 年 3 月 23 日①的决定中一致决定将若干其他领域列入《OHADA 条约》第 2 条的清单。② 在这方面，常设秘书处可建议将某些法律领域纳入 OHADA 协调方案。

此外，常任干事在拟订统一法案的过程中发挥着重要的作用。根据《OHADA 条约》第 6 条，常任干事同各缔约国的政府协商，监督统一法案的拟订工作，还负责将统一法案草案分发给各成员国政府，各成员国政府从收到该草案之日起有 90 天的时间向常设秘书处提出书面意见。根据情况和将通过的案文的性质，常任秘书可酌情将《OHADA 条约》第 7 条第 1 款规定的 90 天期限延长到《OHADA 条约》第 7（2）条规定的同等期限。在该期间届满时，常任干事起草一份报告，连同统一法案草案和各成员国向中央联合行政委员会提出的意见一并提交。联合咨询委员会自收到咨询意见请求之日起 60 天内提供咨询意见。

（四）司法和仲裁共同院（CCJA）

CCJA 由九名法官组成。③ 但是，考虑到 OHADA 的任务，部长理事会可以决定设立更多的法官。根据《OHADA 条约》第 31（3）条，CCJA 法官的任期为七年，不得连任。他们由部长理事会从成员国④国民中选出，并且必须：（1）具有十五年以上专业经验，符合国家高级司法职务任职条件的地方法官；（2）具有至少一个成员国律师资格，并具有至少十五年专业经验的律师；或者（3）具有十五年以上学术经验的法学教授。⑤

CCJA 成员选举主席一名、副主席两名，任期三年零六个月。但是，

---

① 有关协调非洲商法项目的决定第 002/2001/CM 号。
② 这些领域是银行法、知识产权法、公司法、竞争法、合同法和证据法。
③ 参见《OHADA 条约》第 31（1）条；第 001/2014/Cm/修订补充 1996 年 4 月 18 日共同司法和仲裁院程序的规则第 1 条。
④ 根据《OHADA 条约》第 31（6）条，CCJA 不可以包括超过一位成员国的国民。
⑤ 《OHADA 条约》第 31（5）条规定 CCJA 1/3 的成员必须是律师和法律职业者。

这段时间不得超过有关人士作为成员的固定期限。① CCJA 全额设置，但是可以组成由三名或五名法官组成的分庭，由法院院长或副院长之一担任院长。② 法院进行全体会议时，组成分庭的法官人数可以定为七人。③

（五）地区高等司法学校（ERSUMA）

ERSUMA 是关于 OHADA 的培训和文件中心，由董事会、校董会和理事会组成。它由一名总干事领导，由部长理事会任命，任期四年，可连任一次。ERSUMA 的所在地位于贝宁波托诺优 ["Porto-Novo（Benin）]。

三　非洲商法统一组织的规范体系

为了统一非洲的商法，OHADA 通过了统一的法案和条例。

（一）统一法案

OHADA 旨在通过制定和采用单一、现代和共同的规则，统一各成员国的商法。《OHADA 条约》第 5 条规定，为通过《OHADA 条约》第 1 条所述规则而制定的法案称为"统一法案"。统一法案是 OHADA 的主要文件，是统一规范特定的商法领域的法律规定，直接适用于 OHADA 成员国，并优于所有国家的相反规定。

《OHADA 条约》第 2 条规定："为执行本条约，有关公司法、从事贸易的法人的定义和分类、信用、恢复债务、法律执行、破产、仲裁、就业法、会计法、运输法、销售法和其他部长理事会一致决定包括在内的事项应当由商法定义。"

OHADA 第 2 条的清单是限制性的，其限制了 OHADA 的实质范围，即 OHADA 可以统一的法律领域。值得注意的是，《OHADA 条约》第 2 条的规定反映了定义"商法"宽泛概念的困难，因为其包含了一个经济体的不同方面，如有关信贷、竞争、经济参与者（贸易商、商业公司、贸易中介等）、商品和服务以及经济活动（生产、分配、消费等）的法律

---

① 第 001/2014/Cm/修订补充 1996 年 4 月 18 日共同司法和仲裁院程序的规则第 6（1）条和第（2）条。

② 第 001/2014/Cm/修订补充 1996 年 4 月 18 日共同司法和仲裁院程序的规则第 9 条。

③ 第 001/2014/Cm/修订补充 1996 年 4 月 18 日共同司法和仲裁院程序的规则第 21 条。

规则。由于很难有限地列举"商法"概念所包括的领域，因此也就很难统一 OHADA。因此，《OHADA 条约》第 2 条规定，OHADA 部长理事会可根据《OHADA 条约》的宗旨一致决定扩大该名单，包括其他法律领域。为此，2001 年 3 月，OHADA 部长理事会决定扩大 OHADA 可以协调的领域，包括竞争法、银行法、知识产权法、合同法和证据法。[①]

根据《OHADA 条约》第 9 条，统一法案在通过后 90 天内生效，但统一法案在这方面的任何特殊规定除外。[②] 统一法案在 OHADA 官方期刊上刊登后 30 天内可对任何当事方适用统一法案。根据《OHADA 条约》第 10 条，统一法案可直接适用于所有成员国，并对所有成员国具有约束力，不论国内法之前或之后有任何相互冲突的规定。由于《OHADA 条约》第 10 条所载的"超国家性"原则，统一法案在所有成员国具有约束力的法律效力并不需要通过国内立法或管制法进行国家让渡。

根据《OHADA 条约》第 1 条和第 2 条以及 2002 年 OHADA 部长理事会会议的决定，部长理事会于 2018 年 10 月通过了十项统一法案如下：第一，于 1998 年 1 月 1 日生效的《商业公司和经济利益集团法统一法案》，[③] 这项统一法案于 2014 年 5 月 5 日修订。第二，于 1998 年 1 月 1 日生效的《一般商法统一法案》，[④] 这项统一法案于 2010 年 5 月 15 日修订。第三，于 1998 年 1 月 1 日生效的《证券利益统一法案》，[⑤] 这项统一法案也于 2010 年 12 月 15 日修订。第四，于 1998 年 7 月 10 日生效的《简化追偿程序和执行措施统一法案》。[⑥] 第五，于 1999 年 1 月 1 日生效的《清偿债务集体诉讼统一法案》。[⑦] 第六，2017 年 11 月 23 日通过的《仲裁法统一法案》。[⑧] 这一统一法案取代了 1999 年 3 月 11 日的《仲裁法统一法

---

① OHADA 官方期刊 2003 年第 12 期，第 6 页。OHADA 部长理事会会议总结文本，http://www. idcafrique. org/sites/default/files/journaux_ officiels/12% 20journal_ officiel _ n _ 12 _ 0. pdf，访问日期：2019 年 12 月 10 日。

② 例如，统一的集体行动的情况下破产程序（OHADA 期刊第 7 期，1998 年 7 月 1 日，从第 1 页开始），基于 CCJA 建议，采用近 9 个月后生效为法律从业者提供足够的时间来熟悉新系统。

③ OHADA 官方期刊第 2 号，1997 年 1 月 1 日，从第 1 页开始。

④ OHADA 官方期刊第 23 号，2011 年 2 月 15 日，从第 1 页开始。

⑤ OHADA 官方期刊第 22 号，2011 年 2 月 15 日。

⑥ OHADA 官方期刊第 6 号，1998 年 6 月 1 日，从第 1 页开始。

⑦ OHADA 官方期刊第 7 号，1998 年 6 月 1 日，从第 1 页开始。

⑧ OHADA 官方期刊特别号，2017 年 12 月 15 日，从第 15 页开始。

案》。第七，于 2017 年 1 月 26 日修订的《公司会计组织及协调统一法案》。① 第八，于 2004 年 1 月 1 日生效的 2003 年 3 月 22 日通过的《公路货物运输合同统一法案》。② 第九，于 2011 年 5 月 16 日生效的 2010 年 12 月 15 日《合作统一法案》。③ 第十，于 2017 年 11 月 23 日通过的《调解统一法案》。④

此外，正在制定中的统一法案行动包括正在起草的《义务合同法》《劳动法》⑤《竞争法》等法律的进一步统一行为，承认和执行外国判决和外国公开文件。包括《合作和互助社会法》《银行法》《竞争法》《合同法》等。

（二）条例

条例由部长理事会通过，以完成和执行《OHADA 条约》，与《OHA-DA 条约》具有同样的性质，直接适用于所有成员国。截至 2018 年 1 月，理事会通过了以下条例：1996 年 4 月 18 日共同司法和仲裁法院的议事规则，经 2014 年 1 月 30 日第 001/2014/CM 号规则修订；2017 年 11 月 23 日修订的《共同司法和仲裁法院仲裁规则》；⑥ OHADA 机构的财务条例；⑦ 以及 OHADA 工作人员条例。⑧

四　非洲商法统一组织发展与前景

以《OHADA 条约》为基础、条例为补充的非洲商法统一组织规范以及国家元首和政府首脑会议、部长理事会、永久秘书处、司法和仲裁共同院、地区高等司法学校五位一体的运行机制共同促进非洲商法统一组织有序推进。

---

① OHADA 官方期刊第 10 号，2000 年 11 月 20 日，从第 1 页开始。
② OHADA 官方期刊第 13 号，2003 年 7 月 1 日，从第 3 页开始。
③ OHADA 官方期刊第 23 号，2011 年 2 月 15 日。
④ OHADA 官方期刊特别号码，2017 年 12 月 15 日，从第 5 页开始。
⑤ OHADA 全国委员会全体会议（CNO）关于审查《劳工法统一法案案》初稿的报告，《刚果法律与商业评论》第 3 期，2010 年 9 月，第 77 页。
⑥ OHADA 官方期刊特别号，2017 年 12 月 15 日，从第 29 页开始。
⑦ OHADA 官方期刊第 8、14 号。
⑧ OHADA 官方期刊第 5 号，1998 年 7 月 18 日。

（一）非洲商法统一组织的发展特征

纵观非洲商法统一组织的历史沿革、组织构架和规范体系，OHADA 的发展呈现如下特征。

首先，OHADA 应投资促进与经济一体化需求而产生。在非洲地区创造良好的营商环境，需要考虑较多不同的因素。投资难易程度与经济增长之间有着很强的相关性。减少开办和经营企业的时间和成本的确是发展该地区经济的有效途径，而法律和司法的不安全是非洲国家特别是撒哈拉以南地区经济发展的主要障碍。同世界上大多数地区相比，在该地区开展业务显得更为烦琐、复杂、耗时和昂贵。因此，为了恢复外国投资者的信心、促进各国之间的贸易、在非洲发展一个充满活力的私营部门，有必要协调商法规范并逐步改进各成员国的司法制度。为此，OHA-DA 的目标是通过简洁、现代和具有吸引力的商业法规促进当地和外国投资。OHADA 多数规范体系中并没有直接定义"投资"与"投资者"，但是明确认识到，"法律应当谨慎适用，以保证经济活动的稳定性并支持经济活动的扩张以鼓励投资"。

其次，OAHDA 首次建立了区域层面的上位法律规范。应当说，在区域一体化的过程中，OHADA 的立法活动是相当成功的，特别是 CCJA 功能的充分发挥，进一步确立了 OHADA 制定的国际法优先于国内法适用的原则。CCJA 审查统一法案草案，根据《OHADA 条约》和 1999 年《CCJA 仲裁程序规则》监督机构仲裁。CCJA 本身并不能解决争端，但是可以通过指定或者确认仲裁员裁决争端。委员会获悉有关程序的进行情况，并审查裁决草案。此外，CCJA 对在承认和执行这些裁决方面可能产生的争端亦作出规定。为解释和统一适用《OHADA 条约》、条例等，任何成员国、部长理事会或任何国家法院均可同中央协调委员会协商。CCJA 是 OHADA 所有成员国的最高法院，确保在协调的情况下通过的《统一法案》的适用和解释。① CCJA 也是一个终审法院，因此 CCJA 对成员国上诉法院就适用《统一法案》和《OHADA 条例》的民事和商业事项的决定制定规则。CCJA 的判决在所有成员国是直接可执行的，同国家法院的判决的效力相同。任何情况下，不得在一个成员国的领土内执行违反 CCJA 的决定。

① 尤福：《浅述非洲司法和仲裁共同法院仲裁制度》，《法制日报》2015 年 4 月 22 日，第 12 版。

再次，OHADA 立法仍在持续并将更加完善更新。尽管 OHADA 旨在协调而非统一非洲商法，但是在可预见的范围内，其立法工作将持续并将以全球合作的包容态度进行。例如，常设秘书处可就该《合同法》请求国际私法统一协会（UNIDROIT）拟订了有关国际商业合同原则的机构提供专门知识。《合同法》作为未来"统一法案"的重要组成部分，将在协调 OHADA 成员国商业规则中发挥重要的作用，也将促进 OHADA 商业交易的规范和国际化。

（二）非洲商法统一组织的发展前景

今后，OHADA 可能会进一步推进其立法工作的发展及在区域层面发挥推动非洲经济一体化中的作用。OHADA 未来发展可能出现的第一个亮点是通过新的统一法案。OHADA 目前正在制定若干统一的法案，比如已起草一项关于劳动法的统一法案，目前正在审查之中。[①] 协调劳动法的设想是合理的，因为国内规范是有所缺失的，并且仅适用于国家边界内，不适宜充分处理跨国界问题，例如在区域内的劳工流动或影响不同会员国的企业的改组。在这种情况下，需要在跨国层面制定规则，以便更好地协调经济发展和法律规范。此外，由于具有共同的法律历史，OHADA 成员国的劳动法有一定的相似之处，因此，在超国家层面的集中改革为所有成员国提供了更新的机会。此外，OHADA 已开始起草一项关于冲突法的统一法案。但是，关于统一法案的工作仍处于早期的阶段，即选择律师事务所或研究机构来协助起草统一法案。

OHADA 将在非洲大陆自由贸易区（以下简称"AfCFTA"）的建设中发挥重要作用，AfCFTA 致力于通过非洲大陆自由贸易协定在 55 个非洲联盟国家中的 54 个国家之间建立一个自由贸易区。AfCFTA 于 2019 年 5 月 30 日对 24 个交存批准书的国家生效。[②] 作为一个致力于在地区层面统一商业法的组织，OHADA 可以提供设立 AfCFTA 的法律规则。此外，OHADA 参与 AfCFTA 的工作是内避免来自非洲一体化组织产生规范冲突。因此，非洲联盟常设秘书要求非洲联盟将 OHADA 纳入正在进行的关于建

① 《关于劳动法的统一法案案》，参见 http://www.ohada.com/content/newsletters/141/avant-projet-droit-travail-ohada.pdf，访问日期：2020 年 4 月 26 日。

② 2019 年 4 月 29 日，塞拉利昂和撒哈拉共和国向保管机构交存批准书，达到了符合法律规定的 22 国最低要求。迄今为止，已有 29 个国家签署并批准了《AfCFTA 协定》。非洲联盟的 55 个成员国中，只有厄立特里亚尚未签署。

立非洲大陆自由贸易区的工作，并在非洲自由贸易区总部给予其非洲自由贸易区委员地位。[①]

五　非洲商法统一组织的发展对中国在非投资的启示

随着"一带一路"倡议的推进，中国在非洲国家的贸易与投资稳步增长。据统计，2019 年，中非贸易额 2087 亿美元，同比增长 2.2%。中国对非洲全行业直接投资达 30 亿美元。[②] 近几十年来，中国与 OHADA 成员国（刚果共和国、加蓬、贝宁、几内亚、赤道几内亚、喀麦隆、多哥等）贸易额大幅增长，在中非贸易中占有重要地位。[③] 根据《中国对外直接投资统计公报》，2018 年中国流向非洲的投资为 53.9 亿美元，同比增长 31.5%，占当年对外直接投资流量的 3.8%，较上年提升 1.2 个百分点。[④] 中非和西非国家矿产等自然资源丰富，与中国经济互补性强，具有很强的吸引力。在此背景下，OHADA 的发展将为中国在非投资提供有益的启示。

（一）OHADA 统一立法的进展将为中国在非投资提供法律环境保障

当前，OHADA 规范体系正在行程中，特别是"统一法案"的范围仍在扩张，也得到了现有 17 个成员国的支持和推动。在目前进展的立法领域中，包括劳工、商业公司和经济利益团体、仲裁、一般商法、担保交易、审计、运输、合同与债务、支付体系和商业工具、环境、银行、调解、金融、消费者保护、国际私法等。[⑤] 例如，正在进行的《劳动法统一

---

① OHADA Permanent Secretariat Calls for the Creation of an OHADA/AfCFTA Area, http://www. ohada. com/actualite/5236/ohada-permanent-secretariat-calls-for-the-creation-of-an-ohada-afcfta-area. html, last visited on April 26, 2020.

② 中华人民共和国商务部西亚非洲司：《2019 年中非经贸合作数据统计》，http://xyf. mofcom. gov. cn/article/tj/zh/202003/20200302942520. shtml，访问日期：2020 年 5 月 5 日。

③ 朱伟东：《非洲商法协调组织》，《中国投资》2018 年第 6 期，第 76 页。

④ 中华人民共和国商务部、国家统计局、国家外汇管理局：《2019 年度中国对外直接投资统计公报》，第 15 页，http://img. project. fdi. gov. cn//21/1800000121/File/201911/201911040914277695241. pdf，访问日期：2020 年 4 月 23 日。

⑤ OHADA Bibliography, http://www. ohada. com/bibliographie. html, last visited, on 23 Jan., 2020.

法案》的未来前景有利于中国的投资。事实上，在非洲投资的中国公司在基础设施包括采矿项目方面正在发展过程中。因此，除了中国员工，中国公司还经常雇佣当地员工。在许多非洲国家，中国企业只有与当地企业合作，聘用当地员工，鼓励向非洲工人转让技术和知识，才能获得基础设施合同。因此，非洲劳动法的统一将使中国投资者能够很容易地确定有关雇员保护、雇主和雇员的权利和义务、终止雇佣协议的条件等方面的规则。此外，未来必然会开辟一条国际私法领域的"OHADA 之路"，这将引起在非投资的中国投资者的关注。事实上，由于中国在非洲投资多含有涉外因素，中国将从未来 OHADA 的冲突规范、国际管辖权、外国判决的承认和执行等规则中受益。

在 OHADA 商业多元化规范体系形成的过程中，中国投资者应尽可能找机会参与其立法征询阶段、结合立法动态及时了解《OHADA 条约》及其执行规则、统一法案等文本的进展及其适用范围，并对其商法领域下司法机构管辖权或可能的判例法的形成进行梳理和分析。

（二）OHADA 争端解决制度的完善为中国在非投资提供有效救济

OHADA 规范体系中已经明确了除司法解决之外的调解、仲裁方式，已经形成了较为完备的规范体系和争端解决机构司法和仲裁共同院，未来更好地服务非洲地区国家经济一体化的主要途径包括探索更为有效的商法多元化争端解决机制。当前，多元化争端解决机制逐渐被列入国际司法改革项目，特别是在发展中国家，[①] 其也成为未来 OHADA 区域内部以及跨区域争端解决的发展趋势之一。

尽管 OHADA 国家发展多元化争端解决机制的难题之一是缺乏受过良好训练、可用来友好解决争议的专业调解人员，[②] 但是随着 OHADA 机制下司法和仲裁共同院仲裁员与调解员名单的扩张、OHADA 同区域外国际组织及国家的深入交流，在 OHADA 体系下建立和完善多元化争端解决机制具有良好的现实基础和实践需求。多元化争端解决机制将作为 OHADA 法律制度运行的重要组成部分贯穿统一商法的各个领域，有助于建立可预见、稳定的投资争端解决机制，进一步推动非洲商法统一化

---

① Simon Roberts and Michael Palmer, *Dispute Processes: ADR and the Primary Forms of Decision-Making*, Cambridge University Press, 2005, p. 7.

② Amadou Dieng、朱伟东:《撒哈拉以南非洲国家的 ADR》,《湘江法律评论》2014 年 10 月版（创始刊），第 81 页。

在实施层面的落实，提高了投资法律环境的稳定性和可预测性，为投资者应对可能出现的投资争端提供了多元化灵活的解决方式，增强投资者的投资信心。值得注意的是，在 OHADA 的司法和仲裁共同院制定的仲裁员名册中已经体现出了国际化元素，并将中国籍仲裁法专家列入仲裁员名单，这也为深入了解 OHADA 多元化争端解决机制提供了良好的平台。中国籍仲裁员通过对 OHADA 争端解决机制的运用，可以进一步提升其运作的国际化机制，并为探索 OHADA 商业纠纷争端解决机制积累经验。

（三）OHADA 与非洲大陆自由贸易区建设对中国在非投资提供预期

近年来，非洲政治趋稳向好。特别是随着 2019 年非洲大陆自由贸易区协议正式生效，非洲一体化进程取得长足发展，更加凸显了非洲国家希望通过经济一体化进程团结迎接国际环境变化的挑战。[1]从投资的角度来看，在非洲建立单一市场以及 OHADA 发挥重要作用将是非常有利的，即在现代、可预测和统一的规则下，非洲大陆将实现商品、资本、服务和劳动力的自由流动。

非洲内部统一市场的形成将促进非洲国家区域内经贸往来，从而对统一的商法协调体系提出了更高的期待。在区域性国际组织中，OHADA 的规模和影响力并不突出，但其在商业交易规则构建中的地位将伴随非洲大陆自由贸易区背景下 OHADA 规范体系的形成和运作机制的完善而逐步上升。以往投资过程中，中国企业往往对非洲本土化立法重视不足。例如，近年来，非洲各国在能源和基础设施建设领域加大了本土成分立法的要求。[2] 如未能提前予以关注并采取恰当的投资措施，可能将引发由于不了解相关投资法律规制而造成对非洲投资的法律风险。在此过程中，中国国际投资法理论与实务界应当加强同 OHADA 立法机构的沟通与合作，建立有效的信息共享和交流机制，加深各方对 OHADA 发展进程的了解，为探索同包括 OHADA 成员国在内的非洲国家的合作提供资料支撑及预期。

---

① 贺文萍：《非洲大陆自贸区协议签署：非洲一体化进程的里程碑》，《21 世纪经济报道》2019 年 7 月 9 日第 004 版。

② 张小虎：《化解对非投资的环境法律风险》，《中国投资》2019 年第 14 期，第 75 页。

六　结论

由于历史因素，非洲的法律和司法不确定性长期以来一直阻碍着外国投资者，包括来自中国的投资者。在这种背景下，OHADA 旨在通过建立现代、统一和有效的商法规则来维护非洲的法律和司法安全。除了已实现的法律一体化之外，OHADA 还发展了一种以 OHADA 司法和仲裁共同院为首的原始司法一体化，以确保统一法案的解释和适用的统一。未来，中国对非洲地区进行海外投资时，应充分重视 OHADA 统一立法的进展、争端解决制度的完善，并积极加强对 OHADA 规范制度形成的参与，充分发挥其协调、促进非洲地区商业发展、推进非洲大陆自由贸易区建设的重要功能，为共建"一带一路"在非洲的海外投资提供相应法律保障和投资预期。

【责任编辑】李雪冬

社会文化与教育

非洲研究 2020 年第 1 卷（总第 16 卷）

第 137 – 145 页

SSAP © , 2020

中非联合考古的进展与挑战研究[*]

沈　陈

【内容提要】 加强中国与非洲的考古合作，不仅有利于提升中国的软实力，还对践行"一带一路"倡议和构建人类命运共同体具有重大的战略意义。中国目前主要与肯尼亚、埃及等非洲国家进行联合考古，在技术援助、合作领域、文化挖掘方面取得不少进步，但要想进入世界文明探源的前列，争取世界文明研究话语权，依旧任重道远。针对中非联合考古的现状及存在挑战，可从以下四个方面进行调整：第一，将中非联合考古纳入中国在非"一带一路"合作重要位置；第二，做好联合考古的模板，与更多非洲国家建立伙伴关系；第三，加强中非联合考古人才培养，扩大中非联合考古的社会影响；最后，应深入研究发达国家的相关经验，并加强多学科研究与配合。

【关键词】 中国；非洲；联合考古；文明研究话语权

【作者简介】沈陈，法学博士，中国社会科学院世界经济与政治研究所，助理研究员。（北京，100732）

中国参与非洲地区考古从 20 世纪 90 年代就有涉及，最初主要为团队或个人参与日本、法国、德国等发达国家考古队，学习先进经验和技术。进入 21 世纪后，中国考古学者开始自主走出国门，主导包括非洲地区在内的一系列海外考古发掘工作。随着"一带一路"倡议与中非合作规划

---

* 本文感谢张巧文老师和匿名审稿人的细心指正，文责自负。

的不断对接，以及"中非命运共同体"建设的逐步深化，加强中非联合考古工作逐渐成为中非民心相通和文化合作的新热点。鉴于此，本文将围绕在非考古的最初缘起和最新进展，和中非联合考古当前面临的挑战及对策进行论述。

一　在非洲从事联合考古的缘起

法、英、意、美等西方国家在非洲的考古活动由来已久。早在殖民时期，英法就开始对埃及帝王谷展开发掘。随着 KV5、KV62、KV55 等墓葬的陪葬品出土，帝王谷考古开始震惊世界，后来吸引包括阿根廷等发展中国家在内的科考队来埃及进行发掘。1972 年，美国考古队在埃塞俄比亚发现人类始祖南方古猿化石"路西"，以及随后在南非、肯尼亚等地发现了诸多古人类遗址，成为"人类非洲起源"的证据。[1] 人类学虽然起源于发达国家，但人类学的发展却与非洲大陆有着密切的联系。正是因为人类学，对非洲的探索更为深入；正是因为非洲，人类学得以迅猛发展。[2]

世界各国之所以将非洲作为考古发掘的热点，主要原因有三：首先，非洲是人类的发源地，在非洲发现的石器比其他大陆发现的类似石器年代都早，这说明非洲的人类活动早于其他地区，并且非洲出土的大量早期人类化石可构成一个相对完整的演化体系。[3] 其次，非洲部分地区仍保留原始文化，对于了解早期人类的形态具有极大的参考价值。新时期对非洲文明的研究导向已越来越明确，那就是要注重非洲内生的东西。因为缺少文字，考古就被当成了认识非洲文明的主要路径。由于非洲本地条件有限，亟须外部力量对本地遗产进行保护性发掘。[4] 最后，埃及、南非等非洲国家具有丰厚的考古资源，发掘持续数个世纪，影响极大。由于非洲发掘具有全球影响力，在非洲的发现有助于提升科考队所属国家

---

① 黄堃：《科学家在非洲考古确认一个新人种》，《新华每日电讯》2012 年 8 月 10 日，第 7 版。

② 马燕坤：《人类学对非洲的发现与重现》，《世界民族》2011 年第 2 期，第 50—54 页。

③ 潘华琼：《非洲考古与人类的"摇篮"》，《中国投资》2020 年第 Z2 期，第 96—97 页。

④ 刘伟才：《认识非洲还有很长的路要走——评〈考古视野下的非洲文明〉》，《中国投资》2019 年第 24 期，第 68—69 页。

的国际声望。值得注意的是，西方国家在非洲的考古除了有保护文化遗产的作用，还产生了掠夺他国文化遗产的问题，这一点是后来的考古工作所必须吸取的教训。

近年来，中国和非洲都在积极探索自身文明的"复兴"之路，中国和非洲携手实现文化传承与创新的统一，是两地历史、文艺、考古等多个学科共同的责任。① 对于当下的中国而言，推进中非联合考古具有重大的历史和现实意义。

一是加强中非联合考古是践行"一带一路"倡议的具体实践。文化交流与合作是"一带一路"倡议的重要组成部分，联合考古活动对加强中非文化交流、促进民心相通具有重要意义。欧美一些国家指责中国在非洲地区推进"一带一路"倡议单纯是追求经济目的，中国在肯尼亚拉穆群岛地区探寻郑和遗迹的考古项目却证明，中国船队给非洲带来的从来都是财富、友好，与殖民者在非洲的野蛮殖民掠夺形成鲜明对照。② 发掘在非洲的中国遗迹，一方面说明中国是非洲的"老朋友"，而不是一个"后来者"；另一方面有利于宣传"互联互通""民心想通"等中国文化理念，提升"一带一路"在非洲民众中的影响力。

二是加强中非联合考古有助于丰富中非命运共同体的理论内涵。中国与非洲地区文明交流互鉴的历史源远流长，文明上交流互鉴也是"中非全面战略合作伙伴关系"的五大支柱之一。加强中非联合考古活动，通过考古发掘实物资料，能够为中国海上文明史以及中非友好往来历史提供更强有力的印证，从而不断深化和丰富中非命运共同体的理论内涵。③ 目前，中国的科考专家在非洲国家从事的古人类进化、古丝绸之路的考察，为"中国人源于非洲""非洲是丝绸之路的重要目的地"等假说提供有力支持，这种发掘和探讨必将让中非命运共同体的理念有更多的事实支撑。

三是加强中非联合考古有助于促进中非友谊与互信，提升中国的国家形象。目前，中国在国内考古方面成效显著，通过与国外同仁的学术交流与技术合作，掌握了一系列世界领先的考古技术，这些是非洲大部分国家现阶段所不具备的。科学考古有助于确定非洲文化的同一性，确

---

① 王严：《当代非洲史学进程研究》，云南大学博士学位论文，2016。
② 焦波：《郑和传说引发的中肯联合考古》，《国学》2012 年第 10 期，第 34—35 页。
③ 谢亚宏、曲颂：《联合考古，寻觅尘封千年的历史遗迹》，《人民日报》2016 年 7 月 4 日，第 22 版。

保非洲的历史和未来建立在科学、牢固的基础上。[①] 中国在肯尼亚的科考原本只限于寻找郑和船队遗迹，后来扩大到当地古城遗址的发掘，提升了当地民众对本国历史的自豪感。通过中非联合考古等合作项目，加快了中国考古"走出去"的步伐，不仅能够提升中国的文化大国形象，也可以使中国学者在世界文化研究中获得进一步的话语权，还能为非洲文明的保护做出贡献，赢得东道国人民的支持和欢迎。

二 中非联合考古的进展与特点

目前，中国在非洲联合考古的主要合作伙伴国是肯尼亚和埃及两国，首选肯尼亚、埃及进行考古合作的原因主要在于：一方面，肯尼亚、埃及的考古资源非常丰富，与世界各国进行考古合作的经验相对成熟；另一方面，肯尼亚、埃及是中国古代海上丝绸之路的沿线国家，以"一带一路"倡议为契机，开展联合考古的切入点较多。

（一）中国—肯尼亚联合考古的进展情况

中国—肯尼亚联合考古是首次由中国政府出资、首次由中国学者主导的联合考古。2005 年 12 月，在"郑和下西洋 600 周年"之际，中国和肯尼亚正式签署合作考古协议，这是中国与非洲国家首次签署合作考古协议。2007 年，由中国商务部援外经费支持，北京大学考古队为受委托方，正式开展赴肯尼亚考古挖掘工作。2010—2013 年，北京大学考古队又四次赴肯尼亚，对当地的五个出土瓷器遗址进行进一步发掘，并对先前已出土的中国瓷器进行了三次鉴定研究。[②]

发掘吉门基石遗址的古人类活动情况是中肯联合考古的又一重大进展。今天的中国境内基本没有发现过距今 10 万至 5 万年间的重要古人类化石，而这一阶段却是学术界认为的现代人类起源演化的最关键时间段。[③] 2017 年 10 月，由河南省文物考古研究院、山东大学、中国科学院

① 张宏明：《非洲中心主义——谢克·安塔·迪奥普的历史哲学》，《西亚非洲》2002 年第 5 期，第 48—53 页。

② 王璠：《中肯联合考古进入第二阶段》，《中国社会科学报》2012 年 7 月 30 日，第 A01 版。

③ 李占扬：《"许昌人"头骨化石发现记 非洲移民还是东亚土著？》，《大众考古》2013 年第 3 期，第 39—42 页。

古脊椎动物和古人类研究所联合组建的现代人类起源考古队赴肯尼亚进行考古活动。通过在肯尼亚裂谷地区开展考古调查、发掘，中肯联合考古队发表的阶段性成果为智人走出非洲再添重要证据。[①] 该项考古行动完全由中国人主导进行发掘，标志着中国已正式成为在非洲探索人类起源国际考古俱乐部的一员。

（二）中国—埃及联合考古的进展情况

中国—埃及联合考古是"一带一路"的产物，起步相对较晚。2016年，中、埃两国考古界人士借"中埃文化年"的春风开始探索进行联合考古发掘。同年11月，中国社会科学院考古所正式赴埃及进行考察。2017年1月，中国社会科学院考古研究所和埃及文物部将埃及南部的孟图神庙确定为两国联合考古的首站，中国考古队成为在埃及200余个国际考古队的一员。2017年，中国社会科学院考古所再次组织专家赴埃及考察，并落实考古队进驻当地的具体细节。此次考古活动是中国首次成建制的派出考古队到埃及进行发掘，联合考古队的中方骨干人员有4—5人，埃及也成立了一个高级别的研究队伍来支持中方考古队。

与20世纪零星的、以民间为主的海外考古相比，中国当前在埃及和肯尼亚的联合考古均由官方资助、由相关研究单位具体实施。在内容和领域上，中非联合考古也出现一些新的特点。

第一，技术援助从国内到海外。20世纪90年代，中国曾参加对埃及旧开罗福斯塔特遗址出土瓷器的调查。不过，此次科考主要由法国、日本等发达国家主导。中国当时的主要工作是对遗址出土的瓷器进行鉴别调查，这也是中国对海外瓷器进行的最大规模调查。从2010年开始，中国国家博物馆、北京大学考古文博学院和肯尼亚国家博物馆联合对蒙巴萨耶稣堡博物馆、拉穆博物馆和格迪古城遗址博物馆中收藏的中国瓷器进行调研，共收集调查了中国瓷器9552件，拍摄照片近20000张，绘制器物图1200余张。本项调查工作的规模虽然不及埃及旧开罗福斯塔特遗址出土瓷器，却是中国学者首次大规模前往海外调查陶瓷贸易。

第二，合作勘探的领域不断扩大。2016年，中国社会科学院考古研究所和埃及文物部首次在孟图神庙进行研究、发掘和保护文物等工作。

---

① 王小鹏、王腾：《中肯联合考古项目获重要发现 为智人走出非洲增加重要证据》，《文物鉴定与鉴赏》2018年第16期，第48页。

孟图神庙始建于约公元前 1391 年至 1355 年，时间上正处于中国的商代。1978 年以前，法国曾在孟图神庙进行过考古发掘，后中断至今。这是中国第一次派出考古队到当地进行发掘，此次科考的优势在于考古测绘和 3D 建模的技术非常先进，可以帮助埃及快速、精确地再现孟图神庙的风貌。中国与肯尼亚在吉门基石遗址进行的古人类活动科考共完成考古发掘面积 66 平方米，出土旧石器时代中期石制品 551 件，类型包括石核、石片、石器、断块和石料等，此外，还出土数十件哺乳动物化石。本次考古工作初步证明，东非大裂谷巴林戈地区分布有非常丰富的旧石器时代文化遗存，对探索早期人类起源、现代人类起源等学术课题具有十分重要的意义。

第三，借助"一带一路"对遗址进行文化挖掘。根据中国－肯尼亚联合发掘的结果，中国史书上记载的马林迪王国都城最早出土的中国瓷器可追溯到 9 世纪，表明中国商品早在晚唐时期就到达了这个地区。换言之，曼布里和马林迪的城市建立时间可以追溯到公元 9 世纪到 10 世纪，比英国学者之前认为的 14 世纪提前了四五个世纪。此外，在肯尼亚发现的明代永乐官窑、龙泉青瓷均是明代早期皇家青花瓷器，可以确定是郑和舰队出访海外的定制礼物，由此能断定肯尼亚确实在郑和舰队的访问路线上，极大地促进了郑和下西洋的历史研究，引起国际社会的广泛关注。

三　中非联合考古面临的挑战及对策

中非联合考古虽然取得了一系列成绩，但现在还只能算是刚刚起步。只有深入研究发达国家在非洲科考的先进经验，比较自身与先进经验的不足，才能真正获得世界文明研究的话语权。

首先，国家层面介入力度不够。目前，中国已有包括高校考古系、各省市考古所和中国社会科学院考古所在内的十余家单位参与到海外考古工作中。然而，中国大部分海外考古项目缺乏国家层面的力量介入，各高校和考古所大都带着与各自研究相关的问题走向海外考古场所，甚至一些发掘计划是由各个单位乃至负责具体实施的学者个人制定，呈现自发、分散的状态。在缺乏国家整体战略协调的情况下，中非联合考古工作带有一定的盲目性，缺乏必要、有效的管理和指导。现有的境外考古队往往由一家或几家研究机构和大学组成，限于各单位的人员现状，有些境外考古队的学术门类搭配不够全面，对其他国家文明的知识储备、专业研究、人才培养都还不够充分，院所之间的相互支持也有欠缺。

其次，缺乏稳定的经费来源。每个境外考古都需要经历调查、发掘、整理、研究及出版发掘报告等流程阶段，这是一个长期的学术研究过程，如果经费不能持续到位，必定会影响工作的正常开展。中肯联合考古之所以取得较大成功，在很大程度上归功于商务部援外资金给予的长期保障。北京大学考古队受商务部委托执行，在长达六年的经费支持下对肯尼亚的 5 个遗址进行充分的发掘和调研，这种规模的中国赴海外考古至少在目前来说是绝无仅有的。与之相比，中国在海外的考古项目经费大部分是从各方面自筹，缺乏长期的稳定的经费支持，进而有可能影响到部分项目的顺利开展。特别是其中以响应国家"一带一路"倡议名义开展的境外考古发掘项目，如果出现较多因经费不足而不了了之的科考情况，必然会在当地产生负面的评价，有损中非合作和中国在当地的国家形象。

再次，合作国家选择过于狭窄。目前，中国海外考古主要集中在中国周边国家，包括蒙古国、俄罗斯、越南、乌兹别克斯坦和缅甸等国，这些国家的项目占中国海外考古项目的绝大多数，各个大学和省级考古单位主要在这些国家展开发掘。如前所述，埃及、肯尼亚的考古资源丰富，国际合作非常成熟，同时也是中国古代海上丝绸之路的沿线国家，因此这两个国家很自然成为中国在非洲进行考古工作合作的首选。但与发达国家相比，中国与非洲的联合考古的对象国选择过于狭窄，考古内容局限于与中国历史相关的主题。在内容选择方面，英国、法国、意大利等发达国家往往将前殖民地作为联合考古的优先选择，发达国家与非洲的考古合作的内容覆盖面很广。从长远来看，中非联合考古应将肯尼亚和埃及作为下一步拓展的经验基础，并在考古内容上不再局限于与中国相关的主题，而将视野放在当地文化和人类共同文化的挖掘上。

最后，当地知识储备严重不足。中国在非联合考古活动尚属起步阶段，中国在境外的联合考古研究多是寻找当地与中国历史的联系，中方考古队普遍没有全面深入地了解所在国的社会、经济、文化和环境等现状，不仅缺乏对这些国家历史的了解，还常常因为未掌握当地语言而无法有效沟通。相反，欧美国家由于殖民历史，在语言、文化方面与非洲联系紧密。例如，法国在西非、北非，英国在东非、南非，都拥有中国短时间内难以企及的优势。中国考古队中的专业人才常常语言不过关，而语言人才往往又缺乏专业考古知识，导致中国的考古工作受到限制。

针对中非联合考古的现状与挑战，可从以下四个方面进行调整，具体建议如下。

第一，将中非联合考古纳入中国在非"一带一路"合作重要位置。在总体方向上，建议在"中非合作论坛"框架下，将中非联合考古纳入"中非人文合作计划"的优先选项之一，尤其是加强对非洲"一带一路"关键节点的考古发掘和研究工作。在实施单位上，建议由国家文物局承担起组织和管理中非联合考古工作的任务，负责审查各单位申报的赴外考古发掘计划，对赴外考古发掘的队伍组成、技术路线和工作计划提出意见和建议，并考虑安排中国社会科学院考古研究所等相关科研教学单位参与策划和协调。在经费保障上，由国家层面设立赴外考古专项经费，对经过学术咨询委员会严格审核通过的赴外考古项目予以稳定的经费支持。迄今为止，除个别项目是由国家提供经费外，中国大多数赴外考古发掘所需经费均是由科研机构或高校等通过各种途径自行筹集。鉴于此，中央财政和地方财政要形成互动，逐步形成中央、地方和科研机构共同承担联合考古经费的机制，为在非洲地区长期考古活动提供有力的财政支持。与此同时，也应鼓励有条件的文化公益类非政府组织"走出去"，利用基金会等形式拓展中非联合考古活动筹资渠道。

第二，做好联合考古的模板，与更多非洲国家建立相关领域的伙伴关系。建议以北非埃及、东非肯尼亚为模板，加强与南非、西非喀麦隆等考古资源较为丰富的国家进行合作，并逐步向东南西北等其他非洲国家和地区进行辐射。作为我国援外项目的一部分，中非联合考古活动的内容形式可更加多样。目前中非考古合作主要是考察古代中国的海外贸易、郑和下西洋等，并取得了不少的成就。但中国与非洲国家进行联合考古不仅仅是古文化和古人类研究，也可开展包括生态环境、区域经济、人文社会等方面的综合科学考察工作，为中国在非"一带一路"建设的相关部门提供有价值的资料。中国在非开展大型工程项目时，应有意识地借助中国考古力量进行项目评估，加强与当地文保部门的沟通，避免对当地文化遗产造成破坏。中国可根据一些非洲国家的需要，帮助当地挖掘文化遗产、探索人类共同遗产，以此为我国对非援助项目的一部分。中非联合考古合作应不局限于实地发掘，还可加深交流打击非法文物交易活动、追讨流失海外文物以及文物保护的经验。中非联合考古须重视

"民心相通"，推动公共考古活动，加强文物巡展、文物保护宣传等方面的合作，让中非普通民众参与考古文化交流、感受考古魅力。

第三，设立相关人文奖项，引导加强中非联合考古的人才培养，扩大中非联合考古的社会影响。在推动中非联合考古人才培养方面，我们既要加快中方学者"走出去"步伐，也要注意吸纳在考古技术领先国家学习的学者，发挥优势、补足短板。中国在一些非洲国家的孔子学院也可为中非联合考古服务，通过孔子学院在所在国就地培养考古人才，择优吸收进入联合考古队，这有助于解决中国在非考古队缺少当地知识和语言能力的问题。此外，提升中国考古最高奖"田野考古奖"的国际影响力，可考虑设立中非联合考古单项奖，奖励中非双方在联合考古工作中做出突出贡献的团队和个人。加强对中非联合考古的媒体宣传，可采用纪录片、动画片以及影视作品等多种形式。2013 年中央电视台纪录频道（CCTV - 9）摄制的一部三集高清纪录片《发现肯尼亚》，对北京大学在肯尼亚的考古进行全程拍摄，该纪录片引发了良好的社会反响。此外，《国宝档案》等文博类电视节目也产生了较好的宣传效果。中国的优势在于考古测绘和 3D 建模的技术非常先进，可以此为基础进行艺术加工，利用中非联合考古成果拍摄制作反映中非文化交流、命运相通的动画片和影视剧，推出一批具有中国内涵、国际表达、创意融合的优秀作品，并面向一些非洲国家进行投放。加大对中非联合考古项目在中国国内和考古合作国的宣传，有利于促进中国与相关国家的友好关系，增强中国的国际形象和影响力。

最后，必须指出的是，中非联合考古现在仍处于艰难的起步阶段，而发达国家的相关研究已经非常深入。因此，中非联合考古合作还应向发达国家取经，研究他们深入非洲考古的经验与教训，明白中国之优势与劣势，以便很好地发挥中国的作用。中非联合考古要想获得长久的生命力和形成长效机制，除了考古界的努力和扩大社会影响外，还需要加强多学科尤其是与传统历史学科的合作与联系。相关历史的研究工作一定要及时跟上考古发掘的最新成果，而考古发掘的生命力也依赖历史研究的深入和发扬。

【责任编辑】宁　彧

非洲研究　2020 年第 1 卷（总第 16 卷）
第 146－155 页
SSAP ©，2020

中国—肯尼亚合作项目舆情分析与应对策略

彭　睿

【内容提要】 肯尼亚政府公布的 30 多个 "旗舰项目" 中，中肯合作项目占近半数。近年来，由于受西方舆论影响，一些肯尼亚媒体和社会精英担心本国因中肯合作项目建设而陷入债务陷阱，从多个方面对项目进行质疑甚至诟病，引发当地民众不满情绪积累发酵，导致负面舆情有加速蔓延趋势，甚至对部分项目落实进度造成影响。笔者基于调研和采访，理性分析了肯尼亚相关舆情现状及成因，并从多个方面提出应对策略，期望形成合力，化解矛盾，推动中肯以及中非合作相关项目加速落实。

【关键词】 中国；肯尼亚；"一带一路" 债务陷阱论；舆情

【作者简介】 彭睿，中央广播电视总台国广斯瓦希里语部副主任，副译审。（北京，100040）

肯尼亚是最早加入 "一带一路" 共建的非洲国家之一，自 2013 年乌胡鲁·肯雅塔当选肯尼亚总统、习近平主席提出 "一带一路" 倡议以来，两国元首已经进行过六次正式会面。中肯元首的高频率外交，有力推动了两国务实合作。在双方共同努力下，互利共赢合作的愿景已经化为蒙内铁路、中非联合研究中心等一个个真实生动的成功案例。然而，针对中国－肯尼亚合作项目（以下简称中肯合作项目）的建设进展及落实效果，笔者经过调研采访后发现，中非科研合作、农产品对华出口等惠民项目受到肯尼亚民众的普遍欢迎，而通过借贷在肯尼亚进行基础设施建设合作项目，经常被肯尼亚主流媒体以债务陷阱论质疑甚至诟病。以蒙内铁路为代表的"一带一路"基建标杆项目也未能幸免，一些项目甚至被贴上"沉重债务负担""运营亏损"等标签，遭到当地一些民众的公开反对，负面舆情持续发酵，对相关工程项目后续落实带来不利影响。为此，亟须从不同角度对相关舆情进行分析研判，积极应对质疑，通过有效且多样的传播手段为当地民众答疑解惑，化解误会，为"一带一路"项目未来持续发展营造良好的舆论环境。

一　中肯合作建设项目舆情不容乐观

在 2019 年召开的第二届"一带一路"国际合作高峰论坛上，肯尼亚各大主流媒体均对此次峰会中肯达成的成果进行了报道。面向东非共同体国家发行的《东非人报》4 月 26 日发表的文章《肯尼亚与中国签署了22.3 亿美元的项目协议》指出，肯雅塔总统在与习近平主席会谈时表示，"一带一路"建设项目帮助肯尼亚和其他发展中国家充分释放发展潜力，在肯尼亚关键领域开展了富有成效的合作，包括基础设施、教育和能力建设、贸易便利化、农业现代化、工业和能源开发等。该项目包括孔扎科技城项目、连接乔莫·肯雅塔国际机场至郊区的高速公路建设项目、肯尼亚向中国出口牛油果的贸易协议，以及蒙内铁路内罗毕至奈瓦沙段的运营和维护服务协议等。肯尼亚很自豪能够成为共建"一带一路"的积极成员，并与中国有着共同的愿景——肯尼亚和整个东非地区的发展和转型。

4 月 25—30 日，肯尼亚第一大报《民族日报》刊登关于第二届"一带一路"国际合作高峰论坛和"一带一路"建设相关消息共计 18 篇，集中报道肯尼亚与中国签署的三项贸易协定。其中，4 月 25 日的消息《肯雅塔总统与中国签订牛油果出口协议》相对客观，指出该协议使肯尼亚成为第一个向亚洲国家出口牛油果的非洲国家，市场消费者超过 14 亿，预计肯尼亚种植牛油果的农民将向中国出口 40% 以上的农产品。鲜花、芒果、法国豆、花生、蔬菜、肉类、草药、坚果等园艺和农产品也将进入中国市场。但是，18 篇报道中也有近乎一半的消息在关注此次论坛并未达成中国向奈瓦沙到基苏木段铁路建设注入资金的任何协议。以《旗帜报》评论员多米尼克·欧蒙迪（Dominic Omondi）①、富兰克林·桑德埃（Frankline Sunday）②，《民族日报》评论员艾伦·奥林格（Allan Olingo）③、杰恩迪·科塞罗（Jaindi Kisero）④ 等为代表的一批肯尼亚主流媒体撰稿人曾公开表示这些项目很可能是债务陷阱，指责肯雅塔政府从中国借入更多资金，将给后代造成难以承受的债务负担。

4 月 26 日《民族日报》的消息《蒙内铁路——肯尼亚必须收敛对贷款的兴趣》重点关注了蒙内铁路建设情况，文中表示，"蒙内铁路一期被誉为肯尼亚最为现代化的开发项目，它改变了肯尼亚传统的陆路运输方式，降低了运输成本。但与此同时，它让肯尼亚付出的代价也是惊人的。蒙内铁路目前仍处在亏损状态，每月损失达 740 万美元"。

《东非人报》9 月 8 日发表了一则报道，指出中国从劳动密集型制造业向高科技产品制造业的转型升级让肯尼亚深受启发，肯尼亚是"一带一路"建设的重要国家，中方表示愿意在一些可行项目上加强与肯尼亚合作。"同时，中方鼓励中国公司加大对非投资，进一步帮助非洲完善基础设施建设，鼓励中国在非企业结成企业社会责任联盟，支持非洲经济转型，但由此引发的肯尼亚巨额公共债务问题不容忽视。"

肯尼亚《民族日报》专栏作家阿格里·穆坦博（Aggrey Mutambo）9 月 12 日就中国国务委员杨洁篪会见肯尼亚总统乌胡鲁·肯雅塔发表署名文章指出，中肯关系目前正处于关键转折点。"但与日俱增的债务问题，日益严重的贸易失衡以及双边贸易中不透明的问题，使得这段关系的发展在政治和经济上遇到越来越多的阻碍。"

---

① Dominic Omondi, "Kenya Debt to China Hits Sh650b as SGR Takes Up More Funds," The Standard Kenya, August 31, 2019, https://www. standardmedia. co. ke/article/2001340176/kenya-debt-to-china-hits-sh650b-as-sgr-takes-up-more-funds.

② Frankline Sunday, "Worry as Interest Payments on China Debt Rise to Sh28 Billion," The Standard Kenya, June 18th, 2019, https://www. standardmedia. co. ke/business/article/2001330297/worry-as-interest-payments-on-china-debt-rise-to-sh28-billion.

③ Allan Olingo, "Doubts Linger on SGR as Kenya Is Denied Funds," Daily Nation Kenya, March 27, 2019, https://www. nation. co. ke/news/Doubts-linger-on-SGR-as-Kenya-is-denied-funds/1056 – 5089896-lrkvt2/index. html.

④ Jaindi Kisero, "Dark Holes in Foreign Debt Show Need for Clear Borrowing Policy," Daily Nation Kenya, January 15, 2019, https://www. nation. co. ke/oped/opinion/Dark-holes-in-foreign-debt-show-need-for-clear-borrowing-policy/440808-4936472-uqlne3z/index. html.

二　中肯合作项目舆情的主要关切

2019 年中肯合作不断推进，包括内罗毕—马拉巴标轨铁路（内马铁路）一期工程等一批重点项目竣工，引发了当地媒体关注。同时，贸易和投资所引发的结构性问题，导致所谓"中国投资加剧非洲国家债务负担""与'一带一路'建设伴生的是肯尼亚对华债务的增加"等观点也多次出现在肯尼亚主流媒体报道中。这反映出当地媒体和民众的复杂心态，一方面对与中国合作的新项目尤其是民生项目表示关注和期待；另一方面也担心借贷过多导致债务最终会落在肯尼亚百姓身上。归结起来，肯尼亚民众对中肯合作的负面舆情主要集中在以下方面。

一是认为基础设施建设将加剧肯对华贸易逆差。肯尼亚几乎一半的进口商品包括工业制成品来自中国。2018 年前 10 个月，中方对肯出口额 42.94 亿美元，进口额仅 1.5 亿美元。肯尼亚人担心，铁路、港口等基础设施的互联互通，会使中国货更畅通地输入，而肯尼亚几乎没有高价值的商品可供出口中国。

二是担忧继续借贷将使肯陷入"债务陷阱"。肯尼亚媒体对于个别非洲国家无法偿还中国贷款被迫出让国有资产的报道，导致民众对蒙内铁路等"一带一路"项目的认知发生偏差，"中国投资加剧非洲国家债务负担"成为肯尼亚民众对华认识的重要组成部分。"肯尼亚从中国借贷来的钱利用率如何？投资回报如何？肯尼亚政府怎样才能尽快偿还债务？这些问题令一些肯尼亚民众担心，如果因为腐败或是运营不佳导致肯尼亚政府无力还债，最终将落在肯尼亚百姓身上。"

三是疑虑中肯合作项目将加重肯政府腐败。由于缺乏对项目资金使用情况的监督，有民众在接受 CRI 斯瓦希里语广播记者采访时曾表示："很多人担心这些项目中存在中肯高层的内幕交易，以出卖肯国家利益作为交换，为肯高层贪腐创造条件，这种质疑经常在肯社交媒体中引发网民热烈讨论。"网络舆论认为中国投资者未能较好地履行此前作出的承诺，包括项目大量引进中国劳工，在为当地贡献新增就业机会方面未能达到大众的预期，项目对生态环境和人居环境构成威胁，项目实施过程不够透明，经贸往来产生与当地制造业不公平竞争等情况。

三　中肯合作项目负面舆情产生的原因

众所周知，"一带一路"建设项目对沿线国家而言是利国利民的好项目，为什么会在肯尼亚引发较为严重的负面舆情呢？笔者基于调研认为，这些负面舆情产生的主要原因有三。

（一）肯政府缺乏对项目利好的宣传解释

应该说，肯政府看到了"一带一路"建设、中肯合作可以与其提出的"2030 年远景规划"深度对接，将为肯尼亚带来巨大发展机遇。"一带一路"倡议提出给予肯尼亚不附加政治条件的贷款，很有吸引力。加入中国提出的"一带一路"倡议，也进一步提升了肯的地缘政治重要性，从而从西方国家获得更多利益。2019 年 3 月，法国总统马克龙访问肯尼亚，两国签署了一系列价值 30 亿欧元的基础设施建设订单。这是法国总统首次访肯，肯第一大报《民族报》的评论说："此访所及的肯尼亚、埃塞俄比亚和吉布提等国，均有中国大量投资的基础设施项目，因此，抗衡中国在东非持续增长的影响力是此访的主要目的之一。"但肯尼亚政府并未对民众进行过系统的宣传介绍和深入详细的解释说明。

事实很明显，肯尼亚自主自愿与中国开展合作，各项目的实施为肯尼亚经济的可持续发展增添了动力。肯尼亚民众欣喜地看到，中国将资助建设乔莫·肯雅塔国际机场和内罗毕西部及北部的高速公路建设项目，将有效缓解城市交通拥堵的状况。通过优惠融资或政府和社会资本合作（PPP）模式达成肯尼亚牛油果出口中国等相关协议，将为两国在多个领域实现互利共赢铺平道路。由于重大项目收益具有滞后性、长期性等特点，尽管很多项目已投入运营，但短期内还未给民众带来实际收入的增长。目前，蒙内铁路尚未给奈瓦沙等肯尼亚西部地区百姓带来收益，但这只是时间的问题。

肯尼亚政府往往希望能在大国间周旋，以争取本国利益最大化，不愿过多为项目发声，甚至任由负面舆情发酵。中国人常常奉行"少说多做"的实干精神，驻外使领馆、施工单位常常是埋头苦干，在当地媒体等渠道对相关项目进行全方位宣传与详细介绍不足。西方国家为了保持其对非洲的影响力，不断利用媒体抛出负面言论，阻挠"一带一路"建设项目的实施。多方面因素叠加，导致更多民众陷入误解之中。

（二）肯媒体报道不客观、学者了解不全面引起误解

笔者通过对肯尼亚民族日报集团、肯尼亚国家广播公司、肯尼亚电视网等媒体资深记者的访谈了解到，肯尼亚社会精英阶层普遍把"一带一路"倡议简单解读为"要改变地缘政治领域的游戏规则，是中国用其贸易扩张和全球基础设施建设来征服世界的战略"。肯尼亚媒体没有对"一带一路"倡议进行客观全面、充分深入的报道，他们认为该倡议对他们自身和国家没有直接关联。媒体从业者也不具备"一带一路"倡议相应的知识储备，没有充分理解其背后的深层意义。

一些肯尼亚学者对"一带一路"倡议的具体政策内容和来龙去脉没有深入了解。内罗毕非洲政策研究所首席执行官、前政府顾问彼得·卡万佳（Peter Kagwanja）教授 2019 年 4 月 28 日在肯尼亚第一大报《民族日报》上发表署名文章《抛开民粹主义 中国投资蒙内铁路是一笔重要的投资财产》。文章指出，"第二届'一带一路'国际合作高峰论坛在北京召开之前，以债务问题为主要矛盾的民粹主义在肯尼亚达到了一波高潮"。① 当前的民粹主义思潮反映出世界范围内民粹主义正盛，已经横扫美国，并席卷至欧洲。肯尼亚民粹主义者认为，中国投资修建的肯尼亚标志性项目——蒙内铁路导致肯尼亚陷入际债务陷阱，他们的真实目的似乎是阻止非洲国家利用"一带一路"提供的资金来支持非洲"2063 年议程"。反债务民粹主义者其实更倾向于非洲只与西方传统伙伴打交道，设定中国将使非洲陷入一个巨大的"债务陷阱"中。

（三）多数质疑与担忧受西方舆论影响

良好的合作必须建立在相互了解、互惠互利的基础上，对于"一带一路"建设中的中肯合作关系和相关项目的合作方式，肯尼亚民众并不十分了解。不少肯尼亚人只知道蒙内铁路是靠贷款修建起来的，但对蒙内铁路和"一带一路"背后的深层意义知之甚少。还有一些肯尼亚民众受到误导认为中国在肯实施合作项目主要是出于攫取资源等自身利益的

---

① Peter Kagwanja, "Populism aside, China-funded SGR a Key Legacy Investment," Daily Nation Kenya, April 28, 2019, https://www. nation. co. ke/oped/opinion/Populism-aside——China-funded-SGR-a-key-legacy-investment/440808 – 5090716-icdd86/index. html.

考虑，认为无论中国与肯尼亚的贸易投资规模大小、数量多少，普通民众很难从中获益。这主要与当地舆论受西方影响较深有关，肯尼亚媒体经常转发西方媒体针对"一带一路"项目的负面报道与评论，但对项目将为当地民众带来的好处鲜有提及。这背后的原因与语言、文化、殖民地背景等有着密不可分的关系。

近几年在非洲进行的 87 项民意调查显示，非洲民众对于中国在基础设施建设领域给予非洲的支持具有一定程度的了解，"但是'一带一路'倡议下的中国对非投资受到一定程度的负面评价，对于让非洲公众认识一个真实、立体、全面的中国未能起到推动作用"。[①] 一些西方国家并不希望看到中肯关系快速发展，会使用手段在某些问题上煽动肯尼亚民众对中国的负面情绪。肯尼亚许多政府智囊、媒体精英、专家学者有过在欧美国家留学或工作的背景，他们的思维理念和行为方式西化，而他们本身就能够制造强大的舆论影响力。

四 化解负面舆情需多层次共同努力

针对当前负面舆情，我们应积极引导，消除相关误解。从当地政府、学界、民间等不同层次做好引导工作，形成应对合力，为继续推进中肯及中非合作奠定扎实的民意基础，营造良好的舆论环境。

（一）加强沟通，引导当地政府加强宣介，增进民众对项目的全面了解

事实上，只有 20% 的非洲国家外债源自中国，67% 以上的债务来自西方的双边捐助机构。有数据显示，中国承诺对内罗毕道路建设等基础设施领域的投资规模仅次于世界银行和非洲开发银行。[②] 对比欧盟、日本等投

① Andrew Scobell, Bonny Lin, Howard J. Shatz, Michael Johnson, Larry Hanauer, Michael S. Chase, Astrid Stuth Cevallos, Ivan W. Rasmussen, Arthur Chan, Aaron Strong, Eric Warner and Logan Ma, "At the Dawn of Belt and Road: China in the Developing World", the RAND Corporation, Santa Monica, Calif, December 2018, https://www.rand.org/content/dam/rand/pubs/research_reports/RR2200/RR2273/RAND_RR2273.pdf.

② Dossou, Toyo Amegnonna Marcel, "The Impact of China's one Belt One Road: Initiative in Africa: The Evidence from Kenya", MPRA Paper No. 90460, Dec. 13, 2018, https://mpra.ub.uni-muenchen.de/90460/10/MPRA_paper_90460.pdf

资方，中资企业在肯尼亚开展基建项目的运营和管理方式的确存在一些不同的特点，主要是项目建设造价低、建成速度快。如欧盟确定在肯尼亚开展某一基建项目到正式交付之间的大约需要花费十年时间，而中方花费的时间不超过四年。然而，造价和工期的缩短往往也带来环境评估等前期调研不充分等问题。欧盟项目在实施前的环评研究和应对方案由独立咨询公司进行，而中国项目则通常是由承建方进行的。要积极通过听证会、发布会、沟通会、展示会等多种方式促进信息沟通与交流，倾听当地民众呼声，及时澄清不实信息及质疑。此外，针对类似"锡卡高速公路建设期间部分民众未能接受政府提议的安置费用拒绝搬迁，直接引发对该建设项目的不满情绪"[1]，我们应注意在项目实施过程中，加强对中方工作人员的教育引导，提升工作人员素质，依托项目讲好中国故事，促进民心相通。

（二）智媒融合，提升非洲本土媒体水平，助力中非合作国际传播

加强中肯智库、媒体合作，引导其关注"一带一路"倡议对肯国家和民生的直接联系。主动对合作项目的过程和内容进行宣介，提高项目透明度，借肯尼亚专家、学者之口，通过数据、实例进行讲解。针对舆情，中方媒体应主动回应质疑，敢于自我批评、及时化解矛盾，展现大国自信和担当。肯尼亚执政党甚至连反对党都支持修建内马铁路，肯尼亚政府也一直在寻求中国提供约 37 亿美元贷款以完成内马铁路建设。很多肯尼亚人非常关心奈瓦沙至基苏木路段以及至马拉巴的剩余路段，还能不能继续得到中方贷款。然而这一设想因种种原因未能实现，经肯尼亚各大主流媒体报道，并在肯尼亚社交媒体上引起舆论发酵，部分当地民众对于其中原因产生怀疑。奥尼昂戈称，中方是以肯尼亚的承受能力为依据，在项目可行性科学论证的基础上，最终确定铁路的建设方案和融资规模，防止给肯尼亚造成新的债务风险和财政负担，这是对那些提出所谓"债务陷阱"论调的人进行的有力回应。诸如此类的看法如果通过非洲本土媒体及时报道出来，会令当地民众更加信服。

---

[1] Dossou, Toyo Amegnonna Marcel, "The Impact of China's One Belt One Road: Initiative in Africa: The Evidence from Kenya," MPRA Paper No. 90460, Dec. 13, 2018, https://mpra. ub. uni-muenchen. de/90460/10/MPRA_ paper_90460. pdf.

（三）深入调研，针对非洲国家发展需求采取有效措施助力非洲发展

由于资金及其他保障能否落实到位等现实问题，西方国家在肯尼亚进行的大型基建项目往往需要较长时间才能完成。如果设计第三方参与"一带一路"建设，一方面，在各方的共同带动下，非洲国家能够更快获得急需的资金和技术支持，更好地完善基础设施项目。但另一方面，多边合作前期可能要耗费大量时间进行沟通协调，综合考虑资金、技术、管理等多重因素，项目的实施效率可能会打折扣。因此，要在充分调研的基础上尝试在肯尼亚开展"一带一路"建设多边合作项目，如港口扩建、灌溉工程、电厂建设等。

肯尼亚希望中国能够对肯尼亚产品进入中国市场提供更多的优惠政策。中肯双方应加强对市场的合作调研，给各自的贸易商明确的指导。肯尼亚希望中国进行技术转让，帮助肯尼亚提高其农产品的附加值。根据中国海关公布的数据，中国每年进口 32100 吨牛油果，价值 1.05 亿美元，拥有巨大的市场。而随着国际市场对牛油果需求的不断增加，2017年起，肯尼亚成为非洲最大的牛油果出口国。2018 年肯尼亚与中国签署了牛油果出口植物检疫协定，2019 年内向中国试验性出口肯尼亚牛油果，自 2020 年起将展开大规模出口。此次中肯签署关于肯尼亚向中国出口牛油果的贸易协议为肯尼亚水果等农产品打开中国市场创造了条件，满足了肯尼亚增加对华出口，特别是高附加值农产品出口的需求，缓解了目前的对华贸易不平衡现象。

（四）拓展领域，强化中肯科技教育、生态环境、医疗卫生等的互惠合作

无论是肯尼亚政界、学界还是普通百姓，对于中肯双方在以上领域的合作均持欢迎态度，因为相关合作成果能够真正帮助解决非洲国家经济社会发展所面临的粮食短缺、环境污染和传染病流行等重大现实问题，并提升非洲国家在相关领域的科技水平和人才培养能力，助力肯尼亚国家软实力建设，而且不涉及债务、贸易逆差等对方所谓"敏感"问题。在许多非洲国家，这些领域仍是各自经济发展中的短板，位于肯尼亚乔莫·肯雅塔农业技术大学的中非联合研究中心的成立，在促进非洲生物多样性保护和可持续发展领域培养更多专业人才方面成效显著。肯尼亚"孔扎科技城"的规划建设让肯尼亚人看到了国家可持续发展的希望。李

克强总理曾强调中非经贸合作与人文交流，要"两个轮子"一起转，加强中非人文交流，能为中非关系的可持续发展提供良好的民意基础和舆论氛围。

中非合作只有进行时，没有完成时。只有善于倾听非洲人民的真实声音和诉求，才能正视中非合作中存在的问题和面临的挑战；只有了解非洲国家民众的想法，做好民众的工作，才能促进民众从了解中国到理解中国，再到认可中国；只有夯实了民意基础，"一带一路"才能真正实现"政策沟通、设施联通、贸易畅通、资金融通、民心相通"。

【责任编辑】王　珩

非洲研究　2020 年第 1 卷（总第 16 卷）

第 156－165 页

SSAP ©，2020

独立以来肯尼亚职业教育政策变迁研究

张　玥　陈明昆

【内容提要】独立以来肯尼亚职业教育政策发展经历了三个阶段，即 20 世纪 60—70 年代国家教育体制的重建和职业教育的初步发展；80—90 年代的学制变革及教育发展政策的调整，职业教育开始受到重视；21 世纪以来在外部世界影响和国内经济发展驱动下，职业教育发展出现更多积极变化。职业教育政策的演变对肯尼亚经济社会的发展有一定影响。肯尼亚应在不断总结和反思的基础上，宏观考量国际和国内两大因素，立足现实，着眼长远，努力制定出更接地气、更富有成效的职业教育政策并加以推广、落实，以实现可持续发展。

【关键词】肯尼亚；职业教育政策；学制；可持续发展

【作者简介】张玥，浙江师范大学非洲研究院非洲教育方向 2018 级硕士研究生（浙江金华，321004）；陈明昆，浙江师范大学教授，博士生导师，主要研究领域为职业教育、非洲教育发展、中非教育合作等（浙江金华，321004）。

独立以来，由于受国内外各种因素的影响，肯尼亚职业教育发展经历十分曲折，也一直未有很好的建树。虽然肯尼亚政府为了促进职业教育发展，成立了相关机构，发布了多个教育改革政策或报告，包括《肯尼亚教育委员会报告》（1964）、《教育法》（1968）、《Gachati 委员会报告》（1976）、《麦凯报告》（1981）、《教育、培训和研究政策框架》（2005）、《2030 愿景》（2007）等，在一定程度上促进了职业教育的发展，提高了社会对职业教育的认知水平，但都未能达到当初政策设计者的预期目标，导致当前肯尼亚职业教育发展水平较低。本文拟从政策分析的视角，研究肯尼亚职业教育的历史变迁轨迹，揭示影响肯尼亚职业教育发展的制度因素。

一　20世纪60—70年代：重建体制，职业教育取得初步发展

1963年12月12日，肯尼亚摆脱英国殖民统治获得独立。独立后，肯尼亚政府的一项重要工作就是改革殖民教育体系，建立新的国家教育制度。

（一）成立全国教育委员会，重建国家教育体制

1964年12月，肯政府成立"肯尼亚教育委员会"（Kenya Education Commission，KEC）。肯尼亚教育部部长约瑟夫·詹姆斯·奥蒂恩德（Joseph James Otiende）任命西蒙·奥民德教授（Prof Simeon H. Ominde）为教育委员会主席，全权负责制定国家教育制度和起草发展规划。

"肯尼亚教育委员会"（又称为"奥民德委员会"）在成立初期提出了一系列的教育改革举措，包括：改殖民时期的4-4-4学制为7-4-2-3学制；实行免费的初等教育；废除初等教育阶段的职业教育课程；改革殖民时期历史、地理等教科书内容；建立教师教育学院等。① 其中最为重要的应属7-4-2-3新学制的实施。殖民时期学制仅分为三级，即初等教育、高级初等教育、中等教育，没有高等教育。新学制分为四段，即小学7年，初中4年，高中2年，高等教育3年，把发展高等教育提上了议事日程，并正式纳入国家教育体系。

肯政府确立国家教育发展的主要目标是"为经济发展提供大量的人力资源"。把人力资源定义为"培养知识型人才"而非一般的劳动力技能型人才，所以国家重点发展普通教育，而不是职业教育。

（二）颁布《教育法》，着力发展职业教育

1968年颁布的《教育法》（Education Act），是肯尼亚关于职业教育发展的第一部法律，第一次把职业教育管理、职业学校发展、职业教育

_____

① https://softkenya.com/education/ominde-commission/，访问日期：2020年1月7日。

课程建设等列入其中。此后近十年，肯尼亚职业教育进入较快发展时期。当时办学类型主要有教会办学和社区集资办学两类。前者如"肯尼亚全国教会理事会"（NCCK）在全国不同地方创办的职业技术培训中心，旨在为那些已经完成小学无法进入中学的学生提供职业培训，帮助肯尼亚青少年获得一定的劳动技能，从而降低失业率。[1] 后者主要是学生家长和当地社区以缴纳现金或实物或出劳动力的方式，修造中小学校舍和部分教师住房，政府则提供教师和教学设备，并对学校进行管理。其中也建立了一批以社区为依托的技术学校，如哈兰比学校（Harambee Institutes），旨在为社区的中学毕业生提供技术培训，课程包括建筑施工、管道维修、机械制造、会计、纺织以及农业生产知识等，在课程设置和人员配备方面享有一定的自主权。

"哈兰比"（Harambee）一词，出自斯瓦希里语，意为齐心协力。[2] 肯尼亚《1970—1974 年发展规划》指出，要帮助哈兰比学校改善办学条件、提高办学质量和效益，其中包括合并一些规模小、质量差的学校，对学校集资款定期进行审计等。1975 年，政府实施了"哈兰比中等学校一揽子计划"。政府每年向 50 所哈兰比学校提供支持，主要包括为学校配备一些受过培训的教师、提供视听设备、派督学到学校检查指导工作、为准备参加肯尼亚初级证书考试（Kenya Junior Certificate Examination）的学生提供课程等。同时鼓励哈兰比学校开设理科课程和工艺课，为一些学校配备理科教师，建造实习车间。[3]

哈兰比学校的办学模式显然受到美国等西方国家社区学院的影响，但由于肯尼亚等非洲国家的社区概念无论是在组织架构、管理职能和财富实力，还是在地理区域、共同意识和共同利益维系方面，都无法与发达国家相比，这就决定了其在办学过程中困难重重，在人力和物力上常常捉襟见肘，无法保证质量。

---

[1] 蓝建：《独立时期肯尼亚政府的教育观》，《外国教育研究》1995 年第 1 期，第 48—50 页。

[2] 独立前期，肯尼亚教育主要是在"哈兰比"运动的支持下获得缓慢发展的。在独立后，总统肯雅塔提出将"哈兰比"确定为国家发展口号，在这一口号感召下，肯政府实施了多种举措来建设国家。如修路、建医院、学校、兴修水利等，并开始从民间集资和募捐。转引自方彤《肯尼亚的哈兰比中学运动》，《外国教育研究》1995 年第 1 期，第 44—47 页。

[3] D. A. Shiman, and K. Mwiria, "Struggling against the Odds: Harambee Secondary Schools in Kenya," *The Phi Delta Kappan*, 1987, 68 (5), pp. 369 – 372.

（三）发布《Gachati 报告》，进一步突出职业教育重要性

1976 年肯政府成立"教育目标和政策国家委员会"，对各类教育的发展成效开展评估，并发布《Gachati 报告》，提出 338 项教育发展建议。报告认为，职业教育比普通教育更能适应国家发展需要，因为普通教育只注重学习者的认知能力，而职业教育可以培养学习者多方面的能力。[①]

为了扩大农村学生受教育机会，并解决他们的就业出路问题，肯尼亚政府创办了一些主要面向农村学生的职业教育机构，如乡村（青年）多科技术学校（Village/Youth Polytechnics），为农村贫困地区的学生提供初级职业技术课程，包括建筑、汽车、机械、焊接、电工及农业技术等。肯尼亚青年服务中心（National Youth Service）还为农村学生提供木工、机械等为期两年的职业培训课程。[②] 政府为这些培训机构提供技术和设备支持，保障教学过程的顺利进行。

20 世纪 60—70 年代是肯尼亚职业教育体制的重建阶段。在独立初期崇尚"精英教育"的政治和社会背景下，肯政府不太注重职业教育的发展。后来随着就业问题的突出、经济发展的需要，肯政府才开始重视职业教育，推动肯尼亚职业教育实现初步发展。

二　20 世纪 80—90 年代：调整学制，职业教育受到高度重视

由于受到 70 年代末爆发的中东石油危机的严重影响，20 世纪 80 年代西方资本主义国家经济一落千丈，根本无暇顾及非洲，非洲国家经济也急剧下滑，人民生活雪上加霜。仅三年时间，肯尼亚国内生产总值就从 1980 年的 72 亿美元下降至 1983 年的 59 亿美元，人均年收入从 1980 年的 656 美元下降至 1983 年的 471 美元，处境十分艰难。[③] 面对经济危

---

① https://softkenya.com/education/Gachati-commission/，访问日期：2020 年 1 月 7 日。

② J. H. Hicks, M. Kremer, and I. Mbiti, et al., "Vocational Education Voucher Delivery and Labor Market Returns：A Randomized Evaluation among Kenyan Youth," *Report for Spanish Impact Evaluation Fund（SIEF）Phase 2*, 2011, pp. 10 – 12.

③ 世界数据图册，肯尼亚 [EB/OL]，http://cn.knoema.com/atlas/肯尼亚，访问日期：2020 年 1 月 15 日。

机，世界银行和国际货币基金组织对非洲债务国强制实行经济结构调整计划。肯政府不得不减少在教育事业上的投入，给原本就脆弱的教育体系带来冲击，无论是普通教育还是职业教育的毕业生都很难找到工作。

受经济形势影响，肯尼亚教育发展计划受阻，职业教育一度停滞。但政府很快就意识到了职业教育的不可或缺性，1981 年 1 月 21 日，肯政府成立麦凯委员会 (Mackay Committee)，总统莫伊 (Moi) 任命加拿大学者科林·麦凯博士 (Dr Colin B. Mackay) 为主席，希望能为肯尼亚教育发展提供切实可行的计划和建议。1981 年底发布的《麦凯报告》(Mackay Report of 1981) 是麦凯委员会关于肯尼亚教育发展建议的集中体现。随后几年，麦凯委员会的政策建议对肯尼亚的教育产生了深刻影响。

政府接受麦凯委员会建议开始改革原有的教育体制，支持职业教育发展。例如，在全国大学中设立分科学院和专门的研究机构；进一步扩大职业教育规模，以增加中学毕业生和辍学者的培训机会；在中小学的课程中加入职业教育内容，提升学生技术技能等。[1]

报告还建议实施 8－4－4 学制。1984 年，政府将 7－4－2－3 学制转变为 8－4－4 学制，小学延长至 8 年，分初级小学 6 年、高级小学 2 年，初中和高中合并为 4 年，大学延长至 4 年。小学毕业参加考试合格后可获得肯尼亚初等教育证书 (Kenya Certificate Primary Education)，成绩优良者可进入中学学习；中学毕业参加考试合格后颁发肯尼亚中等教育证书 (Kenya Certificate Secondary Education)，中学毕业考试成绩达到 C＋以上方可进入大学读书。[2] 实施 8－4－4 学制被认为是肯尼亚教育史上最为深远的一次学制变革。

新学制对发展职业教育较为有利，在其所阐述的目标中认为：发展职业教育可以为社会经济发展所需的职业技能奠定基础；能够展现学生的技术倾向和技能想法；可以培养广泛的各行业技能；能够形成社会对体力劳动的尊重和欣赏等。[3] 其实施为肯尼亚培养了劳动技术人才，在一定程度上推动了肯尼亚的产业发展和经济增长。从 20 世纪 80 年代中期到

---

① http://softkenya. com/education/macky-commission/，访问日期：2020 年 1 月 7 日。

② 金楠、万秀兰：《肯尼亚学制的改革和发展》，《全球教育展望》2008 年第 10 期，第 74—78 页。

③ J. W. Simiyu, *Revitalizing a Technical Training Institute in Kenya: A Case Study of Kaiboi Technical Training Institute*, Eldoret, Kenya, Bonn: UNESCO-UNEVOC International Centre for Technical and Vocational Education and Training, 2009, p. 9.

90 年代末，肯尼亚国内生产总值从 1984 年的 61 亿美元增长到 1998 年的 140 亿美元；工业增加值由 1984 年的 10 亿美元增加至 1998 年的 21 亿美元。① 但这个增长速度远远不能消解肯尼亚人口增长、教育需求、贫困等所带来的社会负担。

新学制还注重将中小学实用技术科目与传统学术科目相结合。在小学高级阶段对学生开展必要的技术教育，在中学阶段开设职业教育课程，通过职业教育来巩固学生的理论和实践知识，为少数拥有职业意向和技术天赋的学生提供了人生发展机遇。② 政府要求每所学校应至少建立一个小实验室或者开办一所小型工厂，为学生提供更多的实践练习机会。这些做法在一定程度上是受世界银行教育经济学家思想的影响，专家号召非洲国家中小学课程实行"职业化"整合。此外也是受美国综合课程的影响，希望能够培养出"既能升学又能就业"的学生。当时国际上一些教育学家也认为，职业教育在一定程度上不仅可以推动国家经济发展，还可为青年人提供劳动力市场所需的技能，进而降低失业率和贫困率。

三　21 世纪以来：变革开放，职业教育期待复苏振兴

进入 21 世纪，受信息化和全球化思潮影响，非洲大陆迎来了新一轮发展机遇。1990 年世界教育大会的召开以及 2000 年"达喀尔行动纲领"的发布，促使外部世界对非洲社会发展问题及全民教育发展给予了更多关注和更大支持，非洲各国纷纷采取行动，制定新的国家发展目标和计划，希望获得更多的国际支持。2007 年，非盟会议颁布了《非洲职业教育和培训振兴战略》，这是非盟第一个教育领域的一体化发展战略。联合国教科文组织在 2009 年和 2015 年先后出台了《职业教育与培训支持战略（2010—2015 年）》和《职业教育与培训战略（2016—2021 年）》，强调了职业教育在提升国民经济、实现《2030 年可持续发展议程》方面的重要作用，鼓励各国大力发展职业教育。

2000 年中非合作论坛的召开和中非合作机制平台的建立，使中非合

---

① 世界数据图册，肯尼亚［EB/OL］，http://cn.knoema.com/atlas/肯尼亚，访问日期：2020 年 1 月 22 日。

② D. N. Sifuna, "Prevocational Subjects in Primary Schools in the 8 – 4 – 4 Education System in Kenya", *International Jounral and Education Development*, 1992, 12（2），pp. 133 – 145.

作进入快车道。中国改革开放所取得的巨大成就，给非洲国家领导人以震撼，中国发展经验无疑对非洲国家治国理政和经济、教育、科技等领域的发展产生巨大吸引力。作为新兴经济体的中国在非洲影响的不断扩大，使那些老牌的资本主义国家和一些新兴市场国家感到惴惴不安，表示要支持非洲发展，向非洲示好。中国在非洲的存在可能成为撬动 21 世纪的非洲不断向前发展的最重要支点。

就肯尼亚而言，2000 年以来的经济也得到较快发展，国内生产总值由 2000 年的 127 亿美元增至 2017 年的 749 亿美元，翻了两番多。人均国内生产总值由 2000 年的 404 美元增加至 2017 年的 1508 美元。[①] 为塑造国际新形象，争取国际组织和其他国家更大支持，肯政府于 2005 年出台了第一号文件《教育、培训和研究政策框架》（Sessional Paper No. 1 of 2005，on Policy Framework for Education，Training and research）。文件从"发展机遇、教育质量、教育公平"三个方面阐述了肯尼亚教育的具体目标和战略，强调了职业教育和成人教育的重要性，关注女性和弱势群体的培训需求，并建议在各个县区设立教育委员会来解释、执行、协调教育方案的实施，帮助各个县区顺利开展职业教育。并指出职业院校应以社会需求为导向，注重通信技术和计算机人才的培养。政府应为职业院校提供资金和设备支持，从而培养出能够胜任经济全球化背景下劳动力市场对高技能人才的需求。

在成功实施 2003 年至 2007 年的"经济复苏战略（ERS）"后，肯政府于 2007 年发布《2030 年愿景》（Vision 2030）。《2030 年愿景》是肯政府提出的一份全国性的可持续发展战略，立志在 2030 年时将肯尼亚建设成"为所有公民提供高质量生活的新型工业化中等收入国家"。[②] 该愿景包括经济、社会、政治三方面，重点关注科学、技术创新以及作为社会经济和技术转型工具的职业教育和培训。愿景非常重视教育与劳动力市场之间的联系，大力提倡在课堂中引入技术教育课程，也对职业教育发展提出了特殊要求，将其视为经济发展必须依赖的主要引擎，认为职业教育可以培养公民成为高效率和富有竞争力的劳动力，以生产足够的中层技术型人力资源，为国家技术发展和产业转型提供人才，提高生产效

---

① 世界数据图册，肯尼亚 ［EB/OL］，http：//cn. knoema. com/atlas/肯尼亚，访问日期：2020 年 1 月 22 日。

② Republic of Kenya，*Vision* 2030：*A Globally Competitive and Prosperous Kenya*，Nairobi：RoK，2007，p. 9.

率，进而提升肯尼亚的国际竞争力。

2012 年，肯政府又出台了《职业教育与培训政策》，该政策不仅包含职业教育与培训部门法律框架的划分，还明确职业教育和培训体系旨在保障和推进本国职业教育的良好发展。在《职业教育与培训政策》中，号召企业积极参与学校的职业培训，并将企业家精神作为课程的一部分，纳入职业教育与培训活动中。

四　立足当下，着眼长远：实现肯尼亚职业教育可持续发展

进入 21 世纪，非洲大陆的发展迎来了曙光，职业教育的作用与功能得到了广泛重视，但职业教育的质量和规模与实际需求之间还有很大的差距，职业教育发展过程中存在一些固有矛盾，如经费问题、师资问题、质量问题、社会参与问题等，没有得到很好的解决。当今世界正处于"百年未有之大变局"，肯政府能否抓住全球化、一体化及"一带一路"所带来的发展新机遇，实现产业、民生、环境和教育、卫生等的健康发展，面临诸多挑战。

（一）把握国际发展潮流，结合实际制定教育政策

在全球化背景下，非洲各国已逐渐意识到一体化是推动区域经济发展、应对全球化挑战的战略性选择。一定时期某个国家的教育发展必然会受到多种因素的影响和制约，既有内部的也有外部的，尤其是欠发达国家，受外部世界的影响更大。虽然国际社会或区域性组织在如何发展职业教育方面给出了宏观层面的指导，但是具体各个国家，情况可能千差万别。因此，从本国实际出发，制定出切实可行、更接地气的职业教育发展政策和举措，不是一件容易的事。因为自非洲独立以来，非洲很多国家曾经在世界专家的指导下，发布过令人鼓舞的国家教育发展计划，但要么"胎死腹中"，要么成为"一纸空文"，很少能够兑现。例如，塞内加尔在 1960 年至 1980 年出台了一系列的教育政策来促进本国的教育发展，但是由于政策不适应该国国情，预期教育目标也就没有达成。肯尼亚职业教育政策要综合考量国内外因素，因势利导，逐步推进，从本国国情出发、从当地实际出发，制定出切实可行的、更接地气的教育发展

规划或政策，并推动落地实施。

（二）凝聚教育行动力量，发挥政策制度的杠杆功能

现代职业教育是与工业化、城市化的发展相伴而生的。没有工业化、城市化的发展，职业教育也难有作为。在教育领域，治理的无序状态往往表现为教育政策的推行阻隔、职业教育发展计划的落空等。因此，如何像中国政府一样，把每项教育政策的制定和实施过程都转化成为凝聚人心、汇集力量的行动工具，而不再是政府唱的独角戏，是需要认真考量的现实问题。可以说，通过教育资源再分配，着力提升非洲城市化地区的职业教育普及率是极为重要的。肯尼亚目前的职业教育内容偏重农业方面，不能满足城市化地区对技术人才的需要。此外，由于肯尼亚的城市社会经济环境还未得到长足的改善，其本土培育的优质人力资源流失现象也较为严重，从而加剧了城市人才市场某些领域尤其是高技术领域人才的短缺。因此，肯政府在制定职业教育政策的时候要注重将职业教育的发展与本国的城市化进程相契合，留住高质量人力资源，提升国际竞争力。

（三）拓展就业创业空间，职业教育未来大有可为

青年失业是当今欠发达国家面临的最紧迫的社会问题之一。世界银行 2016 年的一项研究发现，肯尼亚是东非失业青年人数最多的国家，近 1/5 的肯尼亚青年没有工作，每年大约有 80 万名毕业生竞争近 12 万个的工作岗位。2018 年肯尼亚青年失业率高达 26.2%。[①] 为此，很多人呼吁：发展职业教育，培养劳动技能，解决失业问题！职业教育似乎成为解决失业问题的"济世良药"。而事实上，职业教育只是促进就业的一种路径，其本身并不能创造就业岗位。职业教育的发展既需要适宜的社会经济和思想环境，需要物质条件的支持，更需要坚强的政策后盾。以就业为导向发展职业教育是发展中国家的明智选择，职业教育并不是解决就业问题的唯一路径，但它可以是促进就业的润滑剂，增进社会和谐稳定的黏合剂。发展才是硬道理，只有经济发展了，社会保障增强了，才能创造出更多的就业岗位，才能缓解就业难题。当然这并不意味着职业教

---

① 世界数据图册，肯尼亚［EB/OL］，http://cn.knoema.com/atlas/肯尼亚，访问日期：2020 年 1 月 15 日。

育要消极被动地适应经济发展，相反要积极主动地为经济发展服务，为国家产业发展进行劳动力人才储备，为企业扩大生产提供优质劳动力，为职业人劳动态度和职业精神的提升做出努力，还可以为产业升级提供技能迁移培训，最终都体现在为国家劳动生产率的提高和产品质量的提升上做出贡献。

【责任编辑】 王　珩

非洲研究 2020 年第 1 卷（总第 16 卷）
第 166－175 页
SSAP ©, 2020

高校智库在国际传播中的作用、挑战及应对策略

——以浙江师范大学非洲研究院为例

王　珩　　王丽君

【内容摘要】 高校智库对塑造国家形象和提升国际话语权具有重
要作用，在国际传播中扮演内容提供者、人才培育者、过程推动者、
效果提升者等角色。当前高校智库国际传播能力面临新挑战，存在人
才短缺、平台不完善、效果不明显等不足，本文借鉴浙江师范大学非
洲研究院协同创新构建"五位一体"智库国际传播体系的实践经验，提
出通过加强引导、深化研究、协同创新等举措不断提升智库的国际传播
意识和能力，拓展传播队伍，创新传播路径，扩大传播效果，为助力民
心相通、构建人类命运共同体营造良好的舆论环境，提供智力支持。

【关键词】 高校智库；国际传播；国家形象

【作者简介】 王珩，博士，浙江师范大学非洲研究院副院长、教
授，主要从事非洲智库研究，459432@ qq. com；王丽君，浙江师范
大学非洲研究院 2019 级硕士研究生。（浙江金华，321004）

　　智库是国际话语权与国家软实力的重要表征，也是国际传播的重要
思想支撑力量。"国际传播"这一概念有广义的和狭义的两种理解：广义
而言，国际传播是指人类信息跨越国家边界的交流和流动，即跨越国界
的信息传播；狭义上的国际传播是指依靠大众传播媒介进行的跨越国界
的信息传播，而不涉及跨国间的人际传播或人际交流。① 高校智库是国际

---

　　① 李智：《国际传播》，中国人民大学出版社，2013，第 2 页。

传播的重要载体，与依托于政府或国有企业部门的智库相比，高校智库相对独立，其主要以科学研究、探索真知为己任，对待问题更有可能做出公平合理的判断，提出更加客观的决策建议，① 这些优势使其在国际传播中扮演更加重要的角色。浙江师范大学非洲研究院自 2007 年建院以来，探索构建了"五位一体"的国际传播体系，即"学科建设为本体、智库服务为功用、媒体传播为手段、扎根非洲为前提、中非合作为路径"，建成了涵盖"一论坛（中非智库论坛）、两馆（非洲博物馆、非洲翻译馆）、三个数据库（中非联合研究交流计划信息网、中非经贸数据库、非洲语言数据库）、四家非洲孔子学院（坦桑尼亚孔子学院、莫桑比克孔子学院、喀麦隆孔子学院、南非孔子学院）、六个媒介（网站、微信公众号、信息摘报、智库专刊、《非洲研究》集刊、《非洲地区发展报告》）、八个平台（商务部援外培训基地、教育部援外培训基地、教育部区域国别研究中心、中南非人文交流研究中心、孔子学院研修中心、中非智库 10 + 10 合作伙伴计划、浙江省重点专业智库、浙江省 2011 协同创新中心）、十余个协同学科（非洲教育、地理、艺术、体育、法律、文学、交通、经贸、科技、影视等）、百所合作院校"等组成的国际传播协同创新大平台。②

一　高校智库在国际传播中的作用

高校智库依托学科齐全、人才密集和对外交流广泛等优势，以专家学者、各界精英、论坛平台等为主体，通过引导国际舆论影响国际思潮，制定理论范式，将国际主流话题归拢到自己的框架中来，使高校智库成为国际话语的主导者，向国内外受众传达自身思想，不断提升其在国际范围内的传播广度和传播深度，进而实现增强国际公信力与国际影响力的目标，推动中外人文交流与国际话语传播。③ 笔者认为，高校智库主要

---

① 李艳双、朱丽娜：《新型高校智库建设的问题分析与发展策略》，《智库理论与实践》2019 年第 4 期，第 39 页。

② 王珩、刘鸿武：《协同创新构建高校智库国际传播体系》，中国社会科学网，2019 年 11 月 18 日，http://www.cssn.cn/gjgxx/gj_tszk/201911/t20191118_5043961.html。

③ 盛明科、杨满凤：《智库国际传播能力的评价维度》，中国社会科学网，2018 年 4 月 4 日，http://www.cssn.cn/djch/djch_djchhg/wlaqyscyl_99724/201804/t20180404_3897860.shtml，访问日期：2020 年 3 月 2 日。

通过提供传播内容、培养传播人才、建构传播平台、提升传播效果等方式开展国际传播，讲好中国故事。

（一）提供传播内容

高校智库通过发表文章、推出专刊、承接课题、出版专著等方式来形成自己的信息资源库，为传播提供内容支撑。如浙江师范大学非洲研究院作为国家对非话语研究及传播重镇，自 2007 年成立以来，全院科研人员承担国家社会科学基金重大攻关项目等非洲研究领域国家级课题 30 余项，国家部委委托课题 100 余项，出版"非洲研究文库"著作 100 余部，发表论文 400 余篇。同时智库依托协同创新平台带动全校学科骨干投身非洲研究，仅 2019 年全校就有 19 项涉非课题被国家社会科学基金立项。这些原创性学术成果的产出，为高校智库进行国际传播提供了丰富的原创性素材，使传播内容富有学术内涵与思想力量。

（二）培养传播人才

在相对成熟的大学体系和较为完备的智库系统下，高校智库通常同时具备政策研究和该领域博士、硕士研究生培养的任务，成为高端人才的中转站。[1] 教育部副部长田学军在国新办新闻发布会上对包括浙江师范大学非洲研究院在内的高校智库在助力"一带一路"沿线国家民心相通的突出贡献给予充分肯定，认为其具有代表性、广泛性和推广性。[2] 该校受商务部、教育部委托举办的"非洲国家智库研修班"项目，已成为中非合作论坛框架下我国政府向非洲国家承诺实施的重要人力资源培训项目，成为促使中非双方通过研讨和考察共同探索提升政府社会治理能力和政策水平的有效途径，[3] 培训了包括中非共和国现任总统图瓦德拉在内的 50 多个非洲国家的 3000 多名政府高官、教育界的管理人员、校长和智

---

① 王诗苇：《高校智库建设与人才培养的互动机制研究》，《智库时代》2019 年第 28 期，第 52 页。

② 《教育部副部长田学军：中国教育为"一带一路"建设厚植民意根基》，中华人民共和国教育部，2017 年 5 月 11 日，http://www.moe.gov.cn/s78/A20/moe_863/201706/t20170620_307364.html，访问日期：2020 年 3 月 7 日。

③ 刘政宁、李力：《2019 年非洲智库与国情研究研修班来渝考察》，人民网，2019 年 7 月 21 日，http://cq.people.com.cn/n2/2019/0721/c365411 - 33165154.html，访问日期：2020 年 3 月 6 日。

库的精英等一批知华友华的高端国际人才，他们是国际传播中的重要发声力量。

（三）建设传播平台

一流高校智库一般具有多种平台，有的分属国家高端智库、国家级协同创新中心、教育部区域国别研究基地，外交部、中联部、商务部等的智库联盟等，有的创立了国际论坛、知名期刊、网站、微信公等平台，为国际传播提供了很好的发声渠道。如浙江师范大学在外交部指导下创办的中非智库论坛，于 2012 年被纳入中非合作论坛框架，成为中非民间对话的固定机制。论坛以"民间为主、政府参与、坦诚对话、凝聚共识"为宗旨，每年在中国和非洲轮流举办，十年举办了十次，邀请国内外政府部门、学术机构、企业、媒体等代表参会，促进了中非交流与理解，论坛是中国与非洲国家学术思想界和智库机构共同推进落实中非全面合作、提供维护发展中国家权益的思想智慧与知识产品的重要平台。

（四）提升传播效果

智库是国家软实力的重要载体，越来越成为国际竞争力的重要因素，应该而且有能力在对外传播中发挥关键性作用，做到"献智"和"献力"。① 浙江师范大学通过邀请非洲国家的记者来访、双向翻译中非系列作品、建立非洲文化体验园和非洲博物馆、打造多语种学院网站等方式，在做好品牌构建的同时充分发挥自身职能优势，放大高校智库传播效果。此外，一些活跃的学者，通过出国讲学，勤勉写作，熟练地使用各种国际化平台去发表观点、传播思想，不断利用自己的影响力扩大智库成果的传播效应，如教育部长江学者特聘教授、非洲研究院刘鸿武院长在"费孝通讲堂""文汇讲堂"等论坛的讲座，在央视、大卫视的解说直播，在微信平台开设的双语学术公众号"流观非洲"，在金华之声电台开办的"流观非洲"栏目等，皆在社会上引起了广泛关注。

---

① 清华大学苏世民书院常务副院长潘庆中在中国智库国际影响力论坛 2019 发表的题为《多层次立体化，讲好中国故事——中国智库思想对外传播的几点思考》的发言。

二　高校智库国际传播面临的挑战

随着形势发展，高校智库助力国际传播也面临诸多挑战，如具有一流语言能力和扎实专业素养的人才不多，人才流通机制不健全；实体平台和网络平台的建设较以往有了长足进步，但离国际知名智库的传播能力和影响力仍有较大差距；传播机制不完善和新媒体运用能力不足，导致传播效果欠佳等。主要的挑战来自以下三个方面。

（一）国际传播人才不充足

人才是智库国际传播的有生力量。智库人才不同于其他专业研究人才，需懂语言、有思想、会传播、擅交流，但受诸多因素限制，智库尤其缺少在国际传播方面的人才。首先，智库学者语言能力有待提升。语言的畅通不仅有助于双方的交流，更能提高信息的有效性，使双方可以在交流过程中减少语言差异带来的误解。当前智库在国际中的传播语言主要以英语为主。随着参与"一带一路"倡议的国家越来越多，智库传播对多语种、小语种人才的需求也越来越大。其次，智库学者媒介素养亟待提升。智库研究涉及范围广泛，在竞争日益激烈的国际传播环境中和快速发展的信息化时代背景下，不能只靠学术精英的单打独斗，需要更多综合性人才的参与，打造博采众长、质量过硬的国际传播队伍。但不少高校更注重专业型学术人才的培养，缺少对应用型人才的重视。此外，中国智库专家尚不能成为各国主流媒体的消息源和精英阶层中的意见领袖，[①] 能在国际上发声的中国智库专家仍是少数。再次，人才流通机制不健全。目前，国内高校虽然在人才培养方面进行了一些探索和有益尝试，但受现有人事体制和管理机制等诸多因素的制约，还未建立起一套与智库建设相适应的科学评价体系，没有形成"旋转门"人才流通机制，也未形成畅通的国际传播专业人才输送渠道。

[①]　中国传媒大学教授、博士生导师，媒介与公共事务研究院副院长周亭在第二届中国智库建设与评价高峰论坛上发表的题为《从当前国际传播格局看智库话语体系建设的困境和路径》的演讲。

（二）国际传播平台不完善

平台是智库国际传播的发声渠道。在"一带一路"大发展、大繁荣的背景下，搭建好传播平台对智库的国际传播具有事半功倍的效果，将助力"一带一路"的高质量发展。但目前高校智库的国际合作平台较少，难以通过这些平台传播思想、争取话语权，且在全球性论坛中也很难看到中国面孔，很难听到中国声音。部分高校智库与国际智库建立起联系，但很少开展深入的实质性合作项目，难以融入国际的学术关系网络、及时获得第一手信息资料。

同时，高校智库的双语或多语种网络平台也不多。据上海社会科学院智库研究中心 2019 年 3 月发布的《2018 年中国智库报告——影响力排名与政策建议》报告显示，在国际影响力排名前 20 的中国智库中，还有 15% 的智库没有建设英文网站，其中只有 15% 的英文网站实现了每日更新。这两个"15%"暴露了中国智库国际影响力的巨大短板。[①]

（三）国际传播效果待提升

影响力大小是检验智库国际传播效果的手段。高校智库内部研究成员较为分散，他们凭借高校智库平台申请到项目之后往往独自展开研究和调研，难以形成传播合力。在万物皆媒的背景下，大多数高校智库虽然开始将目光转向新媒体，但尚处于探索阶段，在国外注册 Twitter、Facebook 和 Instagram 的智库还是少数，也较少有智库学者开设微博和博客，新兴媒体资源利用不够充分。此外，还有一些因素影响了智库国际传播的效果。如高校智库学术刊物和专著等成果难以产生较大的国际影响力；中国学者在政治决策逻辑链条中处于相对弱势地位，在对外表述上往往谨小慎微；[②] 一些智库未能把握好政策语言、学术语言、新闻语言和故事语言这四种语言之间的关系，并未能将其进行及时转化，导致一些智库成果和观点不能很好地让国际国内大众理解。因此，尽管近年来高校智库整体影响力有了显著的提高，但在国际传播效果上还存在较大提升空间。

[①] 中国智库国际影响力论坛 2019 开幕式主题研究报告《智库建设的新长征路：中国特色新型智库七年评估及传播、绩效研究报告观点摘要》。

[②] 王文：《智库学者应善于讲"一带一路"故事》，《对外传播》2015 年第 5 期，第 49 页。

三　提升高校智库国际传播力的措施

发出中国声音、讲述中国故事、传递中国思想是智库的职责所在。在大国博弈日趋激烈的形势下，进行积极的国际传播是智库提升中国国际话语权的重要手段之一。为应对全球化与信息化的高速发展，提升高校智库国际传播能力，借鉴浙江师范大学非洲研究院的经验，笔者认为，应进一步加强高校智库人才培育，打造优秀国际传播队伍；拓展国际传播渠道，打造多元平台；加大支持力度，创新话语路径。

（一）传播队伍国际化

加强智库人才队伍建设，实施高端智库人才培养计划，需抓好国内国外两个人才来源地。高校智库需尽快提高自身建设，健全科学、规范、灵活的人才管理机制，建立系统有效的"旋转门"机制，坚持"引进来"与"走出去"相结合的人才队伍创建方式，为智库的发展形成良好的人力基础和资源保障。一方面，要重视培养国内智库传播人才。他们有较丰富的国内实践调研经验，熟悉本国历史、政治等情况；同时熟悉对象国的历史、政治发展脉络和现状；具备优秀的人际交往能力，善于用更能打动外方的方式说明问题。要进一步提升国内人才的外语交流能力，尽可能掌握对象国本土语言，打破沟通壁垒。打造一批"明星"学者，把专家推向国际，加大中国智库学者在国际舞台上的发声力度，发挥智库名人的影响力、研究能力、传播能力。另一方面，要重视发挥国外专家的特殊作用，让更多的外国学者参与到讲述中国故事中来，培养国外精英阶层对我国的好感，能有效引导其所在国的对话言论。浙江师范大学非洲研究院近年来聘请的南非前大使格特，马里驻华前参赞约罗，索马里总统顾问和丹，尼日利亚籍博士迈克、李坤，喀麦姓籍博士罗德里格等六位非洲籍学者，他们用各自的视角来观察和讲述中国改革开放发展经验和中非合作，使智库的传播效果更加明显。新冠肺炎疫情暴发以来，这批学者在国内外多个平台积极发声，声援中国抗击新冠肺炎疫情行动，生动诠释了中非命运共同体的内在核心。这种"以外传外、以非传非"的探索和特色做法，创新了国际传播模式。此外，智库要引导更多人参与到国际传播中来，如政府官员、企业领导、华人华侨、文化交流使者等，提升他们的传播意识和能力，打造多元传播主体。高校智库可积极吸纳政府、企业优秀人才；政府相关部门、社会企业可向高校智库研究人员提供可以挂职锻炼的岗位，促进互动发展。华人华侨和文化交流使者作为天然的"外交官"，对内可以增加不同的研究视角，对外也可以更好地开展国际传播。

（二）传播平台多样化

打造优质的传播平台与畅通的传播渠道是做好国际传播的关键。随着中国国际地位的提高，高校智库作为增强中国国际话语权这一任务的重要参与者，亟须把打造优质的传播平台提上日程。建设好中外高校智库交流平台，有利于支持高校与国外高水平智库开展合作研究，使对话双方加强相互理解、改善民间关系、打造智库品牌、促进经验交流、优化政府决策、减少相互猜忌。可从以下几个方面入手拓展传播平台。一是打造论坛平台。依托高校智库举办国际研讨会，邀请学界、商界、政界国际知名人士参与，就一些国际问题展开互动讨论，能主动在国际主流媒体和论坛上发声，为处理国际社会重大问题出谋划策。①二是打造网络平台。网络传播具有数字化、全球化、即时性、互动性的特点，智库应给予网站建设方面足够的重视，尽可能拓展多方传播渠道，整合各方资源，提升智库的国内国际双重影响力。② 智库网站不仅应开辟专家评论的专门板块，而且应对系列重要事件做出及时回应，勇于发声，做好舆论引导。要做好智库网络的外语版面，通过双语或多语扩大传播范围，提升传播效果。三是搭建国际平台，建立智库海外分支机构。浙江师范大学非洲研究院 2018 年在浙江省委书记车俊的见证下成立了南非分院。清华大学与卡内基和平基金会合作设立了清华—卡内基研究中心，与布鲁金斯学会合作设立了清华—布鲁金斯公共政策研究中心；上海社会科学院与美国宾夕法尼亚大学智库研究项目也是一种深度合作，相关的研究成果会在美国和中国同时发布。③ 中国高校智库的开放与包容逐渐得到显现，在国际传播工作上表现更为积极。四是组建组织平台。打造资源

---

① 刘思妤：《中国智库国际化人才培养的路径探析》，《智库理论与实践》2019 年第 3 期，第 63 页。

② 王敏：《中国特色新型智库网络传播现状及改进建议以智库网站建设为例》，《智库理论与实践》2019 年第 3 期，第 40 页。

③ 胡键：《中国智库的对外传播研究》，《现代传播》2018 年第 5 期，第 23 页。

共享、协同发展的高校智库联盟，充分利用各高校的学术优势，与国际上的高校智库建立联系。智库还可以组织开展学术交流、文化传播活动，如青年大联欢、艺术节、文化交流周、系列讲座等，扩大传播的覆盖面，提升影响力。

（三）传播路径创新化

智库不仅是为国家提供决策建议的渠道，更是民意民声的传递平台。随着公民政治表达空间的拓展与参政意识的提高，高校智库需要创新传播路径，及时向公众提供信息资讯，传递思想，引导社会思潮。首先，要健全相关机制。进入新时代，中国特色大国外交开始全面布局，中国特色新型智库全面发力，以咨政、启民、伐谋、孕才为核心，加强自身建设，有力地服务了中国特色大国外交。[①] 面对百年未有之大变局，高校智库应助力国家外交事业，建立与国际知名智库的交流合作机制，鼓励开展国际合作项目研究；建立一体化的智库考核机制，实现智库管理制度化、长效化；[②] 简化智库外事活动管理、中外专家交流、举办或参加国际会议等方面的审批程序，为国际传播便捷化打下牢固基础。其次，要充分利用新媒体资源。快速发展的互联网、融媒体为思想传播提供了非常好的手段和平台，高校智库的传播需要从专注于平面媒体的传播向借助新兴媒体的传播转变。应主动、有计划地进行国际媒体公关，与全球各大媒体进行及时有效的沟通和联络，对已经建立联系的国际媒体要保持经常性主动联络联谊，对没有建立的要做出规划，寻机建立合作关系，实现对接的常态化和规律化[③]，学习西方知名智库设立专门的公关部，开通全天候"媒体热线"。打造"媒体型智库"，强化媒体的战略研究能力、思想传播能力、舆论引导能力、社会服务能力，提升其业务能力。[④] 最

---

① 中国人民大学重阳金融研究院副研究员关照宇在中国智库国际影响力论坛 2019 的题为《新时代新型智库建设与中国特色大国外交》的发言。

② 张寿荣、王树华、岳少华、孟静、关枢、梁剑、魏岩岩：《"五化"并举：推进智库高质量发展的新思考》，《智库理论与实践》2018 年第 3 期，第 49 页。

③ 盛明科、杨满凤：《智库国际传播能力的评价维度》，中国社会科学网，2018 年 4 月 9 日，http://sky.cssn.cn/xspj/xspj_yw/201804/t20180409_3915854.shtml? COLLCC = 3926547449&，访问日期：2020 年 3 月 5 日。

④ 王斯敏、陆先高：《智库化建设：传统媒体转型发展的战略选择》，中国社会科学网，2018 年 8 月 6 日，http://ex.cssn.cn/xwcbx/xwcbx_zhyj/201808/t20180806_4524028_5.shtml? COLLCC = 4110675193&，访问日期：2020 年 3 月 6 日。

后，要打造具有国际影响力的智库成果。西方知名智库一般都有一个至数个具有国际影响力的刊物，如外交关系委员会的《外交》、战略与国际问题研究中心的《华盛顿季刊》等，其推出的不少核心观点都产生了巨大影响。相比之下，有些中国智库的专家学者出版的著作在国内影响力还不错，但国际影响力较为有限，能在欧美国家出英文版著作的少之又少。① 国内高校智库应积极做好成果的翻译工作，扩大其国际影响力度；邀请国际著名学者合作出书，加深双方理解；形成智库传播刊物的运作机制，影响舆论，引领话题。要进一步提高传播的精确度与有效性，总结传播经验，为讲好中国故事提供智力支持。同时，要深入学习并研究国外智库在建设和发展方面的有益做法，取长补短，不断提升智库的传播力、影响力和公信力。

【责任编辑】 胡　洋

---

① 王眉：《中国智库国际传播能力亟待提升》，中国社会科学网，2015 年 4 月 16 日，ht-tp://m. cssn. cn/skpj/skpj_tpxw/201504/t20150416_1588795_1. htm，访问时间：2020 年 3 月 6 日。

书　评

非洲研究　2020 年第 1 卷（总第 16 卷）
第 179－196 页
SSAP ©，2020

美国梦醒：浅谈《美国有什么》（*Kunani Marekani*）中的肯尼亚思考

马　骏

【内容摘要】近年来，伴随着共建"一带一路"的不断推进与国内各大出版社与学者们的不懈努力，许多撒哈拉以南非洲的文学作品相继进入国内读者的视野。这些以英语、法语、葡语书写的文学作品被不断翻译成中文以飨读者，如沃莱·索因卡的《狮子与宝石》《死亡与国王的侍从》，米亚·科托的《母狮的忏悔》《梦游之地》，J. M. 库切的《耻》《青春》等，但同时，非洲本土语言书写的文学作品则鲜有人提及。笔者选择肯尼亚作家 P. I. 伊里贝姆万吉（P. I. Iribemwangi）撰写的斯瓦希里语短篇小说《美国有什么》（*Kunani Marekani*），通过分析该小说中所使用的斯瓦希里语文本内容，尝试为国内读者从另一个角度解读当代斯瓦希里语文学作品所呈现的非洲本土思考。

【关键词】斯瓦希里语文学；非洲本土思考；肯尼亚社会

【作者简介】马骏，现任上海外国语大学斯瓦希里语专业及东非研究中心主任，主要研究方向为斯瓦希里语文学、东非社会文化。（上海，201620）

一　《美国有什么》故事梗概与文本分析

《美国有什么》（*Kunani Marekani*）出自 2011 年出版的同名斯瓦希里

语短篇小说集《"美国有什么"故事集》（*Kunani Marekani? Na Hadithi Nyingine*）①，该小说集囊括了 14 篇有关非洲当代社会现状讨论的短篇小说，是研究非洲，特别是东非地区当代社会文化的宝贵文本资源。作为小说集的编者与本篇小说的作者，P. I. 伊里贝姆万吉（P. I. Iribemwangi）为小说集贡献良多。除了《美国有什么》以外，小说集中还收录了他的另一部作品《战争的甜美》（*Utamu wa Vita*），两篇小说主要着眼于当代肯尼亚青年对美国式生活的狂热追求及其引发的一系列社会现象。②

初读《美国有什么》是在 2019 年 10 月，全书篇幅不长，却道尽了四组肯尼亚人在追寻"美国梦"过程中的悲欢离合。小说主人公艾比利（Ebiri）以第一人称视角向读者分别介绍了主任（Mkurugenzi）、卡西西（Kasisi，教区牧师）一家、丽萨（Liza，卡西西之女）与艾比利本人在"去美国生活"这一人生理想的推动下，前赴后继奔向大洋彼岸，却又梦醒美国的经历。这四组角色对美国有相似的憧憬，却又有不同的人生结局。作者高超的笔力使紧凑的故事情节浓缩在短短 4000 多个词中，每个角色的形象深度却并未因篇幅而缩水，反而因为集中的故事情节显得更加血肉丰满。小说以"美国梦"为线索，将各个角色在美国生活的切面不加评述地展现在读者面前，为读者重新审视"美国梦"提供了一个独特的思维角度。

（一）艾比利与他的"美国梦"

作为小说的主人公与作者在小说中的人物映射，艾比利无疑是整篇小说中最重要的角色。作者在小说的开头这样介绍了他的美国梦：

Nilipokuwa mtoto mdogo, nilitamani sana kwenda Marekani, kwa hakika nilitamani sana kupanda ndege. ③　当我还是一个孩童的时候，我曾十分渴望去美国，也很渴望坐飞机。④

随后作者笔锋一转，艾比利长大成家后，不再对美国抱有少时的渴

① P. I. Iribemwangi, *Kunani Marekani? na Hadithi Nyingine*, Nairobi：Target Publications, 2011.
② 有关《美国有什么》及其同名小说集的相关背景知识来自笔者对 P. I. Iribemwangi 的采访。
③ P. I. Iribemwangi, *Kunani Marekani? na Hadithi Nyingine*, Nairobi：Target Publications, 2011, p. 1.
④ 如没有特别标注，所有翻译均为本文作者提供。

望。然而这时，美国向他敞开了大门。他获得了去美国深造攻读博士学位的机会，当这一机会来临时，艾比利反而犹豫了：

Kufikia wakati huo, sikuwa tena na tamaa ya kwenda Marekani, kwa hali yoyote ile si kukaa kwa muda mrefu hivyo! Nilikuwa mtu mwenye familia na shughuli zake na fikra za kuacha yote hayo hazikunijia. Ilibidi niende kuyawaza hayo na pia nipate kushauriana na mwenzangu. ①	到这个时候，我已不再像从前那样怀抱去美国的渴望，无论在什么情况下，我都不会在美国待这么久！我已经有了家庭和事业，也从未考虑过离开这一切。我必须仔细思考一下，和我的家人商量一下去美国读博这件事。

当艾比利回家后，除了他的妻子，所有人都为他的犹豫而感到不解。每个人都认为他在有机会去美国的时候竟然还在犹豫，真是一个"mjinga"（傻瓜）。甚至有人这么同他说道：

"Lipi la kuwazia? Nenda mara moja." ... "Marekani ndiko mahali pa kwenda bwana, *a land of opportunity*!"②	"你还在考虑什么？马上去啊！"……"美国确实是上等人去的地方啊先生，那是一片充满机遇的土地！"

作者在小说一开始便挑明了"美国梦"对肯尼亚人的吸引力。除了艾比利与他的妻子，所有人都认为能去美国是一件天大的幸事。人们对"美国梦"这一意识形态勾勒出的美国图景充满强烈憧憬，认为只要能去美国，就可以赚大钱，以至于艾比利只是稍稍犹豫了一下便成为社群中的异类，许多人来劝他抓住机会，去美国大赚一笔。小说开头仅寥寥数笔，便呈现出众人感情之强烈，让读者感受到肯尼亚社会中的"美国狂热"。而艾比利同时作为旁观者，同样叙述其他的角色在美国生活的现实。

另外三组肯尼亚人的美国之行与艾比利不同，他们对美国的憧憬贯

---

① P. I. Iribemwangi, *Kunani Marekani? na Hadithi Nyingine*, Nairobi: Target Publications, 2011, p. 1.

② P. I. Iribemwangi, *Kunani Marekani? na Hadithi Nyingine*, Nairobi: Target Publications, 2011, p. 1.

穿了他们的一生，当他们想方设法留在美国之后，等待他们的不是"流着奶与蜜糖"的乐园（出自作者描述），而是苦涩至极的生活。艾比利自始至终是一个旁观者、一个叙事者。他对美国的态度并未因其在美国的生活而有所改变，虽然在这一过程中，他也不止一次思考自己的选择是否正确，但他仍然坚持了下来，没有像其他人一样不惜一切代价也要留在美国，而是回到故土肯尼亚。即使已经从美国学成归国，艾比利依然受到许多亲朋好友的奚落与嘲笑，因为他作为一个去过美国的人，回到肯尼亚时除了博士学位，没有带回一分钱。所以尽管他已经是一位博士，但依然没有得到整体氛围里众人的尊重。而小说的最后，艾比利凭借自己的学识和经历当上了联合国驻非洲分部的副主任，真正做到功成名就。而其他依然滞留在美国的角色则过着颠沛流离、妻离子散的生活。艾比利这一角色在小说中的经历与其他同在美国的肯尼亚人迥然不同。他既是一面镜子，映射出肯尼亚人们"美国梦"背后的残酷现实，又是作者对"美国梦"的思考与实践。他代表了肯尼亚社会中那批率先从"美国梦"的甜美叙事中清醒的知识分子，是作者本人人生感悟的具象化，也是作者向肯尼亚社会发出的呐喊："美国梦"休矣！

（二）"主任"与他的"美国梦"

小说中艾比利口中叙述的第一个角色是"mkurugenzi"（主任），他始终对美国充满向往，甚至到了狂热的地步。作者在文中对以"主任"为代表的肯尼亚人做出了如下描写：

Marekani, hasa kwa wale waliotoka nchini kwao kwenda katika nchi ambapo yalizagaa maziwa kama maji ya ziwa na kusambaa asali kama mchanga wa bahari. Lililonishangaza na kuniacha kinywa wazi ni kwamba watu wazima walikuwa na njozi kama nilizokuwa nazo utotoni kuhusu Marekani.①

对那些不惜离开故土前往的人来说，美国是一片牛奶泛光如湖水、蜜糖堆积如海沙的国度。这些成年人对美国的幻想居然与我童年时候别无二致，令我不禁瞠目结舌。

---

① P. I. Iribemwangi, *Kunani Marekani? na Hadithi Nyingine*, Nairobi: Target Publications, 2011, p. 3.

　　"主任"正是艾比利口中拥有不切实际的美好愿景的万千肯尼亚人中的一员。他与艾比利是大学同学，在大学里学习的是公认热门专业的工程学。毕业后，主任顺利进入了一家跨国钢铁制品公司，当上了公司的总经理，Mkurugenzi（主任）的这个外号也由此得来。他在肯尼亚是当之无愧的中产阶级，当艾比利和其他同学还在找工作的时候，他已经买了豪车，在布鲁布鲁（Buruburu）区（内罗毕 20 世纪七八十年代新兴的中产阶级社区）买了豪宅，与妻子结婚后育有两个聪明伶俐的孩子。他后来在公司的赞助下完成了自己的 MBA 学业，并且经历了两三次跳槽，工资水涨船高，成为众人羡慕的对象。艾比利在介绍主任的故事时提到过一个细节：

Kwakila hali, maisha ya Mkurugenzi yalikuwa mazuri. Alikuwa hata na muda wa kutosha kucheza gofu na kustarehe kwenye vilabu vya kifahari. ①	无论从哪方面来说，主任的生活都十分优渥。他甚至有时间出入各种奢华的俱乐部，打打高尔夫。

　　由此可见，"主任"的生活即使在肯尼亚中产阶级中，也处于非常高的区间内。比如说高尔夫球文化是白人殖民者（主要是英国殖民者）引入肯尼亚的，以 2019 年内罗毕的十大高尔夫俱乐部②为例，打一次高尔夫球的消费在 180 美元到 420 美元不等。根据图 1 显示，同期肯尼亚的人均国民收入低于 1000 美元。③ 也就是说，如果贫富差距没有特别剧烈变动的话，在小说描述那时的肯尼亚，主任当时仅打两三次高尔夫球的开支就抵得上一个普通肯尼亚人一年的收入，这个角色在肯尼亚无疑是处于金字塔顶端的人群之一。

　　然而"主任"并不满足于这种奢侈的生活，他心中还有一个"美国梦"。为了实现自己去美国生活的愿望，他辞去工作，变卖家产前往美国

---

① P. I. Iribemwangi, *Kunani Marekani? na Hadithi Nyingine*, Nairobi: Target Publications, 2011, p. 3.

② Top 100 Golf Courses, "Kenya | Top 10 Golf Courses," Top 100 Golf Courses, 2019, https://www.top100golfcourses.com/golf-courses/africa/kenya, Accessed 2020 - 02 - 10.

③ Macrotrends, "Kenya GNI Per Capita 1962 - 2020," Macrotrends, 2020, https://www.macrotrends.net/countries/KEN/kenya/gni-per-capita, Accessed 2020 - 02 - 10.

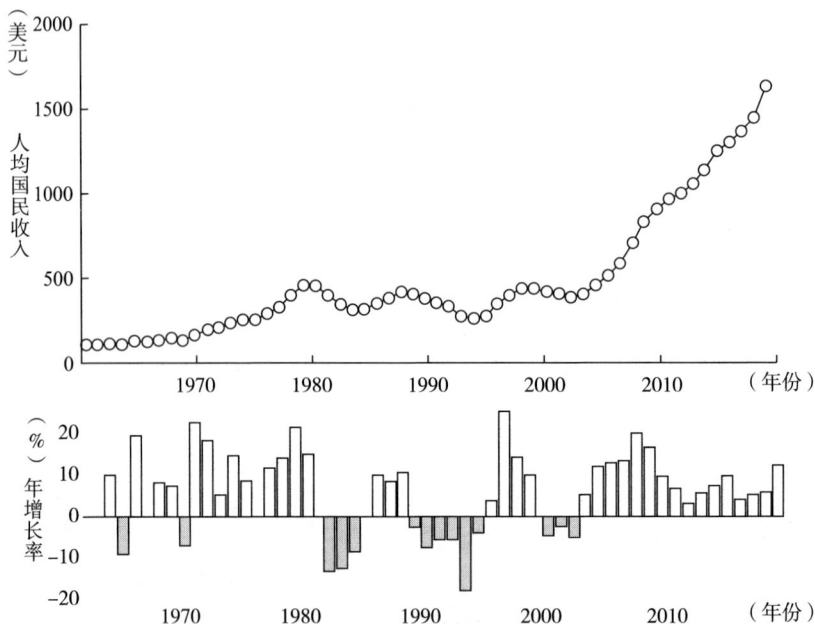

图 1　肯尼亚人均国民收入（美元）

资料来源：Macrotrends，World Bank，2020。

闯荡。艾比利作为后辈看着他在肯尼亚本土发迹，但无法理解"主任"的做法，只观察到他是被去美国的执念所牢牢锁住。就像斯瓦希里谚语"Milima haikutani, binadamu hukutana"（青山永不见，故人常相逢）所说，很多年后当艾比利去纽约留学的时候，竟然又遇上了"主任"。这时"主任"已经不再是当年那个意气风发的成功人士，而是一个身兼商店保安、加油站员工、快餐店员工等多职于一身的非法居留者。随便一个拥有身份的美国人都可以对他颐指气使，大呼小叫。而"主任"只能逆来顺受，不敢做任何反抗。当时在留学的艾比利偶然间撞见主任这般被欺负的场景，他本想为"主任"出头，但看到自己旧日好友的近况，自己不敢主动相认，又担心"主任"心里并不希望艾比利在此刻介入自己在美国的生活。作者笔下的艾比利心理的转变，从最初无法将面前这个饱受欺凌的黑人与记忆中意气风发的"主任"联系起来，到认为自己无法理解"主任"的选择，最后却只能选择默默离开。"主任"命运的前后反差也使艾比利不停地思考，为什么他的好友、同胞明明在美国生活得不好，但依然不愿返回肯尼亚？美国究竟有什么？

（三）卡西西与他的"美国梦"

"主任"的美国生活随着艾比利的发问在读者面前戛然而止，正如他中断的"美国梦"一般。另一个追寻"美国梦"的肯尼亚人卡西西随即走进读者的视野。卡西西是肯尼亚海滨城市蒙巴萨的一名牧师，信徒众多。与"主任"一样，卡西西也拥有一个美满的家庭。他拥有四个聪明伶俐的孩子，妻子是一个优秀的商人。用一帆风顺来形容卡西西的人生毫不为过。与义无反顾奔向美国的大多数肯尼亚人一样，卡西西也被"美国梦"冲昏了头脑。一开始他想申请学生签证，去美国留学。后来他突然收到一场国际会议的邀请，他便以此前往美国，他决定借此机会留在美国，就算非法居留也在所不惜，卡西西的计划是：再也不回肯尼亚，待一切安排好之后就将妻儿也接来这片"流淌着奶与蜜的土地"。

另一边的肯尼亚，卡西西的妻儿为了去美国变卖了所有的家产，期待着消息，期待在"希望之地"团聚，但此时远在美国的卡西西却发现，事情并没有自己想得这么简单。一方面他在美国疯狂地找工作，却无法得到自己心仪的"体面活计"。另一方面，远在肯尼亚的妻儿也在不停地催促，希望可以早点来美国与他团聚。卡西西白天上课，晚上打工，但他微薄的打工薪水只够他自己的日常开销，根本没有余钱可以寄回家。因此他决定中断学业，专心打工赚钱，争取早日把妻儿接到美国。在尝试了许多途径后，卡西西干起了老本行，他在美国成立了一个家庭教会，也确实因此收到了许多供养。此时他向家人发出了邀请，告知妻儿终于可以来美国一家团圆。他利用家庭教会敛财，做好了迎接妻儿的准备。

然而卡西西最终未能如愿，卡西西妻儿抵达美国时，由于不熟悉入关流程，她们只得向机场海关求助，等待卡西西出现并将她们接走。而卡西西此时签证早已过期，当他看到妻儿身边的执法人员时，他误以为这是一场钓鱼执法。因此卡西西没有去接走妻儿，而是离开机场并关闭了手机，使她们无法联络到自己。最终，卡西西的妻儿由于无处可去，只得被遣返回肯尼亚，受尽白眼。卡西西也因事情败露离开了学校，离开了自己的教会，几年后，又回到肯尼亚。但他依旧寻求机会和家人再次一起前往美国，但由于家中财产此前已经变卖一空，只得过着贫穷的生活。由于此前在美国的不良记录，卡西西的美国签证被取消，一家人被保安架出了大使馆，卡西西的"美国梦"在美国大使馆迎来了终结。小说中对卡西西破灭的"美国梦"有这样一段描写：

Kasisi, mke na watoto wao walibakia kuduwaa wasijue la kusema wala la kufanya na ilibidi walinzi kuwatoa nje ya ofisi za Ubalozi kwa nguvu huko Kasisi akiwa bado ameishika pasipoti yake yenye mhuri CANCELLED. ①

卡西西，他的妻子与孩子全都当场愣住，既不知该说什么，也不知道该做什么，直到最后保安只好用暴力将他们架出大使馆的办公室的时候，卡西西手中依然牢牢攥着他那本被盖上了"取消签证"的护照。

卡西西一家的故事到此告一段落，然而这场围绕着美国梦的风波却并未停息。卡西西的女儿丽萨经历了这次大使馆屈辱之行后与父母断绝关系。也引出了小说中的最后一个故事。

（四）丽萨与她的"美国梦"

小说中丽萨的故事与卡西西一家的故事紧密相连。大使馆之行后，丽萨与家人形同陌路，此时她已有孩子，可她并没有因为孩子放弃自己从儿童时期就有的夙愿——到美国去。为此她不惜卖肾筹款，可是没人买她的肾。就在丽萨快要绝望的时候，她认识了一位有毒瘾的肯尼亚政府部长级官员，在为这位官员贩毒的同时，丽萨也从事卖淫活动。丽萨的堕落都只有一个简单的原因——这名部长在美国大使馆中"有关系"，可以为丽萨移民美国提供帮助。最终，这名部长帮助她拿到了美国签证，并且愿意供她在美国生活，代价是要丽萨做他的秘密情妇，在美国一直隐姓埋名地生活下去。

然而丽萨一踏上美国的土地便逃离了官员的掌控。她在美国改名换姓，结识了一个有毒瘾的美国朋友。丽萨顺理成章地干起老本行，做起了毒贩子。从某种意义上说，她在美国的生活也就此安定下来。此时丽萨想起了自己留在肯尼亚老家中的儿子西西卡（Sisika），她费尽心机想要把孩子从肯尼亚接到美国，但她并不知道自抛弃孩子奔向美国的那一天起，她孩子的人生便已残缺崩溃。因为丽萨只与自己的孩子西西卡保持联络，中断了和其他亲人的联系，而西西卡只告诉她自己在家中受尽白眼受人欺负。虽然她定期给儿子汇去大量的生活费，可这笔钱反而害

---

① P. I. Iribemwangi, *Kunani Marekani? na Hadithi Nyingine*, Nairobi: Target Publications, 2011, p. 10.

了西西卡，使他染上了包括吸毒在内的种种恶习。但之后丽萨还是专门花了一笔钱，找到一名美国女子塔莎（Tasha），通过假结婚的方式帮助西西卡来到美国并获得绿卡。但西西卡最后的结局是与狐朋狗友一起因滥用毒品和艾滋病发作而悲惨死去，只留下悲痛悔恨的丽萨独自漂泊在美国。丽萨是小说中唯一一个拿到美国绿卡，过上旁观者眼中"美国生活"的肯尼亚人。可她为了追求这种美国生活，造成了身边许多亲人的不幸。

（五）艾比利的问题

作者借艾比利之口向读者讲述了几个肯尼亚人的"美国梦"片段后，对读者说出以下这番话：

Sasa, ninapoyatazama na kuyachunguza yote haya, mimi hujiuliza kama ni kweli kwamba nilikuwa mjinga kurudi nyumbani na vikaratasi vilivyoitwa PhD lakini bila fedha. Aghalabu linaponijia swali hili nikiwa afisini mwangu katika Makao ya Umoja wa Mataifa yaliyo nchini mwetu (ambapo mimi hufanya kazi kama Naibu wa Mkurugenzi Mkuu) jibu huwa moja tu: LA, HUKUWA MJINGA KATU BW. EBIRI![1]

现在，当我回顾过去发生的林林总总，我常常躬身自省，自己只带着一纸博士文凭而不是钞票回家究竟是不是傻瓜呢？当这个问题浮现我心头时，我正坐在我们国家联合国分部的办公室里（我正在这里做副主任主管）。然而回答永远只有一个：不，艾比利先生，你一点也不傻！

"不傻"的艾比利回到了肯尼亚，做了联合国驻非洲分部的副主管，相较于那些为了"美国梦"而赌上人生却最终梦碎美国的同胞来说，他无疑是成功的。同样拥有过"美国梦"的艾比利，最终决定离开美国返回故土，他从美国带回肯尼亚的不是绿色的美钞，而是一纸博士学位证。然而或许正是这张学位证帮他赢得了现在的生活。"美国有什么"（Kunani Marekani）这个问题的答案在当下不言自明：美国不是"流淌着奶与

---

[1] P. I. Iribemwangi, *Kunani Marekani? na Hadithi Nyingine*, Nairobi: Target Publications, 2011, p. 15.

蜜的土地”，也没有遍地的美钞和唾手可得的发财良机。但是美国有知识，有教育，唯有知识和教育才可以改变人的命运。这不仅是艾比利的出路，也暗示了广大肯尼亚青年的出路。如何打破“美国梦”的樊笼，使肯尼亚青年在祖国实现自己的人生价值，作者在小说中通过艾比利这一角色进行了探索与尝试。但读者们不难看出，艾比利成功的关键依然是“在美国深造”，在肯尼亚的“联合国分部担任要职”这一系列基础前提。无论是在美国的求学经历还是在联合国的工作经历，艾比利与肯尼亚本土社会之间始终存在一道看不见的门槛，不难看出作者在尽力摆脱“美国梦”价值观的同时，依然不免落入另一个窠臼。如何真正实现肯尼亚青年的思想解放和独立自主，是作者向广大读者提出的又一深刻问题。

二　斯瓦希里语书写与文本背后的肯尼亚思考

要理解伊里贝姆万吉及其小说故事文本背后的肯尼亚思考，除了对“美国有什么？”这一主题进行追问，更需要考虑斯瓦希里语书写与小说主题之间的对比关系。作者选择用非洲本土的斯瓦希里语而不是在全世界范围内受众更广的英语进行创作，其背后的用意值得研究人员进一步深入了解。

（一）斯瓦希里语小说文本与本土语言书写的启蒙作用

文学在人类历史中有着十分悠久的历史，大约 5000 年前，在幼发拉底河、底格里斯河、尼罗河、恒河、黄河和长江流域产生了人类最早的文化。与此同时，苏美尔人发明了楔形文字，埃及人和中国人发明了形态各异的象形文字，腓尼基人也在埃及文字基础上制定了拼音字母系统，从而为后世文学的形成和发展奠定了基础。[①] 撒哈拉以南非洲，尤其是东非地区尽管文字使用年限较晚，但保留了大量的口述文学传统。其中许多经典的口述文学在本土语言文字化后也被转写为书面文学。以斯瓦希里语文学为例，早期斯瓦希里语文学以 “fasihi simulizi”（口述文学）为主，在斯瓦希里语阿拉伯文字化之后，许多口述文学也得以通过书面文

---

① 张德明：《世界文学史》，浙江大学出版社，2007，第 17 页。

学的形式保存下来。这些早期斯瓦希里语书面文学作品已经具有现代小说的许多要素。[①] 可以说，斯瓦希里语文学与世界各国文学一样，有着深厚的底蕴与悠久的传承。

殖民时期，随着教会教育以及拉丁化斯瓦希里语的推广，东非地区的白话文文字得到统一的书写和教学，客观上来说有利于文学的发展与传播。斯瓦希里语文学也在这一时期进行了自己的现代化转型。通过翻译外国文学（主要为欧洲文学），斯瓦希里语文学开始与现代文学范式接轨。除了翻译文学，斯瓦希里人也开始尝试进行散文形式的现代文学创作。这些文学尝试通常以游记、日记、回忆录的形式呈现在读者面前。[②]《美国有什么》这篇短篇小说的回忆型叙事结构也颇有早期斯瓦希里语小说的风格。与此同时，东非地区的知识分子也通过文学这一独特的艺术形式，不断激励同胞的政治觉醒。著名的东非作家夏班·罗伯特（Shaaban Robert，1909—1962）一生中创作了许多优美的斯瓦希里语诗歌与深刻的斯瓦希里语小说，用文字激励同胞们从殖民者的统治中醒觉。二战后伴随着民族独立运动在非洲的风起云涌，斯瓦希里语文学文本也在斗争中不断发展，担负起了自己的历史使命。

轰轰烈烈的独立运动过后，东非各国的历史迎来了新的一页。自1960年起，斯瓦希里语文学，特别是小说文学进入了快速发展阶段。独立后的东非人民渴望书写自己的故事，倾诉自己的感情。与此同时，独立后的东非人民也渴望使用本土语言进行文学创作，以淡化殖民政府教育体系对人民的影响。此前东非地区（英控非洲）并没有真正实行的统一的教育政策，每个区都有自己独立的教育体系。[③] 这种相互独立、互不干涉的教育体系在一定程度上为肯尼亚培养了一批完全接受西式现代化教育的知识阶层，同时也鼓励将东非本土社会的元素融入英式教育的教学内容当中。这种教育体系设置也为东非各国独立后的斯瓦希里语文学发展积累了一批有欧洲文学知识基础的作家和学者。东非各国独立后，解开了殖民枷锁的本土作家们用斯瓦希里语尽情创作，诞生了一大批脍炙人口的作品。

---

① M. M. Mulokozi, *Utangulizi wa Fasihi ya Kiswahili*, Dar es Salaam: TUKI, 2018, p. 216.

② M. M. Mulokozi, *Utangulizi wa Fasihi ya Kiswahili*, Dar es Salaam: TUKI, 2018, p. 263.

③ E. George, "Education and Colonialism in Kenya," *History and Education Society*, Autumn, 1971, Vol. 11, No. 3, pp. 249 – 264.

20 世纪 60 年代以后，斯瓦希里语小说界多个流派群雄并起，如以阿卜达拉（M. S. Abdalla）和卡塔兰布拉（Faraji H. H. Katalambula）为主的浪漫主义（尤其以侦探小说闻名），以法尔斯（M. S. Farsy）和费里西安·恩奎拉（Felician Nkwera）等人为主的文化主义，以基因比拉（J. K. Kiimbila）和卡雷西（P. M. Kareithi）等人为主的解放主义，等等。① 此外还有从 70 年代起即崭露头角，直到现在仍笔耕不辍并已获得世界级认可的作家夏菲·阿丹·夏菲（Shafi Adam Shafi）和萨义德·艾哈迈德·穆罕默德（Said Ahmed Mohammed）和不久前去世的文学巨擘凯奇拉哈比（E. Kezilahabi）。② 在林林总总的作家当中，有一支著名的队伍，那就是 1990 年以后形成的"肯尼亚派"（Tawi la Riwaya ya Kenya），他们在这一时期相继出版了多本具有影响力的作品，如瓦米提拉（K. M. Wamitila）的 *Nguvu ya Sala*（《祈祷的力量》）、*Msimu wa Vipepeo*（《蝴蝶的季节》）；瓦里波拉（Ken Walibora）的 *Siku Njema*（《好日子》）、*Ndoto ya Almasi*（《钻石之梦》）等等。这些作品的出现为现代斯瓦希里语文坛注入了一股新的活力，肯尼亚作家为斯瓦希里语小说与斯瓦希里语文学做出的巨大贡献使其成为东非文坛不可小觑的一股力量。

时至今日，斯瓦希里语文学作为东非本土语言文学的代表，依然在不断向前探索，不断在世界文坛当中发出自己的声音。伊里贝姆万吉作为新生代肯尼亚作家，敏锐地捕捉到肯尼亚社会当下甚嚣尘上的美国"淘金热"与肯尼亚人破灭的"美国梦"的强烈对比，用斯瓦希里语创作出《美国有什么》这一充满时代印记的短篇小说，正如当年鼓励东非人民反抗殖民主义的经典斯瓦希里语文学文本一般，是肯尼亚本土知识分子在全球化的当下，面对强势的美国印记，用东非地区本土语言向民众发出的启蒙呐喊。

（二）"美国梦"的定义与《美国有什么》中的肯尼亚思考

回到小说本身，伊里贝姆万吉想让肯尼亚社会思考的核心问题只有一个：Kunani Marekani?（美国有什么?）要回答这一问题，首先就需要

---

① M. M. Mulokozi, *Utangulizi wa Fasihi ya Kiswahili*, Dar es Salaam: TUKI, 2018, pp. 264 – 266.

② 部分代表作家的中文介译可参见赵磊《被殖民话语遮蔽的黑非洲本土语言文学——斯瓦希里语文学发展概述》，穆宏燕主编《东方学刊（1）》，河南大学出版社，2014，第 89—99 页。

了解为什么作者会提出这一问题。

　　小说中所有出场的角色，起初都有同一个梦想："到美国去"。许多人不惜为此触犯法律。同样作为发展中国家的中国在改革开放初期也出现了类似的现象，《北京人在纽约》《大撒把》《不见不散》等文艺作品均对当时的这种社会现象进行过多角度的深入剖析和阐释。美国作为当下名副其实的世界第一强国，其国家形象与价值观对生活在发展中国家的人民有极大的吸引力。伊里贝姆万吉在小说的开头也解释道，对那些不惜离开故土也要执意前往的人来说，美国是一片流淌着奶和蜜的机会之地。用《圣经》中"奶与蜜之地"的寓景描绘出的一切，正是"美国梦"为人们勾勒出的生活蓝图。

　　"美国梦"这一概念最早出自美国著名作家、历史学家詹姆斯·亚当斯之口。他对美国梦做出了如下定义："美国应该是一个人人都能过上更好、更富裕、更充实的生活，人人都有机会根据自己的能力或成就而获得机会的梦想国度。"① 而后这一概念往往被简化为经济上的成功富足。然而作品中出现的"主任"、卡西西一家乃至艾比利先生自己均为肯尼亚的中产阶级，在肯尼亚过着衣食无忧的生活。在这一前提下，他们依然选择前往美国寻梦，也就意味着其实经济因素对他们来说并不是主要动因。小说中叙述的"赚钱"这一动因只是一种直观的价值表述，促使人们奔向美国的推动力则另有其因。

　　众所周知，肯尼亚自独立后一直是东非地区的政治经济大国，发展速度与成就有目共睹。然而，2007年肯尼亚大选引发的骚乱一度使肯尼亚的经济发展和社会治安陷入窘境，同时也重创了肯尼亚的国际名誉。在这场旷日持久的动乱中，肯尼亚全国的正常社会秩序受到严重的损害，甚至演变为以种族为单位的治安暴动。此次动乱也成为自肯尼亚独立以来最严重的社会治安事件，据各方资料统计，在大选结果公布后的"六周暴动"中，可能有超过1000名肯尼亚人丧生，并也许有超过40万人因为时局动荡而流离失所。② 混乱一直持续到2008年2月28日，在时任联合国主席安南及其他非洲国家首脑的努力和以美国为首的援助国的压力下，时任总统齐贝吉（Mwai Kibaki）与反对派领导人奥廷加（Raila

① James Truslow Adams, "James Truslow Adams papers, 1918 – 1949," Columbia University Libraries, 1933, http://www.columbia.edu/cu/lweb/archival/collections/ldpd _ 4078384/, Accessed 2020 – 03 – 19.

② 并无官方统计。因各数据源统计相差太大，这里使用了中位数的保守表达。

Odinga）才达成和解协议。这场旷日持久的骚乱也为肯尼亚中产阶级移民潮起到一定程度的推动作用，美国正是广大肯尼亚中产阶级的首选，这也是中产阶级的性质使然。此外，早在肯尼亚独立前的"肯尼迪空运"奖学金计划（The Kennedy Airlift）也对日后肯尼亚中产阶级的亲美产生了深刻影响。在 1959—1960 年这两年中，该项目资助了超过 800 名肯尼亚学生留学美国，其中包括肯尼亚著名政治家、教育家汤姆·姆博雅（Tom Mboya，他本人即"肯尼迪空运"的组织者之一）的夫人帕梅拉·姆博雅（Pamela O. Mboya），2004 年诺贝尔和平奖获得者、原肯尼亚自然与资源部副部长、"绿带运动"创始人旺加里·马塔伊（Wangari Maathai）等均是"肯尼迪空运"项目的受益人。① 以"肯尼迪空运"项目为代表的美国资本对肯尼亚中产阶级的影响可见一斑，这也造成肯尼亚中产阶级在意识形态领域的天然近美。

二战后，美国学者米尔斯曾对美国的新中产阶级进行系统阐释，他认为"各中产阶层的社会形态不同，物质利益互相矛盾，意识形态不一，他们之间没有形成共同政治运动的现实基础"，"在整个权力结构中，他们是依赖性变量，他们并不会自己展开强大的政治运动"。② 由此可见，就阶级属性而言，中产阶级在面对社会生态改变的当下，相比挺身而出改变自身所处政治生态而言，离开当下的社会环境似乎是更为容易、合理的选择。

自 20 世纪 90 年代肯尼亚政治体制改革后，美国成为肯尼亚人移民的首选地。目前美国肯尼亚裔移民当中约有 2/3 都是在 2000 年以后抵达美国的，并且由于肯尼亚承认双重国籍③，所以很难具体统计这些肯尼亚人是否仍保留肯尼亚国籍。并且他们普遍受过良好的高等教育，年富力强，是肯尼亚中产阶级中的精英阶层，良好的受教育水平也为这些移民带来了较高的就业率。肯尼亚裔移民的平均家庭年收入为 6.1 万美元，而普通美国人的家庭年平均收入为 5 万美元；肯尼亚移民家庭有 13%

① John F. Kennedy Presidential Library and Museum, "John F. Kennedy and The Student Airlift," John F. Kennedy Presidential Library and Museum, https：//www. jfklibrary. org/learn/about-jfk/jfk-in-history/john-f-kennedy-and-the-student-airlift, Accessed 2020 - 04 - 15.

② C. W. 米尔斯：《白领：美国的中产阶级》，周晓虹译，南京大学出版社，2006，第 293 页。

③ 特例是部分涉及国家安全的政府职位，赴职者必须放弃除肯尼亚以外所有的其他国籍之后才可以任职。

的年收入超过了 14 万美元，而同样超过这个年收入的美国本土家庭比例为 10%。从就业岗位来看，肯尼亚移民中有 31% 从事专业的管理岗位，其中包括传统高专领域（如工程、科学、法律或教育）以及行政和管理岗位（如财务或人力资源），而美国本土裔参与这些工作的人只有 20%。① 由此可见，美国确实可以对肯尼亚境内拥有移民能力的中产阶级人群产生强大吸引力。在经济因素和政治因素的双重作用下，许多有能力的肯尼亚人选择移民美国便不足为奇，但这毕竟只是官方的统计数据，很难真实地体现具体移民的数据，也无法体现新老移民生活的差异性。

对已经移民或怀有移民想法的肯尼亚人来说，"美国梦"价值观的引导作用也不容小觑。乐黛云教授曾对"美国梦"这一价值观做出如下阐释："所谓'美国梦'主要是指每一个人都拥有不受限制的机遇来追求财富、积累财富"，……"从哲学角度看，美国梦的精神原则是自由主义、个人主义、平民主义、实用主义、竞争主义和征服主义，集中起来就是说，人人都能够通过自己的努力而获得个人成功，即发财"。② 小说中反复提到人们全都"kuwa wazimu wa kwenda Marekani"（变成想去美国的疯子），直接原因是美国充满"pesa"（钱）和"opportunity"（机会）。这正是"美国梦"的价值核心，它可以直接追溯到奠定美国国家基础的《独立宣言》当中的原文："我们认为下述真理是不言而喻的：人人生而平等，造物主赋予他们若干不可让与的权利，其中包括生存权、自由权和追求幸福的权利"。③ 这样的价值观对经历过剧烈社会动荡的肯尼亚中产阶级来说有极强的亲和力，加之美国肯尼亚裔群体这一正面参照，小说中出现的美国狂热正是由以上种种原因推动而成的肯尼亚社会现状。

针对这一社会现状，伊里贝姆万吉提出了自己的问题：美国有什么？同胞们前赴后继地奔向美国，美国真的是一片值得肯尼亚人背井离乡的

---

① Rockefeller-Aspen Diaspora Program, "The Kenyan Diaspora in the United States," Migration Policy Institute, February, 2014, pp. 1 – 4.

② 乐黛云：《美国梦·欧洲梦·中国梦》，《社会科学》2007 年第 9 期，第 160 页。

③ "We hold these truths to be self-evident, that all men are created equal, that they are endowed by their Creator with certain unalienable rights, that they are among these are life, liberty and the pursuit of happiness", Thomas Jefferson (ed.), *Declaration of Independence* (Books of American Wisdom), Massachusetts: Applewood Books, 1997, p. 2.

热土吗？他用简短有力的笔触为艾比利、"主任"、卡西西、丽萨等人做的人生速写使读者开始思考这个既简单又复杂的问题。艾比利的经历便是作者本人藏在小说中的回答与思考。

如前文所言，在孩童时期，艾比利也和许多肯尼亚人一样，心中怀有对美国的憧憬。但随着年岁增长与受教育水平的提高，加之家庭生活的稳定，艾比利心中的美国狂热渐渐褪去。成年后艾比利在中学里谋得教职，但因其个人追求又进入大学深造获得硕士学位，并留在大学里工作。此后艾比利获得了去美国留学深造的机会，但他并没有和其他人一样欣喜若狂，而是先与妻子商量之后再决定是否前往美国。读者们从这个细节不难看出，艾比利和他的妻子并不像"主任"或卡西西一样人云亦云，对美国充满狂热的向往。他们的犹豫和思考恰恰说明接受教育对培养独立思考的重要性。作者也通过这个细节对比，委婉地批判了当下肯尼亚中产阶级中存在的金钱至上主义。伊里贝姆万吉在小说中设置了两个相似的角色：艾比利和卡西西。二者都在美国求学，但艾比利始终专心学术，心在校园方寸当中；卡西西则只是将求学机会当作赴美赚钱的跳板。艾比利最终学有所成，实现了自己的人生价值，而卡西西则一错再错，以至于妻离子散。作者以这两个角色为对比，向读者传达了他的价值立场：知识改变命运。艾比利在美国获得了知识，继而改变了自己的命运。只顾着赚钱，没有获得知识的卡西西与"主任"等人，就算身在美国，也无法真正过上他们憧憬的美好生活。美国有什么？人们在美国追求的到底应该是什么？答案昭然若揭，知识。艾比利抵御了金钱的诱惑，目标明确，刻苦学习，最终获得成功。本质上也是一条符合"美国梦"价值观的人生轨迹。区别在于其动因并非金钱、名誉，而是知识与自省。

泰纳在其《艺术哲学》中分析了许多例证，以说明艺术作品是对创作者所处环境的模仿。这一特点被主张社会学批评理论的学者们广泛认同。[①] 小说中的艾比利先生（Ebiri）正是作者伊里贝姆万吉（Iribemwangi）在文本中的映射和本名简化拼写 Iribe 的反写。伊里贝姆万吉教授在给笔者的来信中这样写道：

---

① 邱运华：《文学批评方法与案例》，北京大学出版社，2018，第 18 页。

Kwa hakika, katika hadithi zangu zote mhusika Ebiri Muwanga huwa anawakilisha mawazo na mwelekeo wangu（kwa hakika Ebiri ni Iribe, jina langu na Muwanga ni Mwangi japo halikutumiwa hapa.）. Hata hivyo, binafsi sikuwa na mawazo hayo ila nilikuwa kama kioo cha jamii, kutazama yanayotendeka kwa vijana na kuwasikiliza. Kusikia visa kuhusu yaliyowahi kutokea kwa watu fulani fulani, ila sikuwahi kuwa na nia ya kwenda Marekani na hata wakati ambapo nimeenda huko ni kwa nyakati fupi fupi na sijawahi kuwa na nia ya kukaa huko. Kwa hilo nafanana na Ebiri, kule kukosa hamu ya kukaa Marekani.①

老实说，在我创作的所有故事中，艾比利·姆旺加（Ebiri Muwanga）都代表了我的观点与倾向（Ebiri 确实就是 Iribe，是我的名字，另外 Muwanga 就是 Mwangi，尽管这部作品中没有提到。）因此，我个人并没有（去美国赚钱生活）这种想法，只是作为社会的一个窗口，去关注、倾听年轻人身上发生的故事。（我）只是旁听者，并没有去美国的信念，甚至当我短期内去美国的时候我也不曾有留在那儿的打算。在缺乏定居美国的热情这一点上我和艾比利一样。

　　从伊里贝姆万吉的口中不难看出，《美国有什么》这部作品正是其展示肯尼亚当下社会的一个文学窗口。小说末尾艾比利的内心活动也正是作者本人通过文本对读者阐述的核心思考。伊里贝姆万吉通过描摹肯尼亚社会中发生的真实故事，为"美国有什么？"这一问题给出了自己的答案。

　　《美国有什么》这篇小说使用极短的篇幅为读者呈现了几组不同的角色及其人生速写对照。这些充满强烈对比性的文本为读者阐明了一个简单而又深刻的主题：无论身处何地，只有知识才能改变命运。伊里贝姆万吉用本土书写，为陷入迷茫的肯尼亚人和肯尼亚社会开出了一剂药方。

三　结语

　　近年来，随着东非共同体组织的进一步发展，斯瓦希里语在东非和

---

① 来自作者的邮件通讯。

中非地区的影响力得到进一步扩大。自 2019 年起，斯瓦希里语也正式成为南部非洲发展共同体的工作语言之一，2020 年初，南非正式将斯瓦希里语列为课堂可选科目。一个独立自主的非洲，必然对本土语言的书写与本土化的表述有更高的情感追求。斯瓦希里语文学是东非地区文学发展历程中最重要、历史最悠久的本土文学形式之一。斯瓦希里语文学作品中折射出的东非地区社会人文风貌与本土思考也对国外研究人员考察当地境况具有丰富的参考价值。

　　进入 21 世纪后，一批受过良好教育的本土作家在夏班·罗伯特（Shaaban Robert）、易卜拉欣·侯赛因（Ebrahim Hussein）等东非文坛巨擘的鼓励下相继开始进行斯瓦希里语文学创作，大胆使用本土语言表达自己的情感，书写当下的社会，记录当前历史维度中的东非。他们的作品从本土语言的角度出发，挖掘非洲当地人内心最深处的情感与共鸣，从更深层、更自由的角度对东非各地、各社群进行描摹。无论是对读者或研究人员而言，这些本土化书写的作品都值得进一步思考与挖掘，从而缩短世界其他地区人民与东非本土社群之间的心理距离，为研究东非本土社会文化提供更多可供参考的文本。

【责任编辑】沈玉宁

Contents

Abstract: Africa and China have supported each other and cooperated closely
since the outbreak of COVID-19 in early 2020, reflecting the friendship during hard
time. The International Video Conference on "Fighting Against COVID-19 and Af-
rica-China Cooperation" was jointly held by think tanks from China and African
countries. More than 60 well-known scholars, think tank leaders and media repre-
sentatives from China and 15 African countries attended the video conference in or-
der to exchange suggestions on Africa-China cooperation in the battle against COV-
ID-19, forged five major consensuses, and provided intellectual support for overco-
ming the epidemic, further improving epidemic governance capacity and building
an even stronger Africa-China community with a shared future.

Keywords: Cooperation in the Battle against COVID-19; Think Tank;
Africa-China Community with a Shared Future; Governance Capability of
Fight against COVID-19

Abstract: This article explores the struggles of students and youth on the

African continent that are too often left out of the narrative of the "1968 movement." The focus is on the struggles of students in South Africa against apartheid in the late 1960s and early 1970s, and the echoes of those movements in the 2015 −2016 student protests in South Africa.

Keywords: Popular Struggles; Senegal; Student Movements; South Africa; May 1968

Review of U. S. Foreign Policy towards South Africa from 1948 to 1963

Wang Jinsheng / 36

Abstract: After the outbreak of the Cold War, both the Truman and Eisenhower administrations adopted a partial eclectic policy towards the apartheid system maintained by the South African nationalist government out of using South Africa to counter the Soviet Union politically. In 1961, when Kennedy became President, he decided to implement a limited sanctions policy containing substantive sanctions against the South African government based on the dual considerations of realism and idealism in the face of the rise of the Third World, the domestic civil rights movement and the deterioration of the domestic situation in South Africa. The policy had played a positive role in protecting the human rights of South African coloured race and promoting the political transformation of South Africa. It is a milestone in the history of U. S. -South Africa diplomatic relations.

Keywords: U. S. ; South Africa; Apartheid ; Foreign Policy

A Review of Hastings Kamuzu Banda's Realistic Diplomatic Strategies

Wu Tao / 56

Abstract: Hastings Kamuzu Banda is the founding father and first President of Malawi, a landlocked country in southern Africa. During the cold war,

President Banda adopted such realistic diplomatic strategies as bandwagon, balance of power and contact and dialogue, pursued such realistic diplomatic policies as being close to western capitalist countries and white racist regimes, and gained many interests for the national security and development. This was contrary to the Diplomatic Strategies of Pan-Africanism advocated by the OAU, and was a relatively unique diplomatic case among African countries. Therefore, these realistic diplomatic strategies are worth studying. This paper makes an in-depth discussion of President Banda's realistic diplomatic strategies from three perspectives.

Keywords: Hastings Kamuzu Banda; Malawi; Realism; Diplomatic Strategies

The Investment and Trade Disputes between China and East African Countries and the Settlement

Liu Gongqi / 77

Abstract: With the implementation of the "Belt and Road" Initiative and "Action of Ten Cooperation Plans" in East Africa, investment and trade between China and East African countries grew. Not only the scale of investment and trade increased substantially, but the forms and fields of investment and trade also expanded. In particular, the infrastructure investment and industrial capacity cooperation received an important turning point. There are more and more disputes over investment and trade arise from China—East African countries business relations. The settlement by courts is not only complicated in procedure but also has defects such as inefficiency, judicial corruption and local protection in the host country. Arbitration has significant advantages in the selection of rules and procedures and it can also avoid interference from host countries. Currently, the countries in East African formulate more modern arbitration laws and set up numerous arbitration institutions. The bilateral investment and trade treaties between China and East African countries also incorporate arbitration into the dispute resolution provisions. In order to make arbitration as the main settlement to the dispute over investment and trade between China and East African countries, it is necessary to amend the unreasonable content of the dispute clause of the bilateral investment and trade treaties between China and East African countries, expand the scope of arbitration and promote the establishment of the multilateral joint arbitration center under the framework of the East African Community, at the same time, the Chinese government should strengthen the contract examination and guidance to Chinese enterprises, and guide the enterprises to place arbitration into the dispute resolution provisions.

Keywords: China; East Africa; Investment and Trade; Dispute Settlement

The Studies on Nigeria Regulation and Legal Risk Prevention of PPP

Peng Xianqi / 92

Abstract: In the context of the Belt and Road Initiative, Chinese companies began to transform from contractors to investors integrated with "investment, construction and operation", and adopted the PPP model to invest in infrastructure in Africa. Nigeria is one of the biggest economy entity in Africa, and has implemented or underlying developed more than 100 projects of PPP. More and more Chinese companies are going to invest in Nigeria through PPP mode. This study is to explore the legal system, regulatory agencies and promotion processes for PPP projects in Nigeria, and identify legal risks such as procurement violation, project breaches, unreasonable amendment of contracts, and the complex and long-term of remedies. Through legal due diligence, improving the contract text and selecting favorable dispute resolution to prevent the risks. To provide legal reference for Chinese companies' investment in Nigeria and reduce the legal risks.

Keywords: PPP in Nigeria; Legal Risk; Preventive Measures

Park Economy Model "Going Out": Theory and Practice
—Taking the Ethiopian Oriental Industrial Park as an Example

Xie Yize / 105

Abstract: Park economy is one of the most distinctive development models in China since the reform and opening up in 1978. Overseas economic and trade cooperation area is an important form of foreign direct investment, and it is also an important carrier of the "Belt and Road" international capacity cooperation. After combing the historical evolution of the park economy and summarizing the theoretical connotation of the park economy, this paper takes the Ethiopian Oriental Industrial Park as an example to analyze the development status and future prospects of overseas parks, then points out that overseas parks still face a lot of real problems such as difficult financing, being disorderly during the "going out" process, existing status gap between investors and host countries. At the end, the paper proposes several pieces of policy suggestion to promote the park economic model "going out" such as strengthening government cooperation and the follow-up support for investment companies, innovating ways of attracting investment and clarifying leading industries and supporting industrial chains, strengthening financial services and providing solutions of currency exchange, investment and financing.

Keywords: Going Out; The Belt and Road; Park Economy; Oriental Industrial Park; Overseas Economic and Trade Cooperation Area

The Development of OHADA and Its Implication to China

Justin Monsenepwo, Zhang Zhengyi / 119

Abstract: The Organization for the Harmonisation of Commercial Law in Africa (OHADA) has played an important role in regional integration in Africa, promoting regional investment and improving the economies of its member states. OHADA operates within its unique institutional framework, with institutions such as the Conference of Heads of State and Government, the Council of Ministers, the Permanent Secretariat, the Common Court of Justice and Arbitration. Playing a crucial role in the harmonisation of business law in Africa. In addition, OHADA has adopted many uniform acts and regulations, which provide legal security and predictability for the commercial activities of foreign investors in Africa, including Chinese investors. The development of OHADA has provided beneficial enlightenment for China's investment to relevant African countries. In the context of the "Belt and Road" initiative and AfCFTA, China's investment in Africa should further strengthen cooperation with OHADA, give full play to its open functions such as legislative consultation and dispute settlement, and make full use of its rule system to protect China's rights and interests in Africa.

Keywords: OHADA; Harmonisation; Commercial Law; Investment; Free Trade Area

China-Africa Joint Archaeology: Progress and Challenges

Shen Chen / 137

Abstract: Overseas archaeology has a long history in developed countries. By excavating ancient cultural relics such as Egyptian pyramids and Dunhuang in China, developed countries have not only enhanced their international reputation, but also preserved precious cultural heritage for mankind. For China, strengthening archaeological cooperation with Africa is not only conducive to enhancing China's soft power, but also of great strategic significance to the implementation of the "Belt and Road" initiative and the building of a community with a shared future for mankind. At present, China is engaged in joint archaeology with Kenya, Egypt and other African countries, and has made great progress in technical assistance, cooperation and cultural excavation. In view of the current situation and existing challenges of China-Africa joint archaeology, adjustments can be made from the following three aspects: firstly, include China-Africa joint archaeology into China's overall strategy of the "Belt and Road" in Africa; Secondly, we need to develop a model for joint archaeology and build partnerships with more African countries; Thirdly, we need to strengthen the training of joint archeological personnel and expand the social impact of joint archeology between China and Africa; Finally, the experience of developed countries should be studied in depth and multidisciplinary research and cooperation should be strengthened.

Keywords: China; Africa; Joint Archaeology; Voice of Civilization Research

Public Opinion Analysis and Coping Strategies on China-Kenya Cooperation Projects

Peng Rui / 146

Abstract: Kenya is an important pivot country for the "Belt and Road" initiative in Africa. Among the 30 "flagship projects" announced by the Kenyan government, China-Kenya cooperation projects account for nearly half. However, due to the influence of western public opinion, some Kenyan media and social elites worry that some of these projects may drag into a debt trap. They have questioned or even criticized some of the projects from various aspects, which has aroused local people's dissatisfaction. The trend has even affected the implementation of some of the projects. In this paper, based on interviews, the author has rationally analyzed the current situation and causes of Kenyan related public opinion, and proposed countermeasures from various aspects in order to form a joint force, resolve contradictions, and accelerate the implementation of China-Kenya and China-Africa cooperation related projects.

Keywords: China; Kenya; Belt and Road Initiative; Debt Trap Theory; Current Public Opinion

A Study on the Change of Vocational Education Policy in Kenya since Independence

ZhangYue, Chen Mingkun / 156

Abstract: Kenya's vocational education policy has gone through three stages since its independence, that is, the reconstruction of the national school system and the preliminary development of vocational education in the 1960s and 1970s; in the 1980s and 1990s, due to the changes in the academic system and the adjustment of education development policies, vocational education began to be taken seriously. Since the 21st century, under the influence of the external world and driven by domestic economic development, more positive changes have occurred in the development of vocational education. The evolution of vocational education policy has a certain impact on the economic and social development of Kenya. On the basis of constant summary and reflection, macro consideration of international and domestic factors should be taken into account by Kenya and based on reality, with a long-term perspective, Kenya should work hard to formulate and promote more effective vocational education policies to achieve sustainable development.

Keywords: Kenya; Vocational Education Policy; Educational System; Sustainable Development

The Role, Dilemma and Response of University Think Tanks in International Communication
—Taking the Institute of African Studies Zhejiang Normal University as An Example

Wang Heng, *Wang Lijun* / 166

Abstract: University think tanks play an important role in shaping the national image and improving the international discourse power. They play the role of content providers, talent cultivators, process promoters and effect promoters in international communication. At present, the international communication ability of university think tanks is facing new challenges, with shortage of talents, imperfect platform, inconspicuous effect and etc.. Taking the practical experience of the Institute of African Studies at Zhejiang Normal University in building the "Five in One" think tank international communication system through collaborative innovation as reference, the paper proposes to continuously improve the international communication awareness and effectiveness of think tanks through strengthening guidance, deepen research and collaborative innovation ability, expand the communication team, innovate the communication path, expand the communication effect, and provide intellectual support for helping people connect with each other, building a community with shared future for mankind, and creating a good environment of public opinion.

Keywords: University Think Tanks; International Communication; National Image

Awakening from the American Dream: Kenyan Thoughts on "Kunani Marekani"

Ma Jun / 179

Abstract: In recent years, with the continuous development of the Belt and Road Initiative (BRI), the unremitting efforts of major domestic publishing houses and some scholars, a number of sub-Saharan African literary works have come into Chinese readers' sight. These literary works written in English, French and Portuguese are successively translated into Chinese for the readers, such as Wole Soyinka's The Lion and the Jewel (1959, ch. trans. 2015), Death and the King's Horseman (1975, ch. trans. 2004), Mia Couto's A Confissão da Leoa (Confession of the Lionesses) (2012, ch. trans. 2018), Terra Sonâmbula (Sleepwalking Land) (1992, ch. trans. 2019), J. M. Coetzee's Disgrace (1999, ch. trans. 2003), Youth: Scenes from Provincial Life II (2002. ch. trans. 2004), etc.. However, at the same time, literature written in native African languages are rarely mentioned, let alone to be translated or promoted. By choosing the Swahili short story Kunani Marekani (What's in America) from the same-named anthology written by the Kenyan writer P. I. Iribemwangi, the paper provides a reciprocal reading of its textual contents from the perspective of Swahili literature, and illustrates in a detailed manner how some autochthonous writers in Africa think in this century.

Keywords: Swahili Literature; American Dream; Kenyan Society

图书在版编目（CIP）数据

非洲研究. 2020 年. 第 1 卷：总第 16 卷 / 刘鸿武，
李鹏涛主编. -- 北京：社会科学文献出版社，2020.9
 ISBN 978 - 7 - 5201 - 7402 - 2

 Ⅰ.①非…　Ⅱ.①刘…②李…　Ⅲ.①非洲 - 研究 -
丛刊　Ⅳ.①D74 - 55

 中国版本图书馆 CIP 数据核字（2020）第 186847 号

非洲研究　2020 年第 1 卷（总第 16 卷）

主　　办 / 浙江师范大学非洲研究院
主　　编 / 刘鸿武　李鹏涛

出 版 人 / 谢寿光
责任编辑 / 宋浩敏

出　　版 / 社会科学文献出版社·国别区域分社（010）59367078
　　　　　　地址：北京市北三环中路甲 29 号院华龙大厦　邮编：100029
　　　　　　网址：www. ssap. com. cn
发　　行 / 市场营销中心（010）59367081　59367083
印　　装 / 三河市龙林印务有限公司

规　　格 / 开　本：787mm × 1092mm　1/16
　　　　　　印　张：13　字　数：211 千字
版　　次 / 2020 年 9 月第 1 版　2020 年 9 月第 1 次印刷
书　　号 / ISBN 978 - 7 - 5201 - 7402 - 2
定　　价 / 89. 00 元